Looking at Philosophy :
The Unbearable Heaviness of Philosophy Made Lighter
Donald Palmer

看，这是哲学

[美]唐纳德·帕尔默 著
郑 华 译

序　言

维特根斯坦曾经说过，哲学著作或许应由通篇的笑话写成。本书并不是那样一本书，本书也不是把哲学史看成一个玩笑。本书严肃地看待哲学，但并不那么郑重其事。正如副标题所示，本书的目的就是要减轻一点哲学的负荷。怎样达到这个目的而同时并不简单地像把货物扔进海里了事呢？首先，我将对公元前6世纪直至21世纪早期的西方哲学作一概述，用简明易懂的形式介绍西方哲学的中心思想及其演进而不让其显得琐碎，同时也不装作已然详尽无遗地探讨了它们或者探究了其深度。其次，遵循历史悠久的中世纪传统，我试图阐明文本的内涵。书中某些阐释试图将难解的思想进行图示化，我希望它们具有扎实的文本依据。但是，大部分的阐释只是试图用一种轻松的笔调，打破哲学家这种屈从于重大事物的引力的天然倾向。（尼采曾经说过，只有重大的事物处于那个方向。）但我希望，即便是这些哲学笑话，也能有教育作用。它们应该有助于读者记住这些受到微讽的思想。我教这门课已有三十年，我热爱这项工作，因为它在我的学生中，激起了远比阵阵笑声更多的东西。三十年的教学经验也使我确信这种做法行之有效。我并未宣称我获得了尼采的"快乐的智慧"，但我赞同他的观点，即"快乐的智慧"是存在的，并且我们应该去努力获取。

我接下来将向你们介绍泰勒斯和他的形而上学意义上的水（第一种真正沉重的水），但在此之前，我想稍微谈一下女性及其缺席。在这类书中为何女性如此稀少？有很多可能的解释，其中包括：

女性确实缺乏升华的能力，因而不能参与高级的文化活动（正如叔本华和弗洛伊德所认为的）；

事实上，女性在哲学史上贡献极大，但是她们的贡献被沙文主义的男性哲学史作者们给否认或压制了；

女性被一个根深蒂固的、嫉妒而胆怯的父权制社会通过政治、社会、宗教和心理上对权力的操控而（有意或无意地）从哲学史中系统性地略去了。

我确信第一种观点不值得我们认真对待。我认为第二种观点有一定真实性，而在压制这一真实性上我也可能有部分过失。例如，仅在古典时代晚期就有至少70名女性哲学家的名字记录在案，其中最重要的有阿斯帕西亚（Aspasia）、狄奥提玛（Diotima）、阿莱特（Arete）和希帕提亚（Hypatia）。（近期一份以希帕提亚命名的女性主义哲学期刊给了她迟到的礼遇。）跳过二十多个世纪到我们自己的时代，可以发现在20世纪前半期有一批著名的女性为哲学史作出了贡献，包括西蒙娜·德·波伏娃（Simone de Beauvoir）、苏珊·朗格（Susanne Langer）和苏珊·斯泰宾（L. Susan Stebbing）。

然而不论上述这些女性哲学家的思想多么新颖、多么深邃、多么引人深思，我相信，有很多原因（其中相关性最大的大概就是前述第二和第三种观点中给出的理由）使得她们中几乎没有人受到思想史家给予她们的男性竞争者那样多的关注。所幸的是，在过去的几年里，情况已经开始发生变化。若要对当代哲学进行充分的说明，确实不能忽视伊丽丝·默多克（Iris Murdoch）、菲丽帕·福特（Philippa Foot）、安斯康柏（G. E. M. Anscombe）以及朱迪·雅维丝·汤普逊（Judith Jarvis Thompson）这些哲学家对分析传统所作出的贡献，也不能忽视加娅特丽·查克拉维特·斯皮瓦克（Gayatri Chakravorty Spivak）、莫尼克·维提格（Monique Wittig）、露西·伊利格瑞（Luce Irigaray）以及朱莉·克里斯提娃（Julia Kristeva）这些哲学家对大陆传统所作出的贡献。而且，新的一批女性哲学家已经开始对当代哲学的内容而不仅是风格产生相当大的影响。

所以，尽管有风险，我也要捍卫第三种观点。我确实认为，如果女性没有被系统性地排除在哲学史的主要参与者之外的话[①]，哲学史将比现在的这个样子更丰富、更深刻、更富有同情心，也更有趣（且不说更令人愉悦）。本书以讨论一位当代女性哲学家的工作作结，并针对哲学本身提出这样一个问题——"Quo Vadis"（汝当何往），这样做并非没有任何意义。

第六版继续从第二版就已经开始的修订工作和从第三版开始的添加新材料的工作。我在第三章中增加了关于怀疑主义的一小节，删除了书中一些过时的材料，替换了一些不那么成功的插图，并且为明晰准确起见重写了很多段落。

[①] 参考Mary Warnock编辑的《女性哲学家》（*Women Philosophers*, London: J. M. Dent, 1996）。

本书尽量让学生学起来更容易些，为此我在每章的结尾对该章最重要的哲学思想进行了概述。此外，旧版的第七章现拆分为第七和第八章两章，这是另一个较大的更改。我将新的第七章题名为"现象学传统及其余续"，将第八章题名为"实用主义和分析传统"。哲学在20世纪的确经历过这两个极其不同的方向，但我并不真的喜欢我们赋予它们的名称，但我无法摆脱，姑且接受。哲学家斯坦利·卡维尔试图在他自己的著作中超越这个划分，他认为这些是肤浅而误导人的名称，但他接着说道："这个思想划分没有令人满意的名称"。[①]

我在写作本书的所有六个版本时都得到了帮助。我想感谢对第六版提出建议的诸位批评者。他们是艾维州立技术学院的马尔西亚·安德雷耶维奇、格雷斯港学院的阿里森·德波尔、怀俄明大学的苏珊娜·古丁、奥斯汀社区学院的马修·劳伦茨、特洛伊大学的约翰·哈尔丁，以及南内华达学院的马克·劳尔斯。在先前各版本的建议方面，我要感谢托泰尔学院的里夫·罗伯特·莫德、卡尤加社区学院的杰夫·德尔贝尔、华纳太平洋学院的帕梅拉·彭普顿、圣莫妮卡社区学院的安贝尔·凯瑟琳、托泰尔学院的蒂莫西·R.阿兰和罗伯特·加普提、河滨社区学院的达奚爱亚·加维尔斯·胡夫、代托纳海滩社区学院的乔布·克莱蒙特、梅菲尔德出版公司的朱莉安娜·斯科特·费恩、毛伊社区学院的威尔·格里弗斯、韦恩州立大学的汉斯·汉森、坎伯兰大学的小弗雷德·E.海夫纳、犹他大学的约瑟夫·哈斯特尔、格林斯博罗北卡罗来纳大学的杰宁·琼斯、梅菲尔德出版公司的肯·金、柯克尔学院的詹姆斯·莱姆克、梅菲尔德出版公司的罗宾·穆阿特、纽约州立大学新德里分校的基尔比·奥尔森、圣马特奥学院的唐·波尔特、锡耶纳学院的布莱恩·施罗德、蒙哥马利学院的马特·舒尔特、圣安东尼奥学院的白滨雪夫、奥罗大学的萨缪尔·托尔普、山麓学院的威廉·汀斯利、约翰·卡罗尔大学的詹姆斯·丢特尔、奥蒂斯艺术与设计学院的凯利·沃尔克、密歇根大学的斯蒂芬斯·F.万德马克、圣何塞州立大学的安德鲁·沃尔德、蒙哥马利学院的罗伯特·怀特、北卡罗来纳州立大学的大卫·奥尔巴赫。梅菲尔德出版公司的吉姆·布尔是本书前两版的编辑，从这个项目伊始就对其充满信心。麦格劳-希尔公司的编辑马克·乔尔吉夫和策划编辑克雷格·莱奥纳德对新版的帮助极大。我还要对麦格

[①] Stanley Cavell,《我所知甚少》(*Little Did I Know: Excerpts from Memory*, Stanford: Stanford University Press, 2010), 350页, 456—457页。

劳-希尔公司的项目经理玛丽·简·兰普表示感谢。我的妻子蕾拉·梅一直是我最尖锐的批评者和最大的灵感源泉。她使我在创作手稿最沉闷的那些阶段里也能笑声不断,并经常能发现手稿中的一些笑话出现在不应该出现的位置。她还成功地看出书中大部分的不当之处。当然,书中有些笑话可能比我原先安排的更滑稽好笑。

目 录

序 言 ··· 1

导 言 1
思考题 ··· 8

第一章　前苏格拉底哲学家 9
泰勒斯 ·· 11
阿那克西曼德 ·· 13
阿那克西美尼 ·· 17
毕达哥拉斯 ··· 19
克塞诺芬尼 ··· 22
赫拉克利特 ··· 24
巴门尼德 ·· 28
芝 诺 ··· 29
恩培多克勒 ··· 32
阿那克萨戈拉 ·· 34
留基波和德谟克利特 ·· 36
本章主要哲学思想 ··· 39
思考题 ·· 42

第二章　雅典时期　43

　　智　者 ·· 43
　　　　普罗泰戈拉　44
　　　　高尔吉亚　45
　　　　色拉叙马霍斯　46
　　　　卡里克勒斯和克里提亚　46
　　苏格拉底 ·· 48
　　柏拉图 ·· 52
　　亚里士多德 ·· 63
　　本章主要哲学思想 ··· 78
　　思考题 ·· 81

第三章　希腊化时期和罗马时期　83

　　伊壁鸠鲁主义 ·· 83
　　斯多葛主义 ·· 86
　　怀疑主义 ··· 90
　　新柏拉图主义 ·· 92
　　本章主要哲学思想 ··· 93
　　思考题 ·· 95

第四章　中世纪和文艺复兴时期哲学　97

　　圣奥古斯丁 ··· 100
　　百科全书学者 ··· 104
　　约翰·司各特·埃里金纳 ······································· 105
　　圣安瑟尔谟 ··· 107
　　伊斯兰和犹太教哲学 ·· 110
　　　　阿威罗伊　112
　　　　迈蒙尼德　113

信仰和理性的问题 ···················· 114
　　共相问题 ························ 115
　　圣托马斯·阿奎那 ···················· 117
　　奥卡姆的威廉 ······················ 126
　　文艺复兴时期的哲学家 ·················· 130
　　本章主要哲学思想 ···················· 134
　　思考题 ························· 138

第五章　大陆理性主义和英国经验主义　141

　　笛卡尔 ························· 141
　　斯宾诺莎 ························ 155
　　莱布尼茨 ························ 159
　　霍布斯 ························· 164
　　洛　克 ························· 168
　　贝克莱 ························· 175
　　休　谟 ························· 180
　　康　德 ························· 187
　　本章主要哲学思想 ···················· 197
　　思考题 ························· 202

第六章　康德之后的英国和大陆哲学　205

　　黑格尔 ························· 205
　　叔本华 ························· 212
　　克尔凯郭尔 ······················· 221
　　马克思 ························· 230
　　尼　采 ························· 241
　　功利主义 ························ 249
　　　　边　沁　249
　　　　密　尔　253

本章主要哲学思想 …………………………………………… 256

　　思考题 ………………………………………………………… 259

第七章　现象学传统及其余续　261

　　现象学和存在主义 …………………………………………… 261

　　　胡塞尔　261

　　　海德格尔　265

　　　萨　特　271

　　结构主义和后结构主义 ……………………………………… 279

　　　索绪尔　279

　　　列维-斯特劳斯　281

　　　拉　康　286

　　　德里达　290

　　本章主要哲学思想 …………………………………………… 294

　　思考题 ………………………………………………………… 298

第八章　实用主义及分析传统　299

　　实用主义 ……………………………………………………… 299

　　　詹姆士　299

　　　杜　威　306

　　分析传统 ……………………………………………………… 310

　　　弗雷格　311

　　　摩　尔　315

　　　罗　素　320

　　　逻辑实证主义　326

　　　维特根斯坦　331

　　　蒯　因　341

　　告别二十世纪哲学 …………………………………………… 350

　　　纳斯鲍姆　350

本章主要哲学思想 ·· 357
思考题 ··· 363

哲学术语表 ·· 365
出版后记 ··· 381

导　言

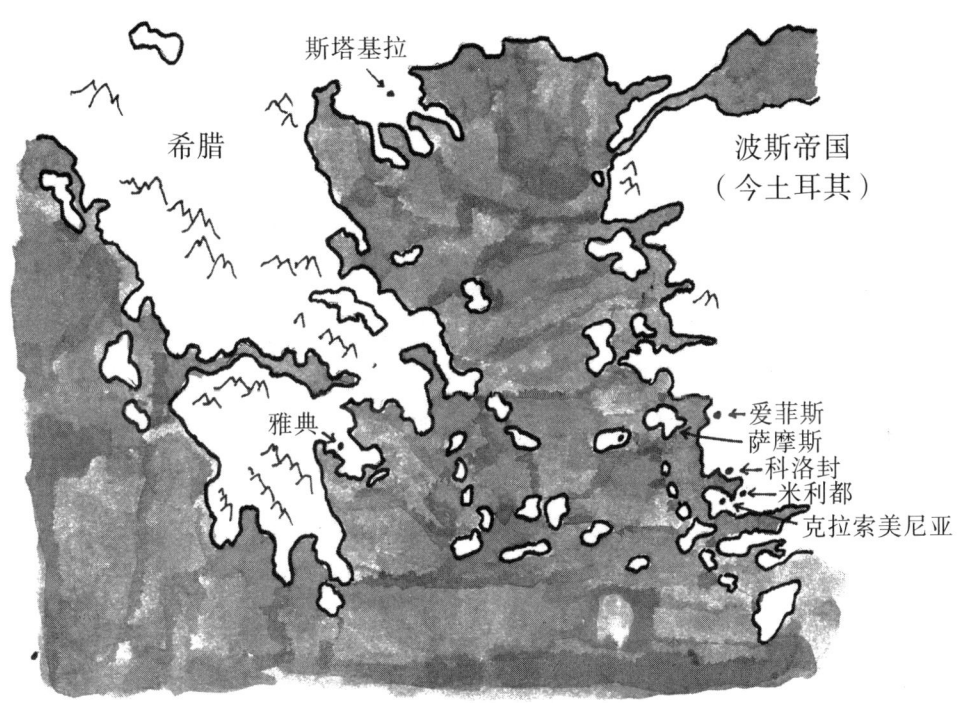

　　西方哲学的故事开始于希腊，或更具体地说，开始于波斯帝国沿岸的那些希腊人定居点，在当今土耳其境内。

　　希腊语单词"逻各斯"（Logos）是英语单词"逻辑"（logic）的词源，也是诸如"生物学"（biology）、"社会学"（sociology）和"心理学"（psychology）等术语中出现的所有"学"（logies）的词源，在此"逻各斯"的意思是理论、研究或对某事物的理性解释。在希腊语中"逻各斯"也有"词语"的意思，所以它也含有言说

解释古希腊风俗

或以一种清晰的方式表明某个观点的意思。所以,"逻各斯"表示对世界的一种特定思考,一种逻辑分析,它将事物置于理性的语境中,并以纯粹的思想力量来解释它们。人们曾认为这种心智活动将通向智慧(Sophia),而那些献身于逻各斯的人则被认为是智慧的爱好者(philo 意为爱),即哲学家(philosophers)。

那么,在哲学之前,在逻各斯之前存在着什么呢?存在着神话(Mythos),它是这样一种思考方式,它将世界置于超自然本源的语境当中。神话通过将世界万物追溯至使世界成为其所是的那些特别的、有时是神圣的事件来解释世界万物。以希腊人为例,其中神话意味着将世界万物追溯至奥林匹斯山诸神的戏剧性行为。描述这些本源的故事(神话)不仅是解释,而且提供道德范例和礼法指导;也就是说,它们提供了这样一些规范,如果所有人都遵循的话,这些规范将为一个真实的共同体创造基础,这个共同体是"我们",而非只会说"我"的个人的混合体。由此,神话依其本性来说经常是保守的。它们试图通过对本源的重复来维持现状:"因为神圣的祖先是这么做的,所以我们也必须这么做。"神话的好处在于创造了一个完整的社会性世界,在其中所有的行为都具有意义。其不足之处则在于创造了停滞、拒绝变革和虚假的(许多人会这么说)社会。之后,哲学突然之间产生了,逻各斯打破了这一图景,至少按照传统的解释是这样的。(然而也有其他的解释认为,西方的逻各斯——哲学和科学——只是我们的神话。)但是,还是让我们假定在公元前700年[①]左右的希腊确实产生了不同往常的东西吧。

[①] 我选择新的纪年法B.C.E(公元前)和C.E.(公元)而不是旧的B.C.(基督前)和A.D.(主诞年),因为试图从特定的宗教传统的角度来评判整体的人类历史已经站不住脚了。但让我们直面这一点:这个新的系统多少有些矫揉造作。所有鉴定历史事件的年代的企图多半都有随意之处。至少我不会追随19世纪的哲学家弗里德里希·尼采的指引,他曾宣称"历史从我诞生之日开始"(我们将在后面研究尼采)。

还是让我们假定,"第一个"哲学家的解释确实构成了一种新事物,他认为导致尼罗河在夏季泛滥(大多数河流在夏季往往干枯)的是沙漠热风(而非诸神之间的争斗或风流韵事)。自然现象由其他自然现象来解释,而不再由"梦幻时代"(古老的诸神时代)的超自然事件来解释了。在这个意义上说,希腊确实是西方哲学的摇篮。

为什么是希腊,而不是埃及或犹太地区呢?坦白地说,没有人知道。但是,还是有和我们寻求的解释相关的一些历史事实。其中之一是,在古希腊和波斯、美索不达米亚、腓尼基、塞浦路斯、南意大利、埃及等东地中海地区之间存在丰富的联系。希腊民族是个精于游历的群体,他们极其谙熟于借用他们所遇到的文明的思想、习俗和艺术形式,并按照自己的需要创造性地应用这些元素。近来有一种引起争议的观点认为,希腊文明很大程度上起源于非洲。① 至少确定的是,正如一位研究希腊思想的历史学家最近所说,"没有对近东资源的吸收,古风时期和古典时期希腊的文明成就是不可想象的",② 而北非的东部处于这张地图之内。

此外与周边其他社会的情况不同,希腊没有监察官组成的祭司阶层。但这一现象并不意味着希腊的思想家能不受约束地想说什么就说什么——我们将会看到在我们所研究的这一时期有几次针对某些思想家不虔诚的指控——而是说他们依然能够在很大程度上偏离流行的宗教观点乃至与之对立。

另一个历史事实是,希腊人的想象力在涉及个人的细节方面总是很丰富。

一个现代神话?

---

① Martin Bernal 著,《黑色雅典娜:古典文明的亚非之根》(*Black Athena: The Afroasiatic Roots of Classic Civilization*, vol.1, *The Fabrication of Ancient Greece 1785–1985*, New Brunswick, N.J.: Rutgers University Press, 1987)。
② Robin Osborne 著,《城邦及其文化》,载《劳特利奇哲学史第一卷:从开端到柏拉图》("The Polis and Its Culture", in *Routledge History of Philosophy*, vol.1, *From the Beginning to Plato*, ed. C.C.W.Taylor, London and New York: Routledge, 1997),第14页。

比如，荷马对阿喀琉斯盾牌的描述占据了《伊利亚特》四页的篇幅。此外，在荷马和赫西俄德的诗歌①——传播希腊宗教的两个主要媒介——滋养下成长起来的许多代希腊童年时期的人们在这些诗歌中识别出其好争辩、喜斗智、多疑问的本性。希腊戏剧和诗歌的好斗本性将在希腊哲学中找到新的家园。

哲学诞生于其中的那个世界的最后一个要素是其社会经济结构，它产生出大部分为男性的整个有闲阶级，这些人拥有可以沉思哲学问题的闲暇。古希腊历史的大部分时期，其社会之经济基础的主要部分是奴隶劳动和军事征服的战利品，每当想到这些，总会令人感到震惊。这个事实削弱了"属于希腊的光荣"的部分光彩。

但是，不论因何理由，希腊人的诗歌和戏剧都展示了一种对变化、对对立双方之间战争的强烈意识——夏天到冬天、热到冷、光明到黑暗，以及所有变化中最富戏剧性的变化：生到死。

确实，这种对万物的短暂本性的敏感有时导致希腊人的悲观主义。诗人荷

---

① Michael Reck译《伊利亚特》(*The Iliad*, New York: IconEditions, 1994); Robert Fitzgerald译《奥德赛》(*The Odyssey*, New York: Farrar, Straus & Giroux, 1998); Dorothea Wender译《神谱，工作与时日》(*Theogony, Works and Days*, Harmondsworth, England: Penguin, 1976)。

详细的梦

马、弥涅墨斯和西蒙尼德都表达过这种思想:"代代人类像森林中的叶子一样飘落。"①

但是,这种敏感同时也导致希腊人要求一种不是通过宗教传统的权威的解释,而是通过纯粹的人类理性力量所获得并确证的解释。在这里我们看到悲观主义背后的乐观主义——依靠自身机制运行的人类心灵能够发现关于实在的终极真理。

但我们不宜过分强调希腊哲学家突破更早的神话式思维方式的激进性。并不是好像突然间就出现了一种勇敢无畏的新的无神论,它拒斥所有的宗教解释和宗教束缚。事实上,我们今天所理解的无神论在古代世界根本不为人知。②毋宁说,这些早期的希腊哲学家只是以一种方式重构了永恒的实在之谜,这种方式强调自然的运作而不是诸神的作用。例如,他们倾向于降低宇宙生成论(关

---

① 这种情绪可以在《希腊抒情诗:译文选集》的诗歌中找到(Andrew M. Miller编译,*Greek Lyric: An Anthology in Translation*, Indianapolis and Cambridge: Hackett Publishing, 1996),第27页,117页,118页。
② Robin Osborne著,《赫拉克利特》,载《从开端到柏拉图》,第90页。

于世界起源的理论）的地位，而抬高宇宙论（关于世界本性的理论）的地位。

这一新的方向代表了一种思维方式的开端，古希腊人不久后便称之为"哲学"——对智慧的爱。我们能够在这些早期的成就中辨认出我们现在称为哲学的那个学科的主要领域：本体论（存在的理论）；认识论（知识的理论）；价值论（价值的理论），包括伦理学或道德哲学（正当行为的理论）和美学（美的理论或艺术的理论）；以及逻辑学（正确推理的理论）。

事实上，正如古希腊产生的这些理论可以被称为西方哲学的本源，有同样充分的理由可以将其称为西方科学的本源，尽管在那个早期时代并不可能作出这样的区分。大致上可以说，科学处理这样一些问题，这些问题可以以实验的

代代人类像森林中的叶子一样飘落

方式处理，将令我们迷惑的、可观察的事件归入自然规律的领域，并且表明这些规律如何与那些事件之间具有因果关系。另一方面，哲学所处理的问题要求思辨的而非实验的方法。这类问题经常要求概念分析（对一般性观念的逻辑审察），而不是观察或材料收集。考虑以下这些问题，特别注意其中的黑体文字：

我们能**知道**为什么在极个别情况下太阳在中午就变暗了吗？

真的是因为月亮在地球和太阳之间穿行而导致这种现象吗？

存在可以**解释**这种现象的**成功的**实验吗？

这些问题都是科学问题。现在再把这些问题与以下的问题相比较，同样注意其中的黑体文字：

什么是**知识**？

什么是**真理**？

什么是**因果关系**？

什么是**价值**？

什么是**解释**？

这些问题引入了概念分析，而概念分析正是哲学的内容之一。

但我们走得太快、往前看得太远了。正如我说过的，古代世界还没清楚地作出这种区分。能够提出这类无论对哲学还是科学来说都是基础性的问题，那时的思想家们已经满足了。

请注意我强调苏格拉底之前的人对那些问题的追问，而不是他们给出的答案。逻各斯力求真理和全体，但并不总能提供这些。然而，这并不仅仅是古希腊哲学家的问题；甚至21世纪的科学家们也不愿意声称其理论达到了绝对的确定性，相反，他们只表达一种希望，希望其理论被证明比先前的理论更好并且更接近真理。（正如我们将会看到的，对"真理"这一观念的概念分析将表明甚至它也在哲学上是成问题的。）我斗胆说，哲学家应该比科学家更加小心，谨防断言真理和绝对确定性。科学至少一定程度上受到可观察的事实的制约（尽管"事实"这个概念当然也需要哲学分析），而哲学，经常为了"更宏阔的图景"而诉诸理性和想象的某种巧妙结合。读者们，要留意其后果（但要以哲学的方式来留意）。

思考题

1. 选择一些可以观察到的现象，如我们现在称之为日食的这种现象，先从科学的视角予以解释，然后再按某个神话系统加以说明（你可能不得不利用图书馆来做这项工作）。然后用这两类"故事"来展示逻各斯和神话的不同。

2. 思考一下你自己的信念模式。其中有没有你会承认是神话而非逻各斯的？在此有两个例子：（甲）如果你有宗教信念，你将如何根据这种区别来描述其特征？（乙）当怀疑主义者宣称科学本身不过是西方神话的一个例子而已，他们是什么意思？

第一章
前苏格拉底哲学家
（公元前6世纪至前5世纪）

人们将公元前7世纪末期至前4世纪中期活跃于古希腊的那些思想家称为前苏格拉底哲学家，尽管这些哲学家中的最后一批实际上是苏格拉底的同时代人。（苏格拉底生于公元前469年，卒于前399年，我们将在下一章考察他的思想。）所有前苏格拉底哲学家的共同之处在于他们都试图创建关于宇宙（kosmos）的一般性理论（"kosmos"即希腊语的"世界"），他们不是简单地重复神造万物的故事，而是运用观察和理性来建构一般性理论，以向那些不带偏见的、好奇的心灵解释潜藏于诸多现象背后的秘密。他们的另一共同之处在于所有前苏格拉底哲学家都来自于希腊世界的外围：伊奥尼亚海诸岛，或是在意大利境内和波斯海岸（位于今土耳其）的希腊人建立的殖民地。对于这些思想家的了解不仅对理解他们所处时代的希腊世界至关重要，而且——正如我在导言中所表明的那样——对于把握西方哲学和科学的起源也意义重大。

问题恰恰在于，事实上我们对前苏格拉底哲学家所知甚少。在亚里士多德（前384—前322年）试图辑录和批评其思想之时，这些哲学家所写的著作大部分都已经散佚了。当前对前苏格拉底哲学家的理解，主要依据亚里士多德及其后的希腊作者对他们的观点所作的概述，这些人只是通过口耳相传听闻了他们的观点。这些叙述中有很多显然是不准确的，因为它们在代代流传中递相转述而被歪曲了。（你玩过传声筒游戏吗？在这个游戏中，一条复杂的信息通过耳语逐一传给下一位，直至最后一位将之宣之于众。）同样，这些概述也经常发生时代错位，也就是说，后代的观点被放到前人的名下。前苏格拉底哲学家们的原作仅存残篇，而且即使在这些仅存的一点残篇中，篇章之间还有时相互矛盾。要知道，这些

"书"是写在纸草（用埃及的一种水生植物打制成浆，然后压制烘干而成的易碎纸张）上的，并且这些书的所有版本都是由专业的抄写者手工抄写而成。更有甚者，许多残篇的含义众说纷纭，既是因为这些纸片的残损不全——关键词缺失或无法辨识，也是因为这些著作在文风和语汇上晦涩难懂。无论如何，亚里士多德生活的时代便已形成了一个关于前苏格拉底哲学含义的传统解释，而且正是关于他们的故事的这个版本影响了后来的哲学家和科学家。亚里士多德并非我们关于前苏格拉底哲学的资料的唯一来源，但不幸的是，绝大多数的其他资料都来自亚里士多德之后的注疏家对亚里士多德评论文字的疏解。我们不知道由这些其他来源所提供的材料在多大程度上与此相关。所以亚里士多德似乎是我们所能获得的事实上的唯一来源，但我们不知道其准确性，因为他转述了各种各样的前苏格拉底哲学。① 所以我在此记述的这个传统在很多方面是有缺陷的、受到歪曲的。

---

① 亚里士多德之后的这些来源主要是泰奥弗拉斯托斯（Theophrastus）（公元前371—前286年），他是亚里士多德的学生；辛普里丘（Simplicius），公元6世纪的亚里士多德注疏家；罗德的优台谟，其著述时间约为公元前300年；希波利图斯（Hyppolytus），公元3世纪的罗马主教；以及第欧根尼·拉尔修，其著作基本写于公元300年左右。关于这个主题，最近的学术成果中比较可读的一种说明见于《劳特利奇哲学史第一卷：从开端到柏拉图》一书由马尔康姆·肖费尔德撰写的第二章"伊奥尼亚派"；由凯瑟琳·奥斯本撰写的第三章"赫拉克利特"；由爱德华·胡塞撰写的第四章"毕达哥拉斯学派和埃利亚学派"；M.R.怀特撰写的第五章"恩培多克勒"；以及C.C.W.泰勒撰写的第六章"阿那克萨戈拉和原子论者"。这些研究支持了本书所述有关前苏格拉底哲学的大部分传统观点，但同时也为怀疑这些观点在其他方面的准确性提供了很好的理由。

泰勒斯

公元前6世纪,经过来自小亚细亚(今土耳其)海岸的小殖民地米利都的连续三代思想家的探索,哲学得以首次登场。载于史册的首位哲学家是米利都的泰勒斯(约前580年)。他显然没有写过书,或者写过却散佚了。

如果我们相信亚里士多德及其注疏者的话,那么泰勒斯的观点大致如下:

如果有变化,那么必有某种东西能变却又不变。在事物表面的多样性背后必有一个统一体,必有一个被世界表面的多样性所掩盖的"一"。否则世界将不成其为世界,而只是毫无关联的碎片的支离破碎的集合。

那么,这种统一的、最终不变的实体被持续变化的显像所掩盖,其本性是什么呢?

正如他之前的神话作者一样,泰勒斯熟悉气、火、水以及土这四种元素。

是水！万物皆由水构成

他推想万物最终可被还原为这四者之一——但，是哪一个呢？

在所有这些元素中，水的变化是最明显的：诸多河流聚成三角洲，水变成冰而后又变为水，然后可再变为蒸汽，蒸汽变成气，气以风的形式煽起火。

泰勒斯的实际表达是："万物的本源和基本特性是水。"①

我们今天重视这一明显错误的结论，不是因其内容而是在于其形式（声称"万物由水构成"和声称"万物由原子构成"，这两者之间并没有巨大的跳跃），在于隐藏在这一命题背后的预设（即显像背后有一能解释变化而自身保持不变的终极质料）。就此看来，泰勒斯可以被视为第一位引入还原论方案的哲学家。还原论是这样一种解释方法，它把我们在表面上所面对的对象视为某种事物，并且表明，在更深的但也更不明显的分析层次上，该对象可以被还原到更为基本的一类事物。

---

① 菲利普·维尔赖特编《前苏格拉底哲学家》（Philip Wheelwright, ed., *The Presocratics*, New York: Odyssey Press, 1966），第44页。这句话是泰勒斯著作仅存的四句话之一。

这种方案通常被视为现代科学的一个主要特征。

遗憾的是,我必须将亚里士多德归给泰勒斯的另外三个观点也添加进来。我的遗憾在于这些观点将破坏目前为止可视为未来科学巧妙根基的那些东西。亚里士多德说,根据泰勒斯,

  A. 地球像木头浮在池塘上一样浮在水上。
  B. 万物皆为神所充满。
  C. 磁铁(磁铁矿)必定拥有灵魂,因为它能产生运动。

观点A是令人疑惑的,因为它似乎是不必要的。如果万物皆为水,那么说一些水浮于水上就很奇怪。观点B向我们表明在泰勒斯那里,神话和逻各斯之间的分离并不如我已指出的那样干净利索。观点C与B相关,但是是以矛盾的方式与之相关。如果真如观点B所说万物都为神所充满,那么何以观点C所述的磁铁在本性上与其他事物不同呢?不足为奇,学者们积年累月地为了让亚里士多德归给泰勒斯的这些观点说得通而大费笔墨(由于这一争论持续至今,他们也敲坏了很多的电脑按键)。

阿那克西曼德

泰勒斯的数代追随者同意他的主要洞见(即,世间多样的万物必然可还原为单一的范畴),但似乎没有人接受他万物为水这一命题。他的学生阿那克西曼德(公元前610—前546年)也来自米利都城。他认为,如果万物为水,那么很久以前万物就已经复归为水。阿那克西曼德质疑水怎么会变成其死敌——火呢?一种性质怎么会产生与之对立的性质呢?也就是说,如果可见的对象真是水运动的不同形态——如冰和水蒸气,那么万物最终将会稳定下来并

返回到基本的液态。亚里士多德这样转述阿那克西曼德：如果终极实在"是像水这样的具体事物，其他元素就会被它消除。因为各种元素都与其他元素之间相互对立，如果其中之一是不受限制的话，那么其他元素如今便会不复存在"。①（注意：如果此观点确实可以被准确地归给阿那克西曼德，那么他赞同了熵［entropy］原理的一种早期观点，据此原理，万物都有寻求均衡状态的倾向。）

阿那克西曼德认为，位于四元素背后的终极质料本身不可能是这四者之一，它只能是一种不可见的、非具体的、未受规定的东西，他称之为无定或无限（希腊文为apeiron）。它只能是无定的、无限的、非具体的，因为任何一种具体的东西在实存上都与所有其他具体的东西相对。（水不是火，同样也不是气，并且气也不是土［不是泥土和岩石］。）而无定不与任何东西相对，因为它就是万物。

---

① 菲利普·维尔赖特编《前苏格拉底哲学家》（Philip Wheelwright, ed., *The Presocratics*, New York: Odyssey Press, 1966），第55页。

阿那克西曼德似乎将无定想象为，最初无止息地在一个巨大的宇宙旋涡中移动着，后来被某种灾难（宇宙大爆炸？）所打断，这个灾难使得众相对立者（干和湿，冷和热）从旋涡中分离出来，呈现给我们的不仅是性质，而且是四种基本元素：土、水、气和火。

阿那克西曼德写过一本散文体的著作，是这类著作最早的作品之一。但纸草不能久存，我们能确定来自他的著作的只有一段遗留下来。但这段文字非常奇妙。

> 事物由其产生，毁灭后必然复归于它，因为按照时间顺序，它们为其不正义而受到惩罚且相互补偿。①

这句令人惊奇的话有许多可能的解释。其中最引人注目的解释认为：你和我所认识的全部世界是宇宙错误的产物。创造是非正义的行为。但正义将会实现而世界终将被毁，"万物"将复归于其无定之源，在旋涡中永恒地循环往复。这种解释所包含的神话与理性成分一样多，它展现了一种怪诞的正义必胜的乐观主义。

不那么极端、不那么神秘而更合适的解释是：四元素一旦被创造出来，它们就以相互对抗的形式产生联系，但它们的彼此对立在生态和谐中相互抵消。如果某一元素在一个时期占据支配地位（如洪水时期的水），它将在之后被在另一个时期占据支配地位的另一个元素（如干旱时期的火）所抵消。因此，无定的原初统一在对立双方表面上的对抗中得以维持。

这段文字中一个非常重要的部分是以下主张，所描述的事情"按照时间顺序……必然"发生。这个过程不是由于诸神的突发奇想，对"不正义"的"惩罚"

---

① 弥尔顿·C. 纳姆编，《早期希腊哲学选》（Milton C. Nahm, ed., *Selections from Early Greek Philosophy*, New York: Appleton-Century-Crofts, 1962），第62页。

和"补偿"也不是愤怒的神明对人类个体的报复行为。如果说阿那克西曼德用古老神话的道德和法律式语言来描述这些法则的运作,那么,正如杰出的前苏格拉底哲学家研究者马尔康姆·斯科菲尔德说的,他的描述只是表明,"阿那克西曼德是一个携带着某些老式包袱的革命者。这是革命中的一般情形。"[1]无论如何,这些过程的原因(无定)是不朽的、不灭的,这些性质,正如亚里士多德所指出的那样,通常是和神连在一起的。[2]此外,我们可以看出前苏格拉底哲学还没有完全与其宗教起源相分离。

还有其他一些惊人的观点被归给阿那克西曼德:(1)由于此处进行的同一些过程在每个地方都进行着,因此存在着多个宇宙。(2)地球不需要支撑(回想一下泰勒斯说过的"像木头在水上漂浮")。因为地球处于宇宙的正中心(好吧,我们的宇宙),它"与万物都是等距的"。(3)四元素聚集在宇宙的一些特定的区域(同心圆)中,(最重的)土(地球)位于中心,四周被一层水包围着,再往外是一层气,再往外是一层火。一个火轮绕着我们缓慢运转的地球运转。我们所知的星星在此是外环的洞孔,或"管状的排气孔",火显现于其中。

阿那克西曼德所描绘的这最后一幅宇宙图景具有惊人的长久生命力。麦利尔·凌引用16世纪英国诗人埃德蒙·斯宾塞的著作道:

> 土气水火,
> 自列巨阵,
> 阴谋对攻,
> 尽其所能。[3]

在17世纪早期,米盖尔·德·塞万提斯叙述了堂吉诃德和桑丘的冒险经历,其中一伙无聊的贵族戏弄这位骑士和他的随从,蒙骗他们骑上一匹木马,叫"轻木销",他们说它拥有魔力,可以带他们飞到世界的外围。当我们的英雄们到达"大气圈"时,公爵及公爵夫人的走卒们将一团团的风刮在我们的英雄身上。堂吉诃德扭动着马头上的木梢,他以为这是控制马的速度的装置,一边说道:"如

---

[1] 斯科菲尔德,第47—87页,第55页。
[2] "因为无限是不死并且不灭的,所以它等同于神明。"(亚里士多德,转引自维尔赖特,第55页)
[3] 麦利尔·凌著,《从前苏格拉底哲学家开始》(Merrill Ring, *Beginning with the Pre-Socratics*, 2d ed., Mountain View, Calif: Mayfield Publishing, 2000),第70页。

果我们继续以这个速度攀升,我们不久就会到达火焰天,而我不知道怎么控制这个木梢,以免我们攀得太高而被烤焦了。"①给他们制造痛苦的那些人接着用火把掠过他们的脸,以说服他们相信自己确实到达了宇宙边缘的火焰天。

这个神奇的片段"发生"在阿那克西曼德死后约两千年,哥白尼死后六十年,所以那时人们应该已经意识到阿那克西曼德是错误的。

堂吉诃德和桑丘穿越火焰天

阿那克西美尼

阿那克西曼德的追随者中有些人问道:"一个'非具体的、未受规定的某物'

哲学家阿那克西美尼(约公元前545年)认为无定是气

---

① 米盖尔·德·塞万提斯·萨维德拉著,《堂吉诃德》(Miguel de Cervantes Saavedra, *The Adventures of Don Quixote*, trans. J. M. Cohen, Harmondsworth, England, and New York: Penguin Books, 1983),第731页。

究竟比什么都没有好多少呢？"他们认为它好不到哪儿去，而实际上它根本什么都不是。他们认识到 ex nihilo nihil（无只能生出无），从而继续寻求神秘的终极质料。

我们所经验到的气（"常识意义上的气"）是介乎"原生之气"通过凝结和稀释转化成的所有其他形式之间的一个中间点。注疏家泰奥弗拉斯托斯认为：

> 和阿那克西曼德一样，阿那克西美尼声称支撑性的自然之物是一且是无定的，但并非像阿那克西曼德所坚持的那样是未受规定的，而是确定的，它是气。在［由它所变成的］不同实体中它的稀薄度和密度是不同的。变得更细小之后它就成了火；被凝结在一起它 就成为风，然后成为云，进一步凝结之后就变成水，然后变成土，变成石头，其他万物从这些事物中产生。①

依据其凝结和稀释思想，阿那克西美尼继续其还原主义方案。他提出了一个重要论断，即所有质的差别实际上是量（压缩在一定空间内的质料的多少）的差别，这是现在许多科学家都会同意的观点。

泰勒斯、阿那克西曼德及阿那克西美尼这三位哲学家被称为米利都学派，因为他们都来自波斯海岸的希腊殖民地米利都，而且他们还形成了第一个哲学学派。尽管他们之间彼此有别，但他们还是有许多共同之处，其中一些还最终成为西方科学传统的一部分：渴望那些简明的解释、相信观察可以为他们的理论提供支持、赞同自然主义（这种观点认为一种自然现象应该由其他自然现象来解释）和一元论（这种观点认为最终只存在一种"质料"）。

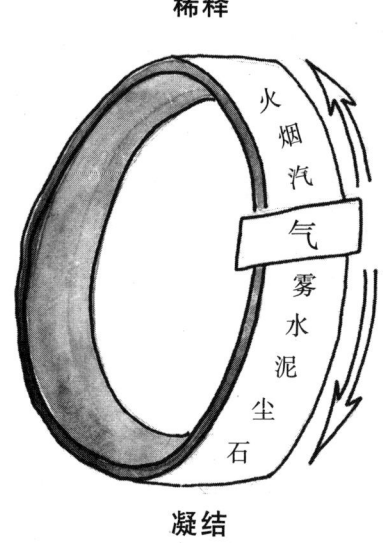

在希腊的这个前哨基地和波斯之间的脆弱和平破裂之后，波斯入侵了这个城邦，在此之后，米利都学派也走向了终结。波斯的入侵造成了巨大的破坏和伤亡。根据历史学家希罗多德的

---

① 辛普里丘援引的泰奥弗拉斯托斯，见帕萃西娅·库尔德编《前苏格拉底哲学家读本》（*A Presocratics Reader*, ed. Patricia Curd, tans. Richard D. McKirahan Jr., Indianapolis and Cambridge: Hackett Publishing, 1996），第14页。

记述，雅典人对米利都的陷落深感沮丧，以至于当剧作家普律尼科司推出其剧作《米利都的沦陷》时，他们在剧院里嚎啕大哭。政府禁演了他的剧目并课以一千德拉克马的罚金，因其损害了社会风气。

毕达哥拉斯

米利都学派的继承者毕达哥拉斯（公元前572—前500年）来自米利都附近的萨摩斯岛，他不像其前辈那样在物质元素中寻求终极者。相反，他有一个奇特的观点，即万物皆数。这个观点仅从字面上来理解似乎是荒谬的，但除了其他东西之外，毕达哥拉斯还想表达的是，对实在的准确描述必须借助数学公式来表达。我们从科学课堂上熟悉了很多自然法则，它们都可以用数学公式表达

出来（比如万有引力定律、运动三定律、热力学三定律、反射定律、伯努利定律、孟德尔三定律）。毕达哥拉斯是这样一种思想的始祖：全部实在都可以用数学公式来表达。

关于毕达哥拉斯本人我们所知甚少。他的著作毫无所存。要从他的追随者的思想中区分整理出他自己的思想几乎是不可能的，正是这些追随者们在其后的几百年间创建了遍布希腊的毕达哥拉斯派的隐修生活聚居地。毕达哥拉斯似乎首先不是一个数学家，而是一个数字命理学家（numerologist），即是说，他的兴趣在于各个数字的神秘含义。例如，由于毕达哥拉斯派认为数字10是神圣的，所以他们就下结论说我们今天所说的太阳系有十个成员。这个论点大体上是正确的（太阳加上九个行星），但不是出于毕达哥拉斯派所说的理由。其实，可能是八个半行星；2006年8月，国际天文学联合会把冥王星降级了，宣称它是"矮行星"。

尽管如此，毕达哥拉斯的思想早于欧几里得的大部分几何学著作，并且发现了音阶与数字之间的和谐比例。由此他演绎出了整个宇宙的数学和声，这一观点引出了"天体音乐"的学说。十大天体在运动，所有的运动都发出声音。因此这是个天体（因其神圣）发出神圣的声音。它们的音乐是永恒的背景音乐，

尘世之音与此相差悬殊。通常我们只听到"尘世之音",而听不到这背景和声。但是某种神秘的姿态能使我们忽略尘世之音而只聆听到天体的神圣音乐。

毕达哥拉斯的影响极为深远,毕达哥拉斯学派持续了近400年。仅就他对柏拉图的影响而言,就足以确立毕达哥拉斯在哲学史上的永久地位。(我们将会看到柏拉图是古希腊时期最重要的哲学家,而他同时也是一位出色的数学家。)现在我们可以以后知之明来审视毕达哥拉斯的工作,看出能表明他及其追随者是真正的哲学家的那些特征。尽管如此,我们只是人为地将毕达哥拉斯思想中我们称为哲学思想的那部分区分出来而已。我们不应该忽视毕达哥拉斯学说中那些不太科学的方面,这些方面对他而言是完整无缺的整体的一部分。他是一个宗教团体的领导者,这一团体的成员必须遵从许多严格的秘传教规,这些教规建立在禁欲主义、数字命理学和素食主义基础上。

虽然他们坚持素食主义,但毕达哥拉斯派还必须发誓拒食豆子,因为食用豆子是食用同类的一种形式。仔细观察豆子的内部,我们会发现每个豆子中都

包含一个微小的、胚胎期的人（或者说人形豆更为合适）。

克塞诺芬尼

克塞诺芬尼约于公元前570年出生在今土耳其海岸的科洛封，在米利都北部方向大约50英里。他二十出头就离开了家园，那时波斯军队侵占了他的家园。

爱丽丝准备让学者们为对克塞诺芬尼的正确解释而战

显然他剩下的漫长余生都在西边的希腊游荡。我们不知道他的卒年，但他在一首诗中说他在九十二岁开始写作。传统说法是他活了一百多岁。克塞诺芬尼的哲学资质受到了亚里士多德的质疑，后者是我们关于这一时期思想史的最初来源。亚里士多德认为他是一个混乱的诗人，近代也有很多哲学史家这样看待克塞诺芬尼，但他还是有一些值得评论的观点。不幸的是，这些观点经常显得自相矛盾（正如亚里士多德欣喜地指出的）；幸运的是，存在相对较多的来自其著作的残篇（大概120行），足以引起人们解释的尝试，以把握克塞诺芬尼思想的真意。确实，学者们因其反对彼此对克塞诺芬尼诗篇的解释而发生过激烈的争斗。①

克塞诺芬尼尚存的著作残篇表述的观点是个大杂烩，我们将仅考察其中的一部分。我将从他的较为清晰的一个论断开始，对这一论断存在某些共识。首先，明显的是他认为他的主要意图是攻击希腊人最伟大的诗人荷马和赫西俄德灌输给他们的宗教和道德观点。关于道德问题，他写道："荷马和赫西俄德将所有由人类来做就会为人不齿的理应指责的那些事归诸众神；他们论及诸神的许多不法举止，偷窃、通奸以及相互欺骗。"②（不久你们将会发现柏拉图——可能是古希

---

① 对这些思想争论的概述可看古斯里著，《希腊哲学史第一卷：早期前苏格拉底哲学家和毕达哥拉斯学派》（W. K. C. Guthrie, *A History of Greek Philosophy*, vol.1, *The Early Presocratics and the Pythagoreans*, Cambridge: Cambridge University Press, 1962），第361—362页。

② Nahm, 残篇7，第109页。在以下引用中，残篇编号置于文内括号中。

腊最杰出的哲学家——重提并且强化了克塞诺芬尼对荷马和赫西俄德的道德批判。）关于神学问题，克塞诺芬尼说道：

> 但有朽者们却猜想诸神也是生出来的（就像有的朽者们自己一样），而且他们也穿着人类的衣服，说着人类的声音，具有人类的身体。（残篇5）
>
> 如果牛或者狮子有手，以便它们可以像人类一样用它们的手进行绘画及创作作品，那么它们会描绘它们的神，并将其自己身体的形状给予诸神——马似马，牛似牛。（残篇6）

宙斯发脾气

克塞诺芬尼似乎对人类喜欢将神明人格化的癖好比较气愤。神，或诸神，并不仅仅是拥有比我们更多力量的更强大的人，因而有能力比我们逃脱更多的惩罚。如果诸神不死，那么他们就不是被生出来的，因为这将意味着曾有一段时间他们是不存在的。他们也不穿衣服，不坐在宝座上，也没有情绪性的脾气。

这是一个有趣而先进的神学批判，那么克塞诺芬尼本人是如何看待神明的呢？这是一个引起学者之间冲突的论题："神是一，诸神和人类中的至高者，在身体和心灵方面都与有朽者不一样。"（残篇1）但这段文字包含引起克塞诺芬尼的严肃读者们困惑的复杂之处。他既说到"神"（God），又说到"诸神"（gods）。克塞诺芬尼是一神论者还是多神论者？大多数希腊哲学史家忽视了"诸神"的复数指涉，而将之归为当时的诗歌创作技巧上的要求。根据他们的说法，克塞诺芬尼是第一位真正的一神论者。但他是否是泛神论者，即他认为宇宙本身就是神，

第一章　前苏格拉底哲学家

还是他认为神是位于宇宙中的某个地方的具有形体的神明,关于这一点这些一神论阵营的人产生了分歧。泛神论阵营得到了残篇8的襄助:"万物皆来自于土,万物皆复归于土。"这段文字可被解读为在断言土本身就是神。或者,这段文字也可被以某种方式作以下解读,亦即认为我们不需要任何神来解释宇宙中的明显变化。有些学者将这段文字解读为克塞诺芬尼持有由米利都学派所开启的那个方案。如果说泰勒斯认为万物皆水,阿那克西美尼认为万物皆气,赫拉克利特认为万物皆火,那么克塞诺芬尼补全了最后一种可能性:万物皆土。其他学者认为这是一种误读,他们指出残篇8:"因为我们都生自土和水。"以及残篇9:"所有生成并且生长的事物都是土和水。"

不管他还能是其他什么,这位老人曾有过一段美好的时光。在残篇17中他说道:"以下是在寒冷的冬季斜靠在火旁柔软的躺椅上的男人之间合宜的对话,此时他们已用完餐,正喝着香甜的美酒,嘎吱嘎吱地咀嚼着榛子,问着,'你是谁?你来自什么家庭?你多大年龄了,我的朋友?'"

紧接着这段文字的是对荷马和赫西俄德的最后一记重击:"但对提坦之间、巨人之间或马人之间战争的讨论并无值得称赞之处,它们都是以前时代的虚构人物,对暴力战争的筹划同样不值一赞。"(残篇21)

赫拉克利特

值得我们注意的下一位哲学家是爱菲斯的赫拉克利特(公元前470年),爱菲斯距米利都有几十英里。赫拉克利特的著作中大约有100段可信的文字留存下来供我们阅读。我们对赫拉克利特实际上说了什么相比任何其他前苏格拉底哲学家所说的知道得更多。不幸的是，关于他的意涵我们并不必然知道得更多。和阿那克西曼德一样，赫拉克利特用散文体写作，但他选择用箴言来表达自己的意思——短小而简练的爆发式语句，携带着一些刺激读者来读懂它们的令人困惑的信息。我在此不试图概述近年来努力传达赫拉克利特残篇的多种意涵的大量学术成果，而集中关注赫拉克利特身后的几代来自希腊和罗马的追随者们赋予其观点的内涵。在早期

的评论者那里出现的图景具有很强的一致性，这或许有些误导人，但毕竟那幅图景保证了赫拉克利特数个世纪的大名，并且对观念史影响深远。

赫拉克利特最为著名的一句箴言是关于火的。他写道："万物皆转化为火，火又转化为万物。"① 很多评论者认为赫拉克利特将火视为实在的基本质料，因而处于试图将万物还原为一个元素的米利都派宇宙论者的脉络之中。其他人意识到赫拉克利特在更微妙的象征性意义上使用火这个形象。火的性质可令人同时洞悉显像上的稳定（火的形状是稳定的）和事实上的变化不定（在火之中，每个事物都发生变化）。

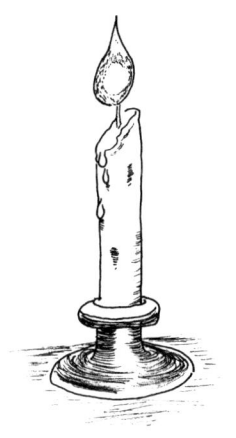

据此观点赫拉克利特得出了一些引人注目的结论：

实在不是由许多的事物构成，而是由持续不断的创造和毁灭的过程所构成。

"战争是万物之父，也是万物之王。"

"斗争即正义。"②

---

① 维尔赖特，第71页。
② 凌，第70页。

"战争是万物之父,万物之王""斗争即正义"

"你不能两次踏入同一条河流"

但这些段落同样应该从象征意义而不是从字面意义上理解。

赫拉克利特的另一句箴言唤起了流水这一形象：

"你不能两次踏入同一条河流。"①

赫拉克利特对这个观点的解释是："万物皆流，无物常留；万物皆变，无物常驻。"②评论者们对赫拉克利特的解读是，赫拉克利特认

为唯一不变的是变化本身。根据这种解释，实在的终极真理就不是火而是变化，火只是变化的最佳实例，同时也是变化的隐喻。

赫拉克利特过夫曾因其箴言的艰深而被称为隐秘者和晦涩者。不管是否合理，他的思想被后世的古希腊人作了悲观主义的解读，而这样一种理解一直流传了下来。根据这种解读，他的思想不只产生了一种哲学，而且还形成了一种心境，甚至是怀旧和茫然的世界观：

你再也无法回到家中。你的童年也已经失去。

你年轻时的朋友已经离去。

你的当下也正在从你身边悄悄溜走。

什么都不再与以前相同。

尽管如此，赫拉克利特哲学中也有积极的东西。存在着一种不可见的逻各斯（一种道理），它统治着变化，使变化成为一种合乎理性的现象，而不是像它

---

① 凌，第66页。
② 维尔赖特，第70页。
③ 凌，第62页。

表面上显现的那样混乱而任意。赫拉克利特写道:"逻各斯万古如此。"① 这一逻各斯学说深深地影响了柏拉图,并且最终成为自然规律这一观念的基础。它还和基督教所主张的一种教义直接相关。在《约翰福音》中,上帝和基督都被等同于逻各斯:"太初有道(逻各斯),道与神同在,道就是神。"(《约翰福音》1:1);"道成了肉身,住在我们中间。"(《约翰福音》1:14)

巴门尼德

赫拉克利特的后继者巴门尼德(约公元前515—公元前440年)比其前辈更进一步。

实际上,他认为你一次也不能踏入同一条河流。

巴门尼德从他认为是自明的真理开始:"存在"(It is)。这不是一个经验性的论断,它并不源于观察;相反,它是一个理性的真理(a truth of Reason)。这个真理甚至无法被否定,否则就会自相矛盾。如果你说"不存在"(It is not),即"'无'存在"(nothing exists),那么你已经证明了"存在"(It is),因为如果"无"存在,那么它就不是无;相反,它是某种存在者。

巴门尼德认为存在(Being)是理性的,只有能被思想的东西才能够存在。因为"无"不能被思想(除非将"无"作为"有"来思

你一次都不能踏入同一条河流

---

① 凌,第62页。

想），不存在无，只存在存在。单从存在这一观念本身来看，可以推出存在不是被创造出来的（假如它是创造出来的，那么它就将从无中创造出来，但无不存在），它是不可毁灭的（假如它是可毁灭的，那么它将变成非存在，但非存在不存在），它是永恒的（假如它不是永恒的，那它最终将变成非存在，而这是不可能的），它是不可分割的（假如它是可分割的，那么在它的各部分之间就有非存在，但不存在非存在）。此外，存在是球形的，因为只有球体才在各个方向上都同样实在。（20世纪的物理学家爱因斯坦的观点也许与此有关，爱因斯坦认为空间是弯曲的。）存在没有空洞（没有真空），因为如果存在存在，那么就没有任何地方存在是不存在的。

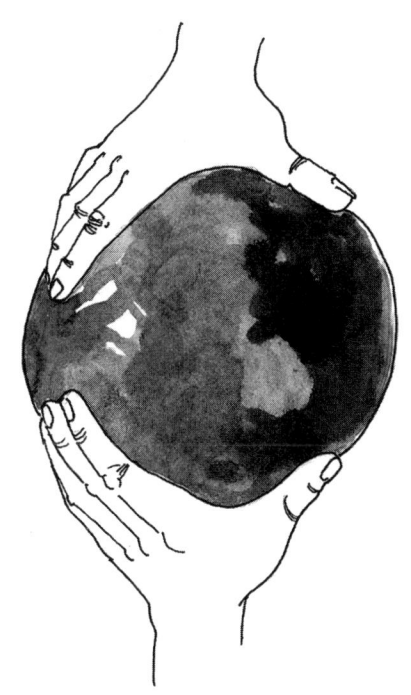

由此可知，运动是不可能的，因为运动会使存在从其所在的地方移至它所不在的地方。

实际上，在巴门尼德看来，空洞的空间这种观念是不可能的。空间要么是一个实在，在这种情况下，空间是"有"而非"无"；要么它是"无"，在这种情况，它根本不存在。因为所有思想都必须拥有一个对象，而又因为"无"不是一个对象，所以"无"的观念是一个自相矛盾的观念。

对于我们来说，显然巴门尼德远远背离了常识，背离了通过视觉、触觉、听觉、嗅觉和味觉所展现给我们的那些事实，而其中最根本的事实则是：运动是存在的，事物是变化的。但如果人们要嘲笑巴门尼德，那他们不会笑太久，因为巴门尼德很快就有了一位强有力的同盟。

芝 诺

狡猾的老狐狸，埃利亚的芝诺（约公元前490年—？）曾写下一系列至今仍非常著名的悖论，在这些悖论中，他通过运用所谓的归谬法（reductio ad absurdum）来"证明"运动的不可能性，从而为巴门尼德那些令人难以容忍的

观点进行了辩护。

在运用这种证明形式时,你要先接受你对手的结论,然后再论证这些结论会在逻辑上导向一个荒谬或是矛盾的结论。

芝诺认为即使真的存在着运动,你也永远无法到达任何地方,即便是像走到门口这样一个简单的目标也达不到。在你走到门口前,你必须先走一半的路程,但是在你能走完一半的路程之前,你又必须先走这一半路程的一半;同样,在你能这样做之前,又必须先走完这一半的一半的一半。这一论证何时结束呢?它永远结束不了!它会无限地进行下去。因此,即使这种论证是可能的,运动也是不可能的。

在另一个悖论里,芝诺论证道,在阿喀琉斯与乌龟的赛跑中,如果阿喀琉斯让乌龟先爬一小段(为表公平起见),那么这位迅

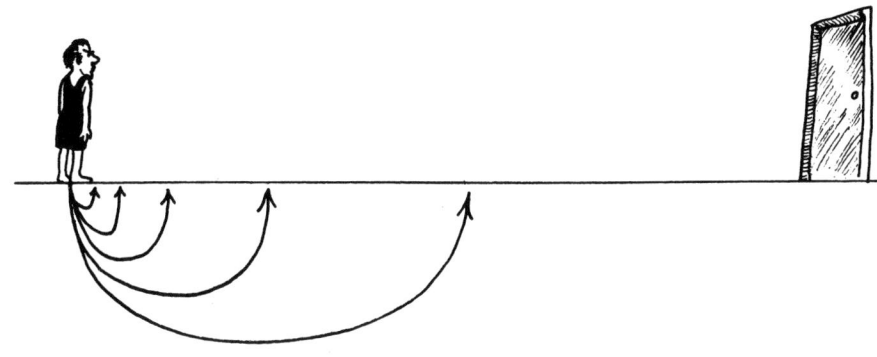

捷的跑步高手将永远追不上这只蹒跚的乌龟。这是因为,在阿喀琉斯追上乌龟之前,他必须先到达乌龟原先所处的位置;但假如存在运动的话,那么乌龟已不在原地,已经往前移动了。情形将永远就是这么一个悖论。当阿喀琉斯到达乌龟原先所在的地方时,乌龟已经前进了。阿喀琉斯永远也无法追上乌龟。

芝诺为了对其老师巴门尼德的观点进行辩护而给出这些悖论。其结论在我们看来也许是荒谬的,但是这些结论事实上来源于这样一种数学观念,即所有的数、实际上还有所有物质都是无限可分的。在研究生的数学原理课上芝诺的这些论断依然被研究着。芝诺迫使我们在数学和依赖感官所提供的信息之间作出选择。众所周知,感官时常欺骗我们,所以我们应该选择数学的确定性。巴门尼德和芝诺用这一观点在希腊哲学中引发了一场危机。他们使依赖于五种感官的知识和依赖于纯粹推理的知识之间的区分变得激进了(这种区分后来发展成为经验论和唯理论这两个哲学流派)。而且,他们还迫使人们对当时所有希腊

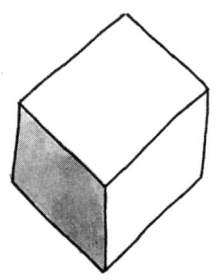

实在是一？

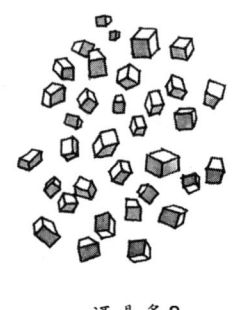

还是多？

人所接受的一元论预设（即认为实体是由一种事物构成的观点）进行重估，这是因为思想家们逐渐认识到这种观点直接导向了巴门尼德的结论。显然，哲学家们要么不得不接受巴门尼德的惊人论断，要么不得不放弃一元论。事实上，他们放弃了一元论。

恩培多克勒

接下来的一派哲学家被称为多元论者，他们不能接受巴门尼德的存在这样一种一元论的静止的观点。因为，他们被迫认为终极实在是由多种事物而不是由一种事物构成。

这一流派的第一个人是恩培多克勒（？—约公元前440年），他是西西里岛上的希腊殖民地阿克拉加的公民。恩培多克勒认为，万物由火、气、土、水这四种最单纯的元素构成，他把这些元素称为"四根"。

但是面对芝诺对运动的反驳，恩培多克勒认为他必须设想出能对变化和运动作出解释的两种力。这两种力他称为爱和恨。爱是统一性的力，它将不相关的几个东西结合在一起从而创造出新的东西；而恨则是破坏性的力，将原有的统一破坏成诸多碎片。

恩培多克勒理论的一种奇特的变种后来被20世纪的精神分析学家西格蒙德·弗洛伊德所接受,他把这两种力分别命名为爱欲与死欲(生的本能与死的本能)。弗洛伊德同意恩培多克勒的观点,认为正是这两种力形成了一切有机物的基础。

最初的进化论是从恩培多克勒的体系发展而来的。爱把种种怪物结合到一起。"曾经有许多头生长起来但没有脖子,丢掉了肩膀的胳膊四处游荡,没有额头的眼睛独自闲荡,许多生物在产生之初曾有两张脸和两个胸部,牛的后代曾

长着人类的面孔，另外还曾出现过长着牛头的人类孩童。"[1]

那些曾经能够存活的东西确实曾经存活着。

（亚里士多德后来对这种观点提出批评，认为它"过分听任偶然性的支配"。）

阿那克萨戈拉

接下来的一位多元论者是来自邻近米利都的克拉左美尼的阿那克萨戈拉（约公元前500—前428年），他觉得恩培多克勒的理论过于简单化。他用"无限的种子"替代了"四根"。其中每一个种子都与现在化学中的元素相类似，因此，从某种意义上来说，这一理论听起来非常现代。世界上的每一种事物都包含所有元素的种子，并且在每一种事物中，其中一种元素的种子占有主导地位。

"所有事物中都有每一事物的种子，不然，毛发怎么能从不是毛发的东西中长出来呢？或者，肉怎么能从不是肉的东西长出？"[2]

阿那克萨戈拉赞同恩培多克勒的观点，认为用来解释运动和变化的某种力是必需的。但是他用一种精神性力量取代了恩培多克勒的爱与恨这种太过神秘的符号，这种精神性力量他称之为"努斯"，或精神。这一假说意味着宇宙是按照一种智性的、理性的秩序组成。阿那克萨戈拉的"努斯"几乎就像是从种子

---

[1] 纳姆，第136页。
[2] 纳姆，第150页，第152页。

或元素中创造出事物的神。

此外，生命界与无生命界的区别就在于，有机世界内部包含"努斯"作为其自我组织的原则，而无生命界则是被"努斯"外在地组织起来的。在任何地方，"努斯"本身在质上都是同一的，但它的各种能力是由包含它的机体的性质所决定的。人类一点儿都不比胡萝卜聪敏，但人类能比胡萝卜做更多的事情，因为人类有舌头，有对生的拇指和双腿。（如果你的形状和尖细的根茎一样，那么你行动起来就不会有多聪敏。）

注意，阿那克萨戈拉的理论首次明确区分了有生命的实体和无生命的物质。在稍后的两位重要哲学家苏格拉底和亚里士多德看来，"努斯"这种人格性的概念本来是大有前途的，但最终他们都对此失望了。苏格拉底曾说，起初他觉得"努斯"是一种令人振奋的观念，但最后却变得毫无意义；亚里士多德也曾说阿那克萨戈拉"像一群散漫的说话者中的一位清醒者"一样杰出超群。[①] 但后来亚里士多德却不再着迷于阿那克萨戈拉，他认为阿那克萨戈拉"在解释宇宙的构造时将理性用作解围之神（deus ex machina），当他无法说明一个东西必然存在的原因时，他就把理性拽进来，而在所有其他情况下，他又用理性之外的东西来说明发生的事情"。[②]

[①] 维尔赖特，第168页。
[②] 亚里士多德著《形而上学》，见《亚里士多德基本著作集》（Aristotle, *Metaphysics*, trans. W. D. Ross, in *The Basic Works of Aristotle*, ed. Richard McKeon, New York: Random House, 1941），第697页。

留基波和德谟克利特

正是因为阿那克萨戈拉的观点是人格性的,所以在阿那克萨戈拉的后继者们看来,它还是过于神秘了。这些后继者是以留基波(公元前460年—?)和德谟克利特(公元前460—前370年)为首的一派哲学家,他们被称为原子论者。

他们认为世界由物质机体构成,而物质机体本身由许多组"原子"(atoms)构成。希腊文 ατομον(atomon)的意思是不可分割的,即不能再分裂的。

德谟克利特把每一个原子都变成巴门尼德的存在的一小片(非创生的、不可毁灭的、永恒的、不可分割的、不含"空洞"的),并且他还认为这些原子都在横跨由严格自然规律决定的一些绝对必然的路径的虚空中移动。

因此,与巴门尼德的观点相反,在德谟克利特看来,虚空和运动都是实在的。

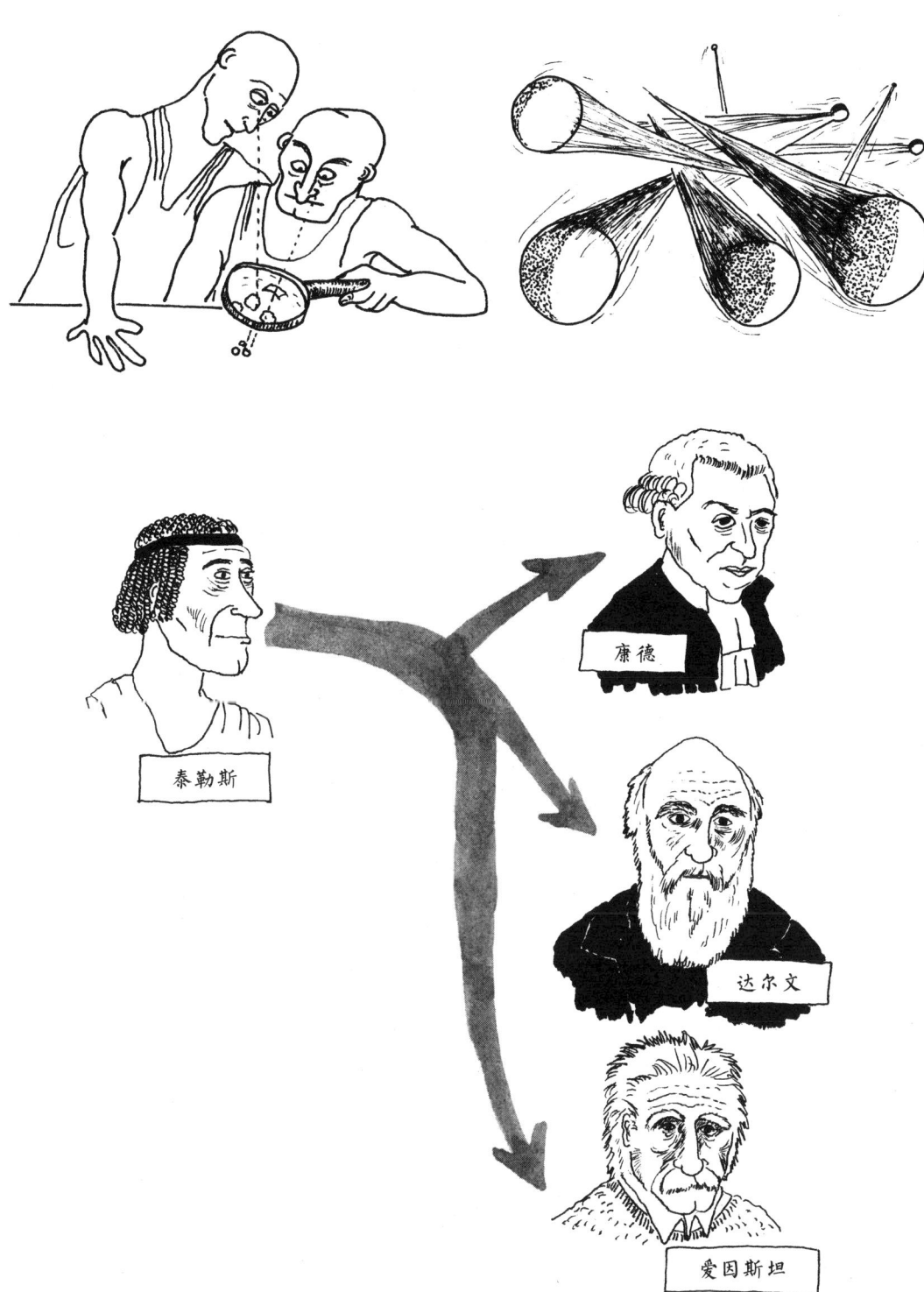

第一章 前苏格拉底哲学家

而且，和原子本身一样，运动和空间也都是自然而基本的，不能作进一步的分析。需要解释的现象恰恰是不运动而不是运动，而德谟克利特的解释和赫拉克利特的相同，认为不运动是一种错觉。也就是说，它通过解释而被消除了。因此，到公元前370年为止，古希腊哲学已经被导向彻底的唯物主义和严格的决定论了。世界上除了运动着的物质机体外别无他物，并且没有自由，只有必然性。

前苏格拉底哲学家们获得了什么成就呢？通过这些哲学家，一种特殊的思维方式从其前身——神秘的宗教式思维方式中分离出来了，这种特殊的思维方式形成了其自身的方法和内容，这种思维方式很快就发展成为现今我们所知的科学和哲学。回顾前苏格拉底哲学家们，我们可以清楚地看到他们与我们身处的这个时代的伟大思想家们直接的血统关系：德国哲学家伊曼努尔·康德在18世纪试图解决的理性和感性的两分问题，也首先是由前苏格拉底哲学家清晰地提出的；建立进化论的第一次尝试是由他们作出的；第一次努力解开数学上的数字如何支配实在

的流变这个谜团——从这一切我们可以看到从前苏格拉底时代到我们现在的几乎完整的谱系。

但是,在公元前5世纪的希腊人看来,前苏格拉底哲学家们所留下来的是一笔混乱的遗产。

那些哲学家们唯一的成就就是成功地贬低了传统的宗教和道德价值观,却未留下任何实质性的东西来替代它们。(正如古希腊戏剧家阿里斯托芬所说的那样:"当宙斯被推翻之时,混沌接替了他,于是混乱占据了统治地位。")

此外,他们所处的时代不仅在思想上,而且在社会和政治上也都发生了变化。原有的贵族曾献身于荷马史诗中的高贵价值,但他们在新兴的商人阶级面前逐渐失去了地位。这个阶级感兴趣的不再是荣誉、勇气和忠诚之类的德性,而是权力和功名。新兴阶级如何在早期的民主政体中获取这些德性呢?通过政治。正如现在一样,那时获得政治权力的方式是研习修辞学(研究"法律")——通过富有说服力的主张来鼓动大众的技艺,尽管这种主张未必合乎实际。

本章主要哲学思想

Ⅰ.概述:公元前6世纪在希腊的亚得里亚海沿岸殖民地出现了新类型的思想家。

Ⅱ.对实在及其本原的解释不再是完全神秘的。

Ⅲ.用自然过程来解释自然现象。

Ⅳ. 这第一批思想家，前苏格拉底哲学家（"爱智者们"）熟悉四种基本元素——水、土、火、气——并以之为他们思想的基础。

泰勒斯

Ⅰ. 首位一元论者：实在由一种事物构成。

Ⅱ. 泰勒斯的假定：如果世上存在着变化，那么必定有某种东西是不变化的。

Ⅲ. 泰勒斯选择水作为首要的元素，所有其他事物都由它派生。

阿那克西曼德

Ⅰ. 必定存在一种隐藏的抽象元素——无定或无限——所有其他元素都由它派生。

阿那克西美尼

Ⅰ. 气是基本元素，所有其他事物都由它派生。

Ⅱ. 显现在我们面前的世界由浓厚和稀薄程度不同的气所构成。（质由量决定：给定空间内气的多少。）

毕达哥拉斯

Ⅰ. 数是实在的基本构件。

Ⅱ. 所有的解释必须是数学式的。

克塞诺芬尼

Ⅰ. 对希腊神话中的宗教观点的批评：奥林匹斯山诸神就像极其强壮而行为不检的不道德的人类。

Ⅱ. 如果存在着诸神，他们不会像人一样，也不会像人一样着装，正如他们不会像牛或狮子一样，也不会像牛或狮子一样着装（对宗教思想中神人同形同性论的攻击）。

赫拉克利特

Ⅰ. 火是所有其他元素从中派生出来的基本元素（或者，更有可能的是，火是实在之本性的一种隐喻）。

Ⅱ. 实在的主要特征是变化。("你不能两次踏入同一条河流。")

Ⅲ. 赫拉克利特是个阴郁者：他的哲学被解读为悲观主义。

芝诺

Ⅰ. 巴门尼德哲学的拥护者，他利用归谬法来驳斥巴门尼德的论敌们。

Ⅱ. 芝诺的诸多悖论证明运动和变化是不可能的。

Ⅲ. 概述：在巴门尼德对一元论内涵的强有力的揭示面前，人们要么不得不接受巴门尼德的各项结论，要么必须摒弃一元论。面对芝诺诸多强有力的逻辑论证，未来的哲学家们谁要是相信变化和运动是存在的话，就必须解释这些现象是如何可能的。

恩培多克勒

Ⅰ. 第一位多元论者：实在由不可还原的多种元素构成。

Ⅱ. "四根"——火、气、土、水——不能被还原为更基本的东西。

Ⅲ. 运动和变化是真实存在的，由两种力产生：一种积极的力（爱）和一种消极的力（恨）。

Ⅳ. 首个记录在册的进化理论。

阿那克萨戈拉

Ⅰ. 多元论的延续：万物皆产生自"无穷的种子"（代替了恩培多克勒的"四根"）。

Ⅱ. 运动和变化的原因是努斯（精神或者理性）。

留基波和德谟克利特

Ⅰ. 多元论和唯物主义

Ⅱ. 原子论：世界由"原子"构成：不可见、不可分的物质微粒，持续地运行于预定的轨道，按照严格的自然规律碰撞、聚合以及分散。

结论

Ⅰ. 尽管原子论者看上去最接近近代科学对物理实在的理解，但前苏格拉底时代最终并没有形成对世界的统一的哲学理解。事实上，将这些哲学努力统一起来的东西是这种信念，即自然世界可以用自然的原因加以解释，并且必然有一个所有自然现象由此产生的统一性原则或元素。

思考题

1. 早期古希腊哲学家所面临的"一与多"的问题是什么？选出解决此问题方法迥异的三位前苏格拉底哲学家，并对比他们的观点。

2. 将在"导论"中学到的神话和逻各斯的区分用于米利都学派哲学家泰勒斯、阿那克西曼德和阿那克西美尼，他们属于哪个阵营呢？

3. 如果你生活在公元前6世纪的古希腊，并且只知道那一时期所能知道的观点，那么，根据你自己的观察，你会选择哪种基本实体或存在物来作为实在的基础？为什么？（在你开始之前，请阅读第四题。）

  A. 水（泰勒斯）
  B. 气（阿那克西美尼）
  C. 火（笼统地说，赫拉克利特）
  D. 土（克塞诺芬尼，或者非常笼统地说，德谟克利特）
  E. 一种未受规定的"质料"（阿那克西曼德）
  F. 数（笼统地说，毕达哥拉斯）

4. 问题同上，同时作如下限定：根据你现在即21世纪初所了解的知识，但依然只有以上A—F这几种选择，你会选择哪一项或哪几项的组合呢？

5. 尽可能充分地对比赫拉克利特和巴门尼德的论点。如果认真接受赫拉克利特的哲学主张，你认为会有什么实践上的结果？巴门尼德的呢？

6. 请解释为何芝诺悖论在古希腊的思想领域引发了如此深刻的一场危机。指出芝诺之后的哲学进展是如何在巴门尼德学派和巴门尼德之前的学派之间达成妥协的。

第二章

雅典时期
（公元前5世纪至前4世纪）

智　者

　　由于社会转向政治权力和修辞学的研习，因而不足为奇的是，接下来出现的一派哲学家不是真正意义上的哲学家，而是修辞学家，他们以智者（"有智慧的人"）之名闻世。他们穿梭于城邦之间，收取演讲的入场费，这些演讲的内容不是关于实在或真理的本性，而是关于权力和说服的本性。关于智者，柏拉图和亚里士多德写了很多，根据他们留传下来的描述来看，当时流行的思想并不仅是怀疑主义,还有犬儒主义。

普罗泰戈拉

智者中最为著名(并且最不愤世嫉俗)的或许要数普罗泰戈拉(公元前490—前422年)。他教导人们,成功之道是小心谨慎地接受传统习俗,这并非因为它们是真的,而是因为理解和运用它们是便利的。对普罗泰戈拉来说,所有习俗都是相对的,而非绝对的。事实上,万事万物都是相对于人的主观性而言的。普罗泰戈拉的名言是"homo mensura"——人是尺度。①

普罗泰戈拉对主观主义、相对主义以及便利性的强调是所有智术(sophism)的支柱。根据一些说法,普罗泰戈拉被指控犯了渎神罪,他关于诸神的著作在雅典被当众烧毁。但他在关于宗教的著作的少许仅存残篇中说:"至于诸神,我

人是万物的尺度,是存在的万物之存在的尺度,也是不存在的万物之不存在的尺度。

---

① 菲利普·维尔赖特编《前苏格拉底哲学家》(Philip Wheelwright, ed., *The Presocratics*, New York: Odyssey Press, 1966),第239页。

无法知道他们是否存在,也无法知道他们是否不存在。"①

高尔吉亚

另一个著名的智者是高尔吉亚(公元前483—前375年)。他似乎想要废黜哲学而代之以修辞学。在他的演讲和一部著作中,他"证明"了以下三个命题:

1. 无物存在。
2. 即使有物存在,也没有人能认识它。
3. 即使有人确实认识它,也没有人能传达这种认识。

问题的关键当然在于,如果你能"证明"

---

① 菲利普·维尔赖特编《前苏格拉底哲学家》(Philip Wheelwright, ed., *The Presocratics*, New York: Odyssey Press, 1966),第240页。

这些谬论,那么你就能"证明"任何事情。高尔吉亚并不是在传授我们某种关于实在的惊人真相;他是在教导我们如何能赢得辩论,不论我们的主张如何荒谬。

色拉叙马霍斯

另一个智者是色拉叙马霍斯,他的著名论断是"正义是强者的利益"。也就是说,强权就是公理。根据他的说法,关于道德的一切争论都是空谈,除非将这种争论还原为权力之争。

卡里克勒斯和克里提亚

根据留传给我们的叙述,智者中最为愤世嫉俗的两个是卡里克勒斯和克里提亚。

卡里克勒斯主张传统的道德不过是弱势大众束缚强势个体的一种聪明手段。他告诫强者应该摆脱这种桎梏,而这么做从某种意义上来说是"自然正当的"。重要的是权力,而不是正义。但是为什么权力是好的呢?因为它有助于生存。那么为什么生存是好的呢?因为它能让我们获得快乐——存在于饮食男女当中的快乐。有识之士不仅在质量上,也在数量上追求快乐。节制这种传统的希腊德性是为傻子和笨蛋而设的。

克里提亚(他后来成为三十僭主中最为残暴的人,这些人推翻了民主制,短暂地建立了寡头专政)教导说,聪明的统治者通过激发臣民对并不存在的诸神的恐惧来控制他们。

由此可见,智术的本质包含主观主义、怀疑主义和虚无主义。前苏格拉底哲学家们主张的每一种思想都被贬低了。不存在客观的实在,而即使存在客观的实在,人类的心灵也无法把握。重要的不是真理,而是操作和便利。无怪乎苏格拉底感觉他被智术大大地冒犯了。

尽管智术有其负面影响,我们还是必须为其说些公道话。首先,我们可以认为公元前5世纪的古希腊智者们在很多方面领先于弗里德里希·尼采(你们将

在第六章学习他)的知识论的相对主义和20世纪后半叶名为后现代主义的文化运动。在本书中,这一运动的哲学表述是后结构主义,本书第279页以下会讨论它。我们也在此发现了对传统知识观点的强烈批评,以及尝试表明权力的结构如何索求其对于知识的所有权。第二,很多智者是老练的政客,他们确实在民主制

第二章 雅典时期

的历史上作出了贡献。第三，历史上对他们的敌意主要基于我们从苏格拉底和柏拉图那里得到的叙述，而他们两个都是智者的敌人。最后，也是最重要的是，智术有着积极作用，它让人类意识到，我们关注的对象不是宇宙，而是我们自身。普罗泰戈拉"人是尺度"一言既出，人们突然间便开始在哲学上关注其自身。

苏格拉底

智者们是职业教师，但他们遇到了对手苏格拉底（公元前469—前399年），他可能是人类历史上最伟大的教师。尽管苏格拉底总体上并不同意智者派的观点，但他也跟随智者们的引导，从研究宇宙转向了专注于人类本身的事务。但与智者讨论人类的方式不同，苏格拉底想要把所有的论证都建立在客观有效的定义上。如果不知道"人"是什么，那么说"人是尺度"就几乎什么都没说。在《泰阿泰德》中，苏格拉底说道：

苏格拉底的讨论向两个方向推进——向外通向客观定义，向内探索内在人格，即灵魂，在苏格拉底看来灵魂是所有真理的源泉。这种探索可不是在一场周末演讲上进行的，而是一生的追问。

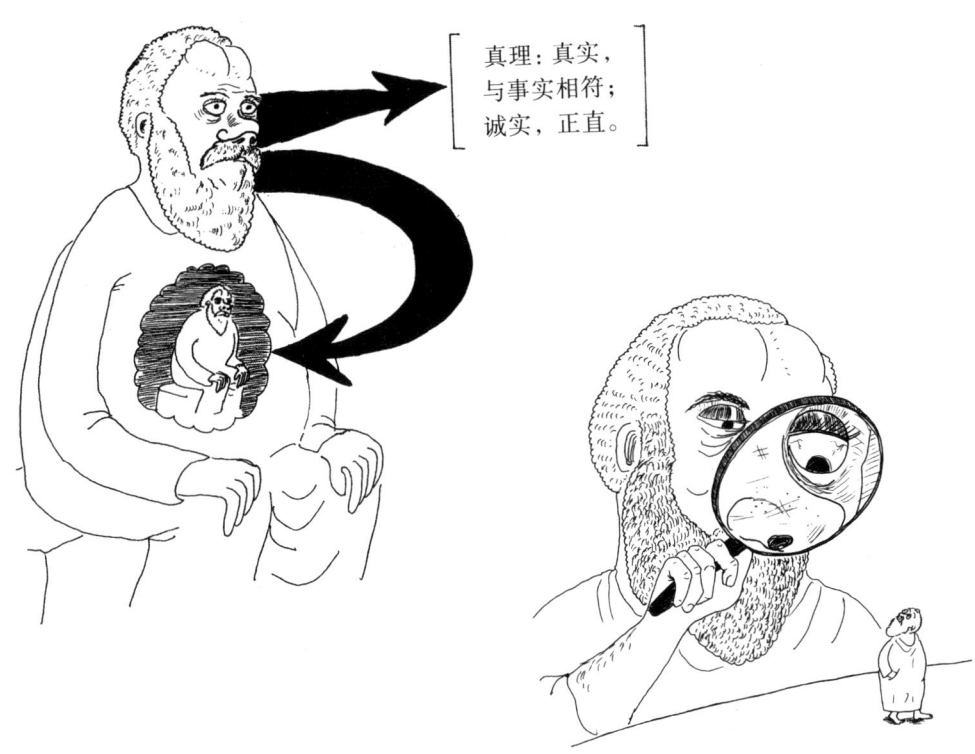

苏格拉底几乎从来没能对他自己所提出的问题作出回答。尽管如此,追问还得继续,因为正如我们从他的著名格言所知道的那样:

"未经审察的人生是不值得过的。"①

苏格拉底的大部分时光在雅典的街道和市场上度过,他询问所遇到的每一个人是否知道些什么。苏格拉底曾说,如果有死后的生活,那么他会向冥间的幽灵询问同样的问题。

具有讽刺意味的是,苏格拉底曾宣称自己一无所知。德尔斐的神谕曾说,正因此,苏格拉底才是所有人中最聪明的一个。苏格拉底至少知道自己一无所知,而其他人却错误地认为自己有所知。

苏格拉底本人没有任何著述,但他的谈话却被他的门徒柏拉图记了下来,后来由柏拉图以对话的形式发表。通常苏格拉底的这些对话会强调一个具体的哲学问题,诸如"什么是虔敬"(见名为《游叙弗伦》的对话),"什么是正义"(见《理想国》),"什么是美德"(见《美诺》),"什么是含义"(见《智者》),"什么是爱"

---

① 柏拉图著,《苏格拉底的申辩》,载于《柏拉图论对苏格拉底的审判和苏格拉底之死》(*Plato on the Trial and Death of Socrates*, trans. Lane Cooper, Ithaca, N.Y.:Cornell University Press, 1941),第73页。

（见《会饮》）。典型的苏格拉底对话分为三个部分：

1. 提出一个问题（比如，什么是美德，或什么是正义，或什么是真理，或什么是美）；当苏格拉底发现有人声称有所知时，他会变得兴奋起来并充满激情。

2. 苏格拉底在其同伴的定义中发现"微瑕"，然后慢慢地将这个定义拆解开，迫使其搭档承认自己无知。（有一篇对话实际上是以苏格拉底的批评对象泪流满面而告终的。）

3. 为了认真地追求真理，两个承认自己无知的同伴达成一致意见。几乎所有的对话都以无定论而告终。当然，他们必须这么做。苏格拉底无法将真理馈赠给他的学生们。我们每个人都必须自己来发现它。

在对真理的探求中，苏格拉底冒犯了雅典城中许多有权有势而又自命不凡的人物。（为对其指控者公平起见，需要提到的是，有些公民怀疑苏格拉底认为斯巴达的价值观比其本国雅典的更为可取。而在伯罗奔尼撒战争中斯巴达是雅典的敌人。）苏格拉底的敌人共同密谋反对他，控告他教授错误的学说、不虔敬

并且败坏年轻人。他们把他送上法庭,企图通过使他卑躬屈膝并恳求饶恕来羞辱他。

在受审过程中,苏格拉底非但毫不屈服,相反却通过宣告那些控告者的无知而对他们进行了抨击,并激怒了毫无秩序的500人陪审团。更有甚者,当他被问及他自己建议对他的惩罚时,苏格拉底提出要雅典人在市政厅为他提供免费的食宿。暴怒的陪审团以280票对220票判处他死刑。

雅典人对他们的行为感到羞耻,对他们要处决他们最优秀的公民备感尴尬,当看守苏格拉底的狱卒受到贿赂允许苏格拉底逃走时,他们准备对之视而不见。

尽管苏格拉底的朋友们百般请求,他还是拒绝这么做。他说,如果他因为逃跑而违反了法律,那么他将自认为所有法律的敌人。所以,他饮下了毒芹酒,和朋友们谈论哲学直到最后一刻。因其死亡,苏格拉底成为具有普遍意义的为真理殉难的象征。

苏格拉底之死（雅克-路易·大卫，1787年）

柏拉图

苏格拉底的年轻门徒中最重要的一个是柏拉图（公元前427—前347年），他是历史上最有影响力的思想家之一，也是世界上第一所大学——学园的创建者。在学园中，学生们把阅读柏拉图所写的苏格拉底对话当成练习来做。

因为柏拉图的作者身份，通常很难在苏格拉底的思想和柏拉图的思想之间作出区分。总体上我们可以说柏拉图的哲学比苏格拉底的哲学更加形而上学，更加系统，并且更加超世俗。

柏拉图

洞穴神话寓言式地描绘出了柏拉图哲学的本质，这出现在柏拉图最重要的著作《理想国》中。在这个神话中，柏拉图让苏格拉底构想了这样一个场景：设想囚徒们被捆绑在一个洞穴中，面对着洞穴深处的墙壁。他们自出生之日起就待在那里，既看不见自己也看不见别人。他们只能看到洞穴墙壁上的影子。

这些影子是由火光投射上去的，火位于他们身后上方的壁架上。在火和囚徒之间有一条沿着墙的小路，墙外人们头上顶着花瓶、雕像和其他手工艺品，它们的影子映在洞穴墙壁上，他们误

52　看，这是哲学

把影子和回声当作实在。

柏拉图让苏格拉底设想,某个囚徒解开了锁链,他转过身来,并被迫看到了影子的真实来源。但火光刺痛了他的眼睛,他宁愿选择影子那令人舒适的幻象。

火的后方之上是洞口,洞外明媚的阳光(只有一点阳光透进洞穴)下有树木、河流、山峦和天空。

现在,那个先前的囚徒不得不开始了"陡峭而崎岖的攀登"①(柏拉图对教育的比喻),来到了阳光下的外部世界。但阳光使他一时失明,他不得不先看看树的影子(他已习惯于看影子),然后再看树木和山川。最后他终于能看见太阳本身(对启蒙的比喻)。

柏拉图表示如果这个已获启蒙者重返洞穴,他将会显得荒唐可笑,因为先前被太阳照得目眩眼花,在其返回洞穴的途中他将看到满眼的光斑,因而不能看穿黑暗。

并且如果他试图去解放他的囚徒同伴们,那么他们一定会因为他打扰了他们的幻觉而极为愤怒,以至于会攻击并杀死他——明显地喻指苏格拉底之死。

奴隶从黑暗、欺骗和不真实中解放出来走向真理的光明和温暖的艰苦旅程

---

① 柏拉图著《理想国》,载于《柏拉图对话集》(*The Dialogues of Plato*, vol.1, trans. Benjamin Jowett, New York: Random House, 1937),第775页。

这一比喻赋予了很多哲学家和社会领袖以灵感。但柏拉图借此表达的可不只是一幅诗意的场景。他还以此作了一个精确的技术性应用,这个可以在线段比喻中见到,这个比喻也出现在《理想国》中。它之所以被称为"线段"是因为,在《理想国》第六卷,苏格拉底向我们这样解释它,他用棍子在地上画了一条线,在线的周围标了一套图解。线段的左边是认识论(关于知识的理论),右边是本体论(关于存在的理论)。此外,其中还包含伦理学(道德理论)和美学(关于

美的理论)。这个整体构成了柏拉图的形而上学(总体性的世界观)。

这个线段揭示了所有这些学科的对象的等级制本性。实在是存在、知识以及价值的等级体系,最真实、最确定并且最有价值的对象位于这个等级的顶部。一个本体论的、认识论的、道德学的、美学的递减式等级表按照一个由原型和摹本数学地组成的系列从最高等级依次下降。整个可见世界是整个可知世界的摹本,而这两个世界的每一个又都分为原型和摹本。

对于存在的每一种状态(线段右边——参看下面的图解),都有一个相应的意识状态(左边)。最低的意识状态是想象,它的对象是影像,如影子和倒影(在我们今天,如电视屏幕和视频游戏的影像)。

处于想象状态的人误将影像当成实在。在线段上这个等级就相当于洞穴中的囚徒们观看影子的情形。

下一个等级,即信念,有具体事物作为其对象,比如一匹具体的马或一个具体的正义行为。和想象一样,信念也不包含知识,而是仍然处于意见的领域,它仍建立在感官知觉的不确定性之上。它还不是"概念性的"。它还没有由理论(假设)加以指引,也没有由根据必要条件和充分条件所作的定义加以指引(必要条件是概念的这样一些特征,概念要想被正确地定义,就必须满足这些必然条件——比如,一物要被定义为哺乳动物,那么一个必然条件是它是动物界的一员;充分条件是这样一些特征,当具备它们时,就可以保证所论的概念得到正确的定义——比如,拥有乳腺是被认定为哺乳动物的充分条件)。处于信念状态的人像囚徒一样,看见的是被举在洞内墙上的人工制品。

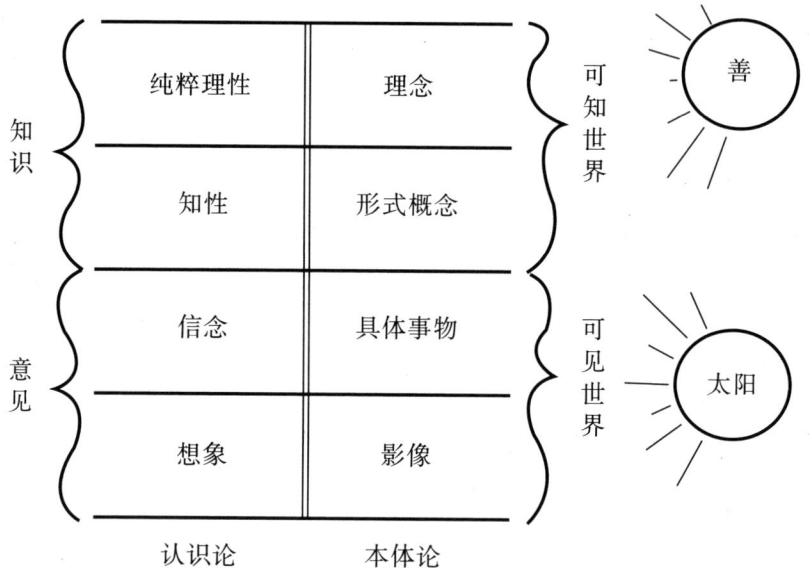

意见及其所意识到的对象都依靠太阳来维持。没有太阳,就不会有马和马的影像,而没有光线我们也就无从意识到它们。此处容易产生混乱,所以要小心。要注意洞穴比喻中的太阳是一个象征,象征线段比喻中的善,而线段比喻中的太阳则就是字面意义上的天上的太阳。然而,除了是世界的真实光源和热源,"线段"中的太阳也是善的理念的象征,因为太阳在物理世界里发挥的作用和善的理念在可知世界发挥的作用是一样的;也就是说,它是它所控制的世界万物的来源和维持者。

要使意见成为知识,具体对象必须被提升到理论的层次。这个阶段即知性,它对应于被释放的囚徒看到洞穴之上世界中的树木影子的情形。

但按照柏拉图的观点,理论和定义并不是依赖具体事例并从具体事例当中抽象出来的

实际经验的一般化。相反，理论本身并非来自"线段"的下方，而是某个更高一级东西的影像，柏拉图称之为理念。（就如影子和倒影也仅仅是具体事物的影像一样，理论或概念是理念的影子。）当一个人关注理念之时，他就是在运用纯粹理性，而这个人就如同那个被解放了的囚徒凝视着阳光灿烂的上层世界中的树木和山峦。

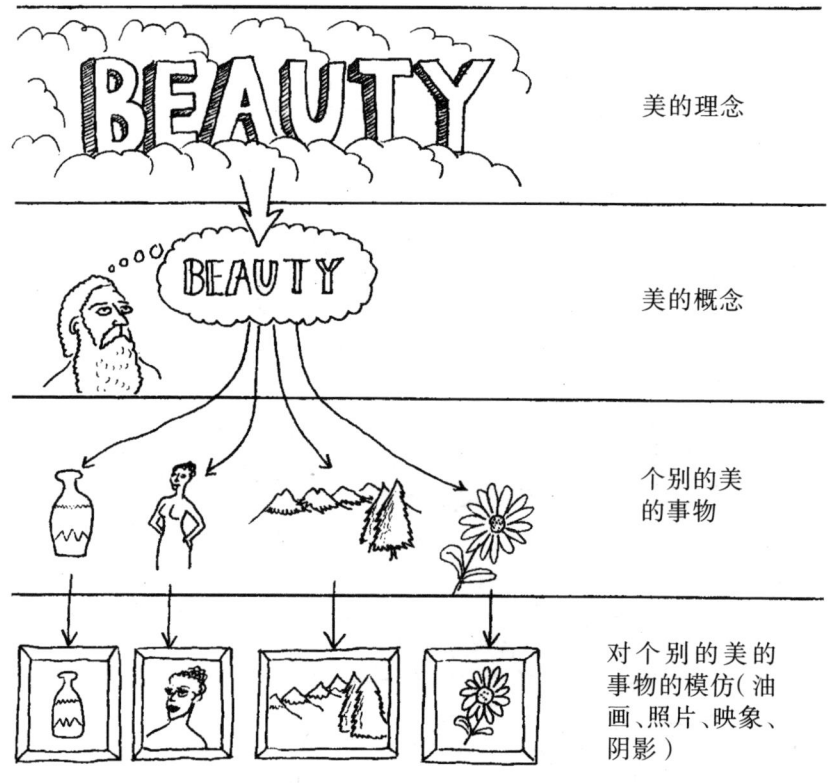

	美的理念
	美的概念
	个别的美的事物
	对个别的美的事物的模仿（油画、照片、映象、阴影）

柏拉图对理念的理解非常复杂，不过我可以对它进行简化，认为理念是永恒真理，是全部实在的来源。例如，美的概念。

可感世界中的事物在某种程度上是美的，它们美的程度就是它们对美的模仿和分有的程度。然而，这些美的事物会破碎、变老或消亡，但美本身（理念）是永恒的，它永远存在。对真理和正义同样可以这么说。（同样，令人尴尬的是，对马之为马和牙签之为牙签也可以这么说。）

并且，正如可感世界及对可感世界的意识依赖于太阳一样，理念以及关于理念的知识也同样依赖于善的理念，它是一种至上理念，或者是所有理念的理念。关注于善的理念的状态就如洞穴比喻中被释放的囚徒关注太阳本身一样。柏拉图的理论是，全部实在是建立在善的理念之上的，善的理念是实在的存在之源。并且，所有知识最终都是关于善的理念的知识。

如果你对柏拉图对善的理念的理解感到困惑，那么你跟随得很"好"。哲学家们已经为它的意义争论了很多个世纪了。很明显，它所起的作用与上帝在某些神学体系中所起的作用是一样的。例如，谈到线段比喻时，柏拉图称太阳为

"神",并声称它是"善的产物"。①善的理念是存在、知识和真理的来源,而又是某种比这些东西"更美"的东西。①不足为奇的是,中世纪和文艺复兴时期(柏拉图在这两个时期有很大的影响)的许多有宗教倾向的哲学家都认为善的理念是一个神秘的范畴。超出存在和知识之上的东西只可能被超出理性的心灵状态所把握。更多正统的思想家把善的理念等同于上帝。柏拉图就是这样深深地影响了基督教、犹太教和伊斯兰教的发展。如果有人认为,早期基督教从"Good"(善)中去掉了一个"o"并把"sun"(太阳)中的"u"改为"o",从而创造了上帝(God)和基督之间关系这样一种崇拜对象,这便是一种拙劣的双关用法(而且是一种时代错位的双关用法,因为在柏拉图所处的时代英语作为一门语言尚不存在),但却很有启发性。

不管柏拉图的"善的理念"意味着什么,他都乐观地认为,一个人一旦认识了善的理念,他就变得善了。无知是唯一的错误。没有人会自愿犯错。

---

① 柏拉图著,《理想国》,载于《柏拉图著名对话》(Plato, *Republic*, in *Great Dialogues of Plato*, ed. Eric H. Warmington and Philip G. Rouse, trans. W. H. D. Rouse, New York: New American Library, 1956),第305、307页。
② 柏拉图,前揭,第308页。

我们如何认识到真理？我们在哪里能找到理念，尤其是善的理念呢？有谁能给我们以教导呢？柏拉图对这些问题有着奇特的回答。在名为《美诺》的对话中，通过让一个没上过学的童奴只以"是"或"否"来回答苏格拉底提出的一系列简单问题，柏拉图使这个童奴解答了一个复杂的数学问题。柏拉图从这个事件中得出结论，认为这个童奴始终是知道答案的，但他并不知道他自己知道。所有的真理都来自于内部——来自于灵魂。一个人的不朽灵魂生来就带有真理，在具体化为肉体之前曾看到过理念。出生或灵魂的肉身化是如此具有损伤性，以至于让一个人忘记了他所知道的东西，而必须耗尽余生的精力对灵魂深处进行探究，以此来回忆他先已知道的东

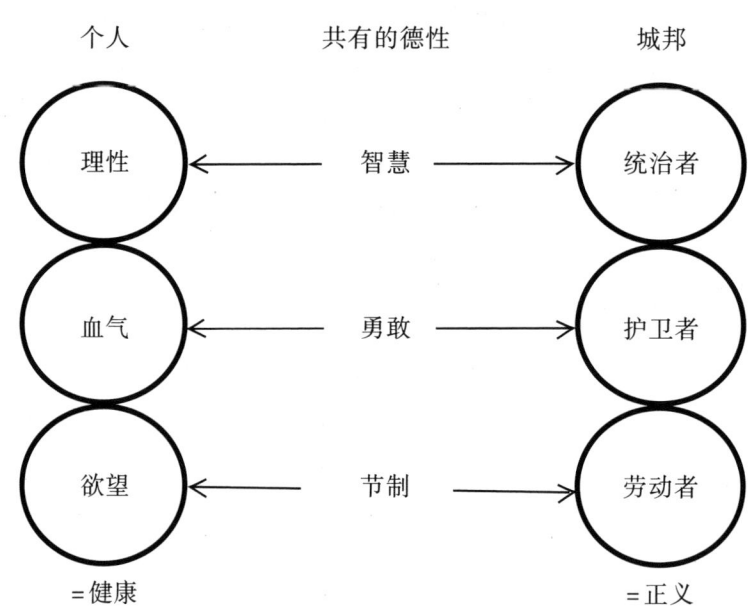

西——由此形成了柏拉图的奇特学说：一切知识都是回忆。现在我们明白苏格拉底帮助他的学生进行回想的作用了，就像如今的心理学家对他或她的病人所做的一样。（柏拉图回忆说的一个现代形式是弗洛伊德的无意识记忆理论。）

《理想国》不仅因其认识论而且还因其社会哲学而闻名。对柏拉图来说，社会哲学是心理学和政治科学的结合。他曾说，城邦（"理想国"）就是大写的个人。正如个人的灵魂拥有三个方面（欲望的动物性方面、行动的血气之源以及理性方面），同样，理想的城邦有三个阶级——劳动者或工匠、战士、统治者。在灵魂中，理性的部分必须说服血气的部分来控制欲望的部分。否则灵魂就会失衡，随之出现神经病症。

与之相似，在城邦中，统治者必须是见过理念因而知道什么是善的。他们必须训练军事阶层来帮助控制天性难以自控的劳动者。后者可以得到允许使用金钱、拥有财产以及适度佩戴装饰品，但两个上层阶级的成员明白贪婪的败坏作用，因此要过禁欲的、绝对的共产主义生活，吃住在一起，没有财产，没有薪水，按照预定的时间表与共有的性伙伴发生性关系。这些规则将保证这个城邦不会处于混乱和无政府状态——这是政治学这门学科的一个奇怪的开端(这门学科从那时起一直没有恢复过来)！

理想城邦的成员可以得到允许演奏简单的里拉琴和管乐器，演唱爱国的、振奋人心的歌曲，但大部分的艺术家将被驱逐出理想国。对艺术家的这种粗暴措施原因有四：(1)本体论

的原因：因为艺术是与影像打交道的（处于线段比喻中的最低一级），艺术是对模仿的模仿（艺术"与至善隔着三层"）；①（2）认识论的原因：因为艺术家处于想象的阶段，一无所知却声称有所知；（3）美学的原因：艺术通过感性的影像来表现自身，因而它把我们的注意力从美本身分散开，而美纯粹是理智性的；（4）道德的原因：艺术是由灵魂中的欲望部分（即弗洛伊德所谓的本我）所创造的，并且对这一部分有吸引力。艺术要么是色情的，要么是暴力的，要么兼而有之；因此，它是对无政府状态的一种煽动。即使是荷马的作品也必须被查禁，因为他也犯有艺术家的罪行：欺诈、无知以及伤风败俗。

《理想国》的全部计划可以视为是呼吁用哲学来替代到那时为止艺术在希腊文化中所扮演的角色。

柏拉图在世时并没有看到他的理想国的落成，也没有看到懂得善的理念的哲学家加冕称王。但无论好坏，柏拉图留给我们的遗产仍是非常丰富的。杰出的英裔美籍哲学家阿尔弗雷德·诺斯·怀特海曾经说过，全部哲学史不过是《理想国》的一系列注脚而已。在很大程度上，柏拉图的线段比喻设定了自柏拉图起直至今日西方形而上学思想的框架。本书所提到的很多哲学家都深受柏拉图的影响（其中有亚里士多德、斯多葛学派、新柏拉图学派、圣奥古斯丁、圣安瑟尔谟、托马斯·阿奎那、笛卡尔、斯宾诺莎、康德、黑格尔、叔本华、克尔凯

---

① 柏拉图著，《理想国》，载于《柏拉图著名对话》（Plato, *Republic*, in *Great Dialogues of Plato*, ed. Eric H. Warmington and Philip G.Rouse, trans. W. H. D. Rouse, New York: New American Library, 1956），第399页。

亚里士多德

郭尔、马克思、罗素以及怀特海等）。即使那些痛恨柏拉图哲学的人，例如尼采，通常也钦佩柏拉图思想的影响力——即使是尼采本人也无法逃脱的影响力。

亚里士多德

柏拉图的影响可以在他最优秀的学生——亚里士多德（公元前384—前322年）的思想中清楚地看出来。亚里士多德出生在斯塔基拉城，在柏拉图的学园中度过20年。在导师去世之后不久，亚里士多德因为与学园的新领袖意见不合而离开了学园，他创立了自己的学园——吕克昂学园。在亚里士多德的学园中，柏拉图的哲学得以教授，但是也遭到了批判。

亚里士多德与他导师分歧的根本点主要在于柏拉图的超世俗性。在柏拉图看来，存在着两个世界：无法言说的崇高的理念世界，和单纯的"事物"世界，后者只是对前者的拙劣模仿。亚里士多德不同意这种观点，他坚持认为只有一个世

狗的摹本

界，而我们正好处于这个世界的中央。在批评柏拉图的时候，亚里士多德追问道：如果理念是事物的本质，那么它们如何能脱离事物而存在？如果理念是事物的原因，那么它们如何能够存在于一个（与事物的世界）不同的世界之中？最有力的批评和变化与运动问题有关，这个问题也是早期的希腊人曾经试图解决的问题。

他们认为要么静止不变是一种幻觉（例如赫拉克利特的观点），要么运动是一种幻觉（巴门尼德的观点）。柏拉图曾尝试对赫拉克利特和巴门尼德的观点都加以承认，以此来解决这个难题。赫拉克利特的世界是变动不居且短暂易逝的可见世界。巴门尼德的世界是由永恒不变的理念构成的不可变动的可知世界，理念本身被拙劣地反映在易逝的可见世界中。但是柏拉图的折中真的解决了运动和变化的问题了吗？把可变事物说成是对不变事物的糟糕模仿，这样对"可变事物"的解释真的是可理解的吗？

亚里士多德并不这么认为。

巴门尼德的永恒不变

赫拉克利特的奔流不息

在提供他自己的对这个问题的解决之道时，亚里士多德也运用了一些与柏拉图相同的术语。他认为必须在形式①和质料之间作出区分，但是实在的这两个特征只能在思想中加以区分，而不能在事实上加以分别。形式不是分离的存在者。它们嵌入具体事物之中。它们在世界之中。不这么认为就是一种理智混乱。一个具体的事物，要能作为一个客体，就一定既有形式又有质料。就许多具体事物可以有相同形式而言，正如柏拉图所说的那样，形式是普遍的。亚里士多德把一个对象的形式称为其"所是"（whatness）。也就是说，当你说某物是什么（它是一棵树，它是一本书），你是在说它的形式。形式是事物的本质，或本性。它和事物的功用有关（一个轮子、一把小刀、一块砖头，等等）。

客体的质料对该客体来说是独一无二的。亚里士多德将其称为该客体的"这个性"（thisness）。所有的轮子或树都具有相同的形式（或功用），但没有任何两个事物具有相同的质料。质料是"个别化的原理"。一个既具有形式又具有质料的客体就是亚里士多德所谓的实体（substance）。

每一实体都包含一个本质，它大体相当于实体的形式，如柏拉图著作中所

---

① 英译Form，柏拉图的理念英译也是Form。亚里士多德的形式概念希腊文有两个（用拉丁语形式转写），一个是eidos，一个是morphē，柏拉图理念一词对应的希腊文也有两个，一个是idea，一个是eidos，因此二者共同使用的是eidos。中译通常将柏拉图的idea和eidos译成理念，而将亚里士多德的eidos和morphē译成形式。译者遵循中译通例。——译者注

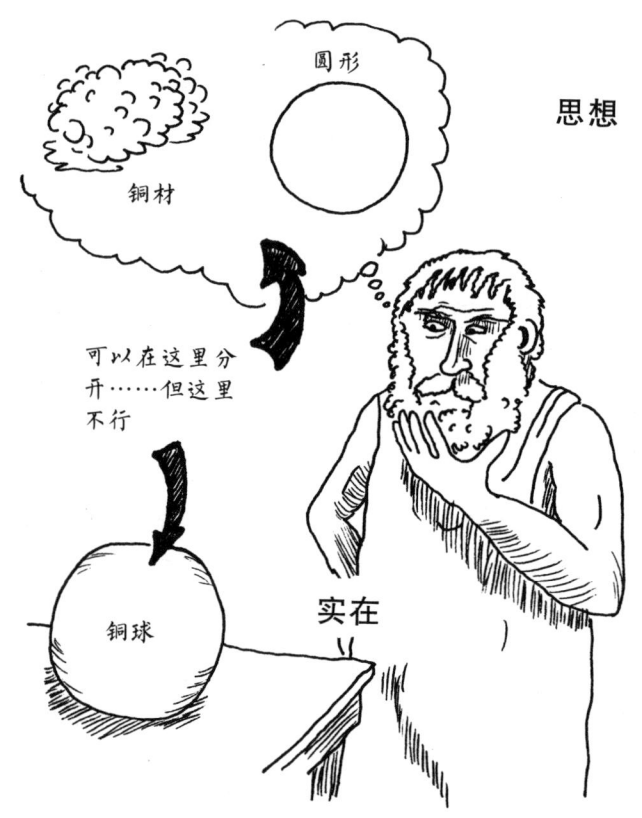

写的；但和柏拉图的解释不同的是，在亚里士多德的理论中，本质不能从其实体中分离出来。然而，进行将本质从实体抽象出来这种纯粹的理智活动是可能的。事实上，哲学家的部分工作就是根据实体的本质和偶性来发现不同的实体并加以分类，实体的本质是其本质性的特征，而偶性则不是本质性的。（一个人作为人一定是理性的，所以理性是人的本质的一部分；但尽管每个人要么有头发要么是秃头，但是有头发或者秃头对人的本性来说都不是本质性的。它既不是必要的也不是充分的条件。）亚里士多德运用这种分析方式开创了一种哲学方法，这种方法一直延续到现代。

亚里士多德的反柏拉图主义形而上学认为，实在是由诸多实体构成的。它并不是由高等级的永恒形式和拙劣地模仿那些形式的低等级的质料构成。这种理论体现了亚里士多德的多元论，与柏拉图的二元论相对（这是一种接近唯心主义的二元论，因为在柏拉图看来，实在的最"真实"的等级是非物质性的）。亚里士多德的多元论如何解决运动和变化的问题呢？对于这个问题，他的前辈们未能给予有效的说明。亚里士多德的解决之道是把质料和形式重新解释为潜

能和现实,并且将这些概念转化为关于变化的理论。世界上的任何客体都可以按照这些范畴来加以分析。亚里士多德的著名例子是橡子的例子。橡子的质料包含了成为一棵橡树的潜能。也就是说,橡子的物理结构包含了经过一段时间长成橡树的可能性,而那个目标,那个"形式","橡树之为橡树",就是橡子的现实(换句话说,当橡子"实现了自身",它就成为了一棵橡树)。因此,如果说橡树是橡子的现实性,那么橡子就是橡树的潜能。因而对亚里士多德来说,形式是一种起作用的原因。每一个个别实体都是一个自足的目的论(即以目的为导向的)系统。注意,实体的本质是不变的,但其偶性则是变化的。从21世纪科学的角度来看,亚里士多德在此似乎犯了两个错误,一个错误是遗漏,一个错误是授予:他遗漏了所有的原材料,即那可以解释橡子的物质成分如何能够生长成为一棵橡树的生物学和化学基础;他还犯了今天被称为人类中心主义的错误,他误将内在的目标和意图授予橡子以及所有其他的自然客体。

事实上,亚里士多德按照四因来分析所有的实体。质料因是用以制成某物的材料(比如一块要成为雕像的大理石)。形式因是雕像的形式或本质,也就是雕像所力争成为的那个东西。这个形式既存在于艺术家的心中,也潜在地存在于大理石自身之中。动力因是引起变化的实际力量(雕刻者对石头的凿削)。目

的因是客体的最终目的（比如美化帕特农神庙）。

那么，自然就是一个目的论系统，在其中每个实体都力争自我实现，力争通过其具体本质成为它可能达到的完满形态。与柏拉图的理论一样，在亚里士多德的理论中，每一事物都无意识地力争向善。亚里士多德认为这样一个系统要能运作起来，某种具体的完满状态必须作为万物所力争达到的目的（或目标）而实际存在。

这一存在者亚里士多德称之为"第一推动者"。在亚里士多德的形而上学中，它像神一样起作用，但不同于传统的希腊诸神，也不同于西方宗教中的上帝，第一推动者几乎完全是非人格化的。它是宇宙的原因，但不是在从虚无中创造出宇宙这样一种犹太－基督教的意义上

68　看，这是哲学

来说,而是在它是目的因的意义上来说的。每一个事物都向它运动,如同一个奔跑者跑向终点。第一推动者是宇宙中唯一一个没有任何潜在性的东西,因为它是完满的,所以它不会发生变化。它是一个纯粹的现实性,亦即纯粹的活动。什么活动呢?

它是纯粹思想的活动。那么它思考什么呢?完满!也就是说,思考它自身。关于第一推动者的知识是直接的,是完全自意识的。

这里我们所碰到的似乎是(那喀索斯)自恋的一个绝对神圣的事例。(在希腊神话中,那喀索斯是一位异常英俊的青年,他被自己美丽的倒影迷倒了,一直凝视着自己的倒影直到死去。)

亚里士多德在现在名为《尼各马可伦理学》的手稿中所体现的道德哲学反映出他目的论的形而上学。目标或目的概念在亚里士多德的道德理论中是首要的概念。亚里士多德注意到,每种行为都是为了某种目的而付诸实施的,他把这种目的界定为该种行为的"善"。(我们实施某种行为是因为我们认为其目的是有价值的。)要么我们的全部行为是一个无限循环的系列(我们起床是为了吃

第二章 雅典时期 69

早饭,吃早饭是为了工作,工作是为了挣钱,挣了钱我们就可以购买食物,这样就有早饭吃,等等等等),在这种情况下,生活将是一种相当无意义的努力;要么存在一种终极的善,所有行为的目的都被指引着朝向它。如果存在这种善,那么我们应该尽力去认识它,这样我们就能调整我们的行为来朝向它,以避免所有悲剧中最令人感到哀伤的悲剧——白白地浪费生命。

亚里士多德认为,人们在口头上普遍同意,所有人类行为所指向的那个目的是幸福。[①]因而,幸福是人类的善,这是因为我们为了幸福本身的缘故来追求它,而不是为了别的什么东西。但是,除非我们从哲学角度对幸福加以解释,并且确切地懂得了幸福是什么以及如何实现幸福,否则认为幸福是终极的善将只不过是陈词滥调而已。为了对幸福的特性作出规定,亚里士多德诉诸他的形而上学体系,并且问道:"人类的功用是什么?"(就像他会问一把小刀或一颗橡子的功用。)他得出的结论是,人类的功用就是从事一种"合乎德性的灵魂的活动",

---

[①] 幸福的希腊语是eudaimonia。有些译者更偏向于译成"well-being"(安康),而不是"happiness"(幸福)。
[②] 亚里士多德,《尼各马可伦理学》,载于《亚里士多德〈尼各马可伦理学〉导读》(*A Guided Tour of Selections from Aristotle's "Nicomachean Ethics"*, ed. Christopher Biffle, trans. F. H. Peter, Mountain View, Calif: Mayfield Publishing, 1991),第26页。

这种活动"合乎德性"。②在理解这个复杂的定义之前,我们必须对何为"德性"以及有多少种德性作出规定。但是,说句题外话,首先我必须提及的是,亚里士多德认为在能够实现幸福之前,必须具备一定的物质条件。

亚里士多德所列的物质条件清单显示出了他的精英主义:我们需要有好的朋友、可观的财富和政治权力。我们需要良好的出身、优秀的子女,以及好看的相貌。("一个非常丑陋的人不太可能幸福。")①我们不能很矮。而且我们要能免于从事体力劳动。("没有哪个过着工匠或体力劳动者的

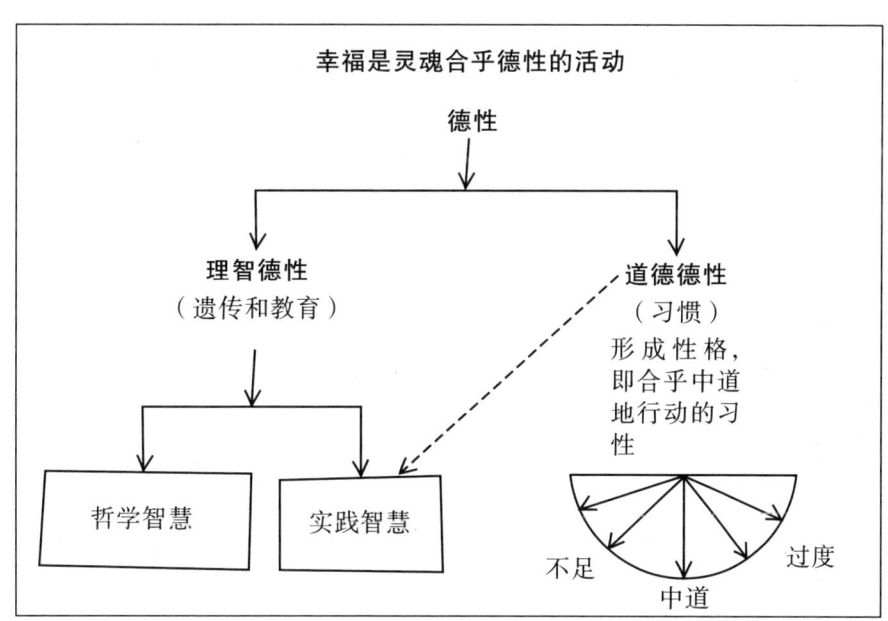

---

① 亚里士多德,《尼各马可伦理学》,载于《亚里士多德〈尼各马可伦理学〉导读》(*A Guided Tour of Selections from Aristotle's "Nicomachean Ethics"*, ed. Christopher Biffle, trans. F. H. Peter, Mountain View, Calif: Mayfield Publishing, 1991),第30页。

② 亚里士多德,《政治学》,载于《亚里士多德基本著作集》(*Politics*, trans.Benjamin Jowett, in *The Basic Works of Aristotle*, ed. Richard McKeon, New York: Random House, 1941),第1183页。

生活的人能实践德性。")② 应该指出的是如果把他精英主义的偏见去掉的话,亚里士多德的道德理论实质上仍是完整无损的。

现在让我们考察一下亚里士多德的德性思想。德性的希腊语是 aretē,另一个同样好的英文翻译是"卓越"(excellence)。德性是一个行为、活动或客体的特性,这种特性使这些行为、活动或客体获得成功。因此德性是一种"功用性"的卓越。

对于亚里士多德来说,存在着两种德性:理智德性和道德德性。理智德性通过遗传和教育的结合而获得,道德德性则通过模仿、实践和习惯而获得。我们所养成的各种习惯最后变成了各种性格状态,也就是说变成了以某些方式行事的习性。如果这些性格所导致的行为是符合节制的中庸之道的行为,那么在亚里士多德看来它们就是合乎德性的。例如,在面对危险时,一个人可以表现为过度,即显得过于恐惧(懦弱);或者一个人可以表现为不足,显得太不恐惧(鲁莽);或者一个人可以表现为节制,因而也是有德性的,显示出适度的恐惧(勇敢)。亚里士多德认识到,我们要想把握道德德性就必须作出选择,而这些选择是无法精确地作出的;相反,它们总是受到环境制约,并且必须通过试错才可达到。

回到实践智慧和哲学智慧的理智德性,前者对

少数好人

于一个人作出与其对善好生活的理解相一致的判断来说是必要的。因而它和道德德性有关（如图表所示）。哲学智慧是科学性、无私利和沉思性的。它与纯粹理性相关，而对亚里士多德来说，理性的能力最能显示人的本性；因而哲学智慧是最高的德性。所以，当亚里士多德把幸福定义为"灵魂的合乎德性的活动"时，他所指的活动是哲学活动。人类只有过一种沉思的生活才可能是幸福的，但是这种生活并不是僧侣式的生活。我们并不仅是哲学的动物，而且也是社会的动物。我们投身于这样一个世界，在这个世界中与实际事务有关的决定经常强加在我们身上。幸福（也即善的生活）要求在实践智慧和哲学智慧这两个领域中都具备德性。

亚里士多德的政治观点是其道德观点的结果。正如幸福（eudaimonia）是人类个体的功用或目标，它也是城邦的功用。亚里士多德赞同柏拉图，认为人类天生具有社会本能。城邦（polis）是一个自然的人类组织，其目标是使其公民的幸福最大化。实际上，城邦比家庭更自然，因为只有在由共同体所创造的社会氛围中人的本性才能得到充分的自我实现。我们可以看到在其政治理论中，如同在亚里士多德哲学的所有领域中一样，目的论占据了至高无上的地位。

亚里士多德认为，智者们所兜售的自然和习俗之间的区别多少有些人为造作。法对人来说是自然的。正如人类自然地是社会的，他们参与政治体的欲望也是固有的倾向。但亚里士多德承认不同的政制基础产生出不同类型的国家。只要其政制是被设计为实现所有国民的共同幸福（eudaimonia），那么它就是一个正义的国家。有三种可能的合法政体：由一个人统治（君主制），由精英集团统治（贵族制），由全体公民自己统治（共和政体——有限民主制）。在一些情况下，亚里士多德偏爱君主制——在这种政体中，一个具有超凡政治能力的强人采取步骤强行提供有益于全体公民的福祉的诸种条件。但实际上，亚里士多德赞同共和政体，即使许多公民并不是卓越的个体。"因为虽然他们每一个都仅仅是普通人，但多数人聚集在一起时很有可能比少数出色的人更好，如果从政体而非单个人来看的话。"①

荷马

对于这三种合理的政体来说，每一种都可能变坏。一种变坏的政体不关心全体公民的利益，而是以公民利益为代价来追求统治者的利益。君主制的败坏形式是僭主制；贵族制的败坏形式是寡头制；共和政体的败坏形式是民主制。亚里士多德所理解的民主制是由城邦中多数人执政的政体，此类政体中绝大多数公民都很贫穷，而穷人只留意于他们自己的利益，为了自身的好处而掠夺富人的财产。"例如，如果穷人因为他们占据多数而在他们之间分配富人的财富——这难道不是不公正的吗？……如果这不是不公正的，请问，这又是什么呢？"②对亚里士多德来说，这种群氓统治形式与其对立面——富人对穷人进行剥夺和劫掠的统治形式同样是不公正的。

尽管亚里士多德偏好我们今天所谓的有限民主制，但是他在城邦内部的劳动分工与柏拉图一样残酷无情。这个城邦的很大数量的居民（也许是大多数）

---

① 亚里士多德，《政治学》，载于《亚里士多德基本著作集》（*Politics*, trans.Benjamin Jowett, in *The Basic Works of Aristotle*, ed. Richard McKeon, New York: Random House, 1941），第1190页。
② 亚里士多德，前揭，第1189页。

会是奴隶。亚里士多德提出一个歪曲论证来试图证明一些个体天生就是奴隶，因而只能被作为财产和活的工具来对待。即使那些本身是公民但却是工匠或劳动者的个体也要被禁止享有完全的公民权。更有甚者，对城邦的所有成员来说，自由斗士受到严格限制。但至少这种限制不像柏拉图那样令人难以忍受，亚里士多德责备柏拉图在统治阶层中禁止私有财产和婚姻。他认为积累财富的欲望是基于自然的本能，应该允许其表现出来，虽然国家应该控制由本能的自由发挥而滋生的过度行为。

亚里士多德支持一种有限的民主制，比起柏拉图对集权主义的偏好，他的政治观点对现代人的心理来说更具有吸引力，但是这种优势却被他的国家财富要建立在奴隶劳动的基础之上的假定、他对女性公民权利的剥夺以及他对其国家里的蓝领（蓝袍？）工人阶级的贬低给缩小了。

正如亚里士多德的政治哲学是为回应柏拉图而作的，他的艺术哲学也是如此。让我们回想一下柏拉图对大多数艺术的反对：

1. 本体论上的反对：艺术存在于影像领域中，因而在线段比喻中艺术只具有最低的本体论地位。艺术影像是对模仿的模仿所进行的模仿。

2. 认识论上的反对：艺术家是无知的，但却声称懂得真理并传播真理，因而艺术家是危险的无知者。

3. 美学上的反对：美（理念）超越物质世界，但是艺术总是把美降为影像，因而，降到了最低的水准。

4. 道德上的反对：艺术不（像哲学那样）诉诸理智而诉诸激情，它在已经混乱的（即非哲学的）公众身上煽动起激情，为激情辩解并放松了对激情的控制。在这方面艺术家同样也是危险的。

亚里士多德赞同柏拉图的观点，认为艺术的功用是mimesis，即"模仿"（或者如我们今天很可能会说的"再现"）。但是他不同意柏拉图对艺术中所再现的对象的地位的看法。与其说艺术仅仅是对事物或个人的模仿，不如说艺术再现了更高一级的真理；因此，成功的艺术是哲学的一种形式。亚里士多德写道：

> 诗人的职能不是描述那些已经发生的事情，而是描述那些可能发生的事情，这些可能发生的事情或出于偶然，或出于必然……因此诗歌比历史更富

有哲学性、更具有严肃性,因为诗歌意在描述普遍性的事件,而历史则意在记录个别事实。①

这种哲学如果是正确的话,那么它消除了柏拉图对再现艺术的前三个反对。至于第四个反对,亚里士多德认为,伟大的艺术远不是煽动激情,而是净化观赏者心中不断增长的激情。亚里士多德认为悲剧艺术(需要记住的是,一般认为既有的最伟大的悲剧中有很多都产生于希腊的黄金时代)是"以戏剧的形式,而不是叙述的形式"来达到其效果,它"通过一些引发痛苦和恐惧的事件让这类情感得以净化"。②

亚里士多德不仅对形而上学、伦理学、美学以及政治学作出了巨大贡献,而且还独自创立了第一个逻辑学体系。这个体系在2000多年后符号逻辑形成以前一直是相当完整、未受损伤的。即便在当今,新的逻辑学也没有拒绝亚里士多德的逻辑学,而是在对之作了一些修正之后将其吸收了进去。亚里士多德并没有在实际上将逻辑学列为科学之一;相反,他把逻辑学视为一切科学的前提条件,这也是他关于逻辑学的主要著作名为 *Organon*(《工具论》)的原因,organon 在希腊语中的意思是"工具"或"器具"。

在那部著作中,亚里士多德主要意在讨论逻辑推导的思想,正如从其对名为三段论的这样一种论证形式的处理中可以看到的那样。在三段论中,一个结论必然地从两个前提推出。例如,请看亚里士多德给出的如下论证:

> 所有人都是有死的。
> 苏格拉底是人。
> 所以苏格拉底是有死的。

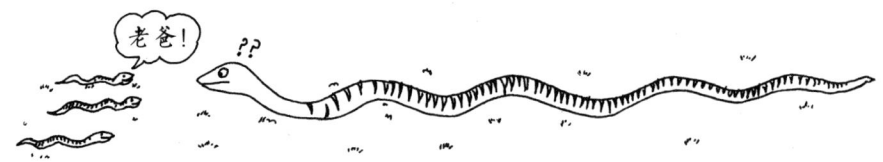

---

① 亚里士多德,《诗学》,载于《亚里士多德基本著作集》(*Poetics*, trans. Benjamin Jowett, in *The Basic Works of Aristotle*),第1163—1164页。
② 亚里士多德,前揭,第1160页。

这是一个有效的论证。这意味着前两个陈述（该论证的两个前提）逻辑地蕴涵了第三个陈述（该论证的结论）。如果两个前提都是真的，那么结论也为真。但是，即便结果表明第一个或第二个前提是错误的，这个论证依然有效。即便结果表明有些人是不死的，而苏格拉底实际上是一条鱼，这个论证也还是有效的，这纯然由于其形式，这个形式如下：

  所有 A 都是 B。
  S 是 A。
  所以 S 是 B。

在其《形而上学》这部著作中处理逻辑学时，亚里士多德对他认为的三个主要逻辑规律进行了辩护：同一律（A=A）、矛盾律（A，则非非 A）以及排中律（A 或非 A）。和如今的逻辑学家不同，亚里士多德认为这些规律是形而上学的规律。也就是说，它们不是数学上的真理，而是存在的规定性真理。他并不认为这些真理是自明的。例如，他提出了矛盾律的真理性的七个证据。

亚里士多德还开创了今天所谓的"模态逻辑"，也就是对可能性和必然性的研究。亚里士多德认为，如果一个命题的否定导致自我矛盾，那么这个命题是必然的（比如，"所有的哺乳动物都是动物"）。如果一个命题的否定不导致自我矛盾，那么这个命题是可能的（比如，"所有的动物都是哺乳动物"。需要注意，这个命题虽然事实上是错误的，它的否命题是真的，但我们可以设想一个逻辑上自洽的世界，在这个世界中原命题是真的）。

尽管 19 世纪末以来逻辑学领域取得了长足的发展，已成为远远超出亚里士多德见解的强有力的分析工具，但没有人会怀疑他才是这个领域真正的先锋。

亚里士多德的某些关于世界的经验性论断还不够完善（例如，他认为下落的石头会加速是因为它乐于回家；再有，他认为蛇没有睾丸是因为蛇没有腿）。尽管如此，亚里士多德的形而上学，他的伦理学，他的逻辑学，他的美学仍然是人类思想之伟大性的永恒典范。

本章主要哲学思想

智者

Ⅰ.目标：用修辞学来代替哲学，以及为了修辞学所可能带来的权力而用对修辞上的胜利的追求来代替对真理的追求；用主观主义代替客观性，用相对性代替客观真理，用怀疑主义代替知识。

普罗泰戈拉

Ⅰ.相对主义："人是万物的尺度。"

高尔吉亚

Ⅰ.虚无主义："无物存在"；怀疑主义：即使有物存在，也不能被认识；主观主义：即使能被认识，认识也无法被传达。

色拉叙马霍斯

Ⅰ.权力，而非法律或道德，应当成为每一个人的目标。强权即公理。

卡里克勒斯

Ⅰ.权力，而不是正义，是善的。权力对于生存来说是善的。生存给予了快乐。饮食男女是人生的意义。

Ⅱ.道德是弱势大众强势个体的武器。

克里提亚

Ⅰ.聪明的统治者通过激发臣民对不存在的诸神的恐惧来控制他们。

Ⅱ.结论：撇开其对主观主义、相对主义和虚无主义的辩护不谈，智者确实强行将哲学的注意力从宇宙论和物理学引开，引向人类的处境，而且他们参与到新的民主制雅典的政治生活当中。

苏格拉底

Ⅰ.智者最伟大的反对者，在每一个层面上挑战他们。

Ⅱ. 苏格拉底的座右铭:"未经审察的人生是不值得过的。"
Ⅲ. 苏格拉底在每一个哲学话题上询问每一个人:知识、存在、真理、意义、正义、爱、美、死亡,等等。
Ⅳ. 他宣称一无所知,而始终处于对知识的永久追求之中。
Ⅴ. 反讽作为一种分析工具。
Ⅵ. 苏格拉底冒犯了雅典的权势人物,他被拘捕,并且以虚假的罪名被审判,并被判处死刑。他成为第一个载入史册的哲学殉道者。

柏拉图

Ⅰ. 柏拉图在《理想国》里的目标:通过以苏格拉底为发言人的一系列对话,确立一套完整的对本体论、认识论、伦理学、社会和政治哲学、心理学和艺术哲学的解释。

Ⅱ. 柏拉图的主要哲学思想:

ⅰ. 线段比喻(参看第56页的图)

ⅱ. 本体论:两个主要的划分:上层的"可知世界"和下层的"可见世界",后者仅仅是前者的摹本。

1. 可知世界分为顶部的"理念"和下层的"形式概念",后者仅仅是前者的摹本。

2. 结果:实在的等级体系:依次递降的四个存在层级。

ⅲ. 认识论:两个主要的划分:顶层的"知识"和下层的"意见",后者仅仅是前者的摹本。

1. 知识分为顶层的"纯粹理性"和下层的"知性",后者仅仅是前者的摹本。

2. 意见分为上层的"信念"和下层的"想象",后者仅仅是前者的摹本。

3. "善的理念"是可知世界的神,"太阳"是可见世界的神。

ⅳ. 洞穴比喻(参看第53页的图),是对线段比喻的神话式演绎,每一个特征都象征性地代表一种对教育的说明:从无知通向智慧的旅途。

ⅴ. 伦理学:善是人的一切努力的动机。

ⅵ. 社会哲学和心理学:个体的构成(理性部分、血气部分和欲望部分)和社会的构成(统治者、护卫者和劳动者)之间的平行关系。

ⅶ. 艺术哲学：指责再现性艺术是无知和堕落，基于形象和感情，而非理念和知识。

亚里士多德

Ⅰ. 亚里士多德的目标：保留柏拉图主义的精华而拒绝那些太过超世俗的要素，代之以更为实际的要素。

Ⅱ. 亚里士多德的主要思想：

  ⅰ. 对柏拉图的批评：

    1. 客体的本质如何能够从那些客体中分离出去？
    2. 如果理念是不变的，那么变化是如何可能的？

  ⅱ. 亚里士多德对客体的分析性的区分（但不是实在的区分）：分为形式（客体的"所是"）和质料（客体的"这个性"）；实体就是一个具有形式和质料的客体。

  ⅲ. 变化：

    1. 每一实体（比如橡子或人类）都力争实现其潜能（对变化的一种目的论的解释——趋向一个目标的运动）。
    2. 四因：(a)质料因；(b)形式因；(c)动力因；(d)目的因；(b和d是目的论的)。
    3. 第一推动者：每一事物和每一个人都有意识或无意识地力争到达的那个完满状态。

  ⅳ. 伦理学：（参看第68页的图）

    1. 伦理学（和政治学）的目标是幸福。
    2. 幸福是"灵魂的合乎德性的活动"。
    3. 德性：两类

      a. 道德德性（合乎适度［中庸之道］地行动的习惯性倾向）
      b. 理智德性：两类

        ① 实践智慧：在为所有的行为寻求中庸之道方面缜密斟酌的能力。
        ② 哲学智慧：对那些人们对之无能为力的事情进行哲学沉思（之前提到的灵魂的活动）。

ⅴ. 政治学：三种合法的政府形式：君主制、贵族制和共和政体（即温和的民主制）；君主制是最可取的。

ⅵ. 美学：为反驳柏拉图对艺术的拒绝而对艺术作的两个辩护。

　　1. 艺术是哲学性的（它表现了一种更高的真理）。
　　2. 艺术是净化性的（它净化强烈而具有破坏性的情感）。

ⅶ. 逻辑学：亚里士多德是逻辑（推导规则）科学之父。

　　1. 三段论
　　2. 逻辑学原理：同一律、矛盾律、排中律

思考题

1. 本章认为主观主义、怀疑主义、相对主义和虚无主义是智术的核心。把这些思想和前苏格拉底哲学家们的思想比较一下，再与柏拉图哲学中的思想比一比。

2. 以本文你所阅读的几页关于苏格拉底的文字为基础，写一篇短文，思考一下苏格拉底所说的"未经审察的人生是不值得过的"这句话可能意味着什么。

3. 把柏拉图的线段比喻和洞穴比喻作一对照。表明线段上的每一个范畴或存在者在洞穴比喻中都有相应的范畴或存在者。

4. 在线段比喻中，太阳（光的最终来源）被柏拉图称为"可见世界的主宰"。也就是说，物质世界的每一事物都依赖于太阳。所有对物质世界的视觉感知都是由于光的存在。太阳反过来又是善的理念的摹本，后者是"可知世界的主宰"。关于可知世界中的客体和关系以及我们对于这个世界的知识，太阳和善的理念之间的这一类比告诉了我们什么？

5. 威廉·华兹华斯的诗《颂诗：忆童年而悟不朽》和约翰·济慈的诗《希腊古瓮颂》有时被称为柏拉图式的诗歌。去图书馆找出这两首诗，写一篇关于这两首或其中一首的短文，根据柏拉图的形而上学来对它们进行解释。同时对"柏拉图式的诗歌"这个观念所包含的讽刺意味作出评论。

6. 在柏拉图的《理想国》里，健康的城邦是按照和健康的个人一样的模式来加以解释的。解释一下它们之间的这种一致性。

7. 在柏拉图和亚里士多德关于艺术地位的争论中，你倾向于赞同哪位哲学

家的观点？说明你的理由。

8. 赫拉克利特和巴门尼德观点各异，柏拉图对双方立场都给予信任，但最终站到了巴门尼德一边，解释一下其中的内涵。

9. 说明目的论在亚里士多德哲学的不同方面所起的作用。

10. 在本章中，运用了橡子和雕像的例子来说明亚里士多德的四因说。再选另外两个例子（一个自然的例子，一个人工制品的例子），看看你是否能通过亚里士多德的四因来对这两个例子作出解释。

11. 亚里士多德用中庸之道来规定道德行为。首先解释一下他的这一思想。然后说明为什么进行道德活动是实现幸福或"善的生活"的必要条件，而不是充分条件。

12. 写一篇短文来讨论一下这个问题：按照你的看法，美国的宪法体系是否解决了亚里士多德对民主制观念所提出的反对意见？

第三章
希腊化时期和罗马时期
（公元前4世纪至公元5世纪）

亚里士多德去世以后，希腊文明进入文化衰落期，历史学家称之为"希腊化时代"。希腊诸城邦无力解决政治上的分裂问题，被伯罗奔尼撒战争耗尽了力量，并且还遭受了瘟疫的侵害。最初，这些城邦落入马其顿王朝的统治；其后，也就是亚历山大死后，它们逐渐被并入新兴的罗马帝国。这个"衰落"时期的许多哲学思想都肇始于希腊，但在罗马才得到全面发展，其中包括两个最主要的哲学流派：伊壁鸠鲁派和斯多葛派。

伊壁鸠鲁主义

伊壁鸠鲁（公元前341—前270年）的哲学（不足为奇地）名为伊壁鸠鲁主义。如果说今天"伊壁鸠鲁主义"这个词暗含"沉迷酒色，纵欲狂欢"的意思，那绝不是伊壁鸠鲁的错，而是他的那些罗马的解释者们造成的。伊壁鸠鲁个人过着极为节制而简朴的生活：只吃面包、奶酪和橄榄；喝一点点果酒；躺在吊床上打个盹；在花园里散步，同时享受与朋友聊天的乐趣。在经受了一场痛苦而又漫长的疾病之后，他带着尊严和勇气死去。

伊壁鸠鲁主义建立在德谟克利特的原子论基础之上，但事实上，伊壁鸠鲁和所有后亚历山大时代的哲学家们一样，

罗马帝国中的个人

兴趣似乎并不真的在科学上,而在寻找美好生活上。然而,从亚里士多德的时代起,"善好的生活"这个观念经历了一个倒退。倡导以积极的、有影响的、政治性的和负责任的生活作为一种自我完善的方式已经变得毫无意义。现实似乎并未被个人的进取心所改变,而当个人要被纳入罗马帝国繁冗而没有人情味的官僚体制时,就产生了一种无力感。和亚里士多德一样,伊壁鸠鲁认为生活的目标是幸福,但他简单地把幸福等同于快乐。只要不能带来快乐,那么任何行为都不应该去做;只要不会产生痛苦,那么任何行为都可以去做。这样一种信念促使伊壁鸠鲁对快乐的种类进行了分析。存在着两种欲望,因而满足这两种欲望就会产生两种不同的快乐:自然的欲望(包含两个子类)和无意义的欲望:

Ⅰ.自然的欲望
  A.必需的(例如,饮食和睡眠的欲望)
  B.不必需的(例如,性欲)
Ⅱ.无意义的欲望(例如,对华府珍馐的欲望)

自然而必需的欲望必须得到满足,并且通常很容易得到满足。它们带来大量的快乐并且几乎没什么痛苦。无意义的欲望不需要得到满足,而且也不容易满足。因为这些欲望没有自然的限制,并且往往会使人着迷并导致非常痛苦的结果。

性欲是自然的欲望,但通常情况下是可以克服的;在可以克服的情况下它应该被克服,因为性欲的满足可以带来强烈的快乐,而所有强烈的情绪状态都是危险的。再者,性欲将人们带入通常来说最终是苦甚于乐的关系中,而这些关系经常是非常令人痛苦的。

追求空虚的快乐

伊壁鸠鲁给予大量关注的一个自然而必需的欲望是安宁（repose）。安宁应从肉体和心灵两个方面来理解。真正善好的人（即体验到最多快乐的人）是那些已经克服了所有不必需的欲望的人，他们以尽可能节制的方式满足必需的欲望，为肉体和心理的安宁留下了大量的时间，并且免于忧虑。

请注意，伊壁鸠鲁对快乐的定义是消极的，也就是说，快乐就是没有痛苦。正是这个消极的定义让伊壁鸠鲁免于落入完全的肉欲主义中。这个定义的麻烦在于，将其推至逻辑上的极端就意味着没有生命要比任何生命都好（这也是弗洛伊德在其《超越快乐原则》一文中得出的一个结论，在这篇文章中，他断言"快乐原则"背后是桑纳托斯，即死亡本能）。

这个推论略有些讽刺，因为伊壁鸠鲁本人断言他的哲学驱散了对死亡的恐惧。德谟克利特的原子论使得伊壁鸠鲁认为死亡只不过是感觉和意识的消失；因此，不存在可以让人去恐惧的对死亡的感觉或意识。"只要我们存在，死亡就不在我们身边；而当死亡来临时，我们也就不在了。"①

伊壁鸠鲁的一些罗马追随者们对

爱情多么美好
（如果可以只爱一两天的话）

---

① 伊壁鸠鲁，《致美诺西斯的信》，出自《斯多葛派和伊壁鸠鲁派哲学家》（Epicurus, "Letter to Menoeceus", trans. C. Bailey, in *The Stoic and Epicurean Philosophers: Epicurus, Epictetus, Lucretius, Marcus Aurelius*, ed. Whitney J. Oats, New York: Modern Library, 1940），第31页。

"快乐"作了相当不同的解释。他们将快乐定义为积极的刺激（titillation）。正是因为这些极端主义者，如今伊壁鸠鲁主义常常和肉欲主义的享乐主义（hedonism）联系在一起。躺在摇摆的吊床上的病魔缠身的伊壁鸠鲁是会予以反对的。（尽管他的反对不会很激烈。争辩会引发焦虑，焦虑是痛苦的。）伊壁鸠鲁的理论从未成为一种主要的哲学运动，但是在好几个世纪之中，他都有希腊和罗马的门徒。他最著名的继承者是罗马人卢克莱修，卢克莱修在公元前1世纪写下了一部长诗《物性论》，详细阐述了他老师的哲学。也正是通过卢克莱修的诗，很多读者得以一窥伊壁鸠鲁的思想。

斯多葛主义

斯多葛主义是输入罗马的又一重要的希腊化哲学流派。斯多葛主义由塞浦路斯的芝诺（公元前334—前262年）在希腊创立，他常常在柱廊（希腊语stoa）下给他的学生们讲课（因此称为斯多葛派，字面意思

超越快乐原则

芝诺在廊下

是"廊下派")。像伊壁鸠鲁主义一样，斯多葛主义植根于前苏格拉底的唯物主义。但同样地，斯多葛主义，尤其是罗马的斯多葛主义也对自然科学不太感兴趣，而更多地关心人类行为问题。罗马时期斯多葛派最引人注目的三位代表人物是：塞涅卡（4—65年），戏剧家和高层政治家；爱比克泰德（1世纪晚期），获得自由的奴隶；还有马可·奥勒留（121—180年），罗马皇帝。（令人惊奇的是，一个奴隶与一位皇帝竟然可以持有同样的顺命哲学，尽管这种哲学对皇帝来说也许比对奴隶来说更为容易接受！）斯多葛派接受了苏格拉底的德性等于知识这个等式。存在着这样一种认识状态，一旦达到这种状态，它自身就会表现为一种以某种冷静的方式来行事的倾向，而这又反过来保证了一种完全的安乐状态。人应该终其一生力求获得这种智慧。一旦人们得到了这种启迪，同时也就得到

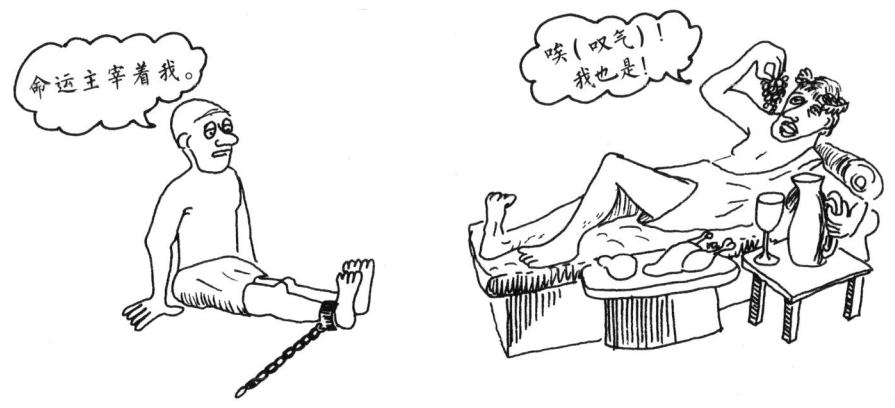

了人类的德性。这种完满生活的过程始终是冷淡的（这一事实导致斯多葛派提倡在某些情况下自杀）。为了达到这种幸福的状态，人必须从一切尘世的欲求中解脱出来，尤其是对那些激情和快乐的追求。斯多葛式的智者是超越了在灵魂中制造无序状态的情感的苦行者。他们对所有能激发普通人悲伤、快乐、希望及恐惧之情的事物毫无兴趣。

斯多葛派智慧的内容是什么呢？它与亚里士多德的观念相似，亚里士多德认为善是由合乎人的自然（本性）的行为构成的。斯多葛派扩展了这一思想，认为这种行为要合乎自然本身，即符合实在的整体（斯多葛派认为实在整体是神圣的）。实在作为一个整体来看是完满的。如果人们学会以合乎实在的神圣安排来生活，那么人类也将成为完满的。而实现这一点则需要人们使其所

不要试图得到你想要的——而是想要你所得到的

欲与神对宇宙的总体安排相同。实际上，一个人除了适应这种总体安排之外不能做任何事，而斯多葛派的智慧就在于认识这一真理。只有愚蠢的人才会试图将其私欲强加于实在。这种企图会带来不幸福和不自由。如果自由是意愿和能力的统一（即能够做想做的事情），那么自由的唯一途径就是欲宇宙之所欲。我们不应奢望能得到我们所欲望的东西；相反，我们应该把欲望放在我们所得到的东西上。如果我们能学会使所欲与现实所得相等，那么我们将始终自由而幸福，因为我们将始终能够得到我们想要得到的东西。这就是斯多葛派的智慧。

斯多葛派意识到即使达到了这种崇高的境界,实在的明显残酷也会损害人们内心的平衡,而人们也会再次堕入痛苦和焦虑之中。由于这个原因,并且还因为斯多葛派认为一个人在觉悟状态上花多少时间是无关紧要的,因此他们提倡在某些情况下自杀。如果极端状况强加到一个人头上,而这个人意识到这种状况会破坏其斯多葛式灵魂的平衡,并

且使其陷入无法忍受的情感焦虑中,那么这个人就完全有权利通过自杀来摆脱这种状况。爱比克泰德这样谈论自杀:"如果烟雾还适中,那么我会待着,如果太多,我会走出去……门始终是开着的。"①马可·奥勒留运用了同样的比喻:"房间里烟雾缭绕,所以我离开。"②塞涅卡说道:"如果(智者)遇到许多苦恼,打乱了他的安宁,那么他会让自己得到解脱……舒服地死去就摆脱了恶劣生活的危险。"③事实上,塞涅卡正是听从了尼禄的通告,走进浴室切开了自己的血管。

在斯多葛主义全盛时期,一种新形式的社会和宗教思想开始登上舞台:基督教。尽管基督教徒在罗马帝国中只占少数,但是由于基督教的承诺与社会所有阶层的人的需要产生了共鸣,因而它赢得了越来越多的信徒。即使对生活的最令人厌倦的方面,基督教也赋予其意义;它通过一个木匠的儿子耶稣这个人,在人和神之间建立了直接的联系。基督教的基础在于提供了一种身份,这种身份要比仅仅由于居住在罗马帝国而获得的身份具体得多;它还提供了救赎以及永生。尽管基督徒们还没有学会用一种系统的哲学来维护他们新兴的宗教,就像他们在中世纪所做的那样,但是他们的教义已经开始与当时的哲学在赢取男男

---

① 爱比克泰德,《爱比克泰德论说集》,P. E. Matheson译,出自《斯多葛派和伊壁鸠鲁派哲学家》,第267页。
② 马可·奥勒留,《沉思录》,G. Long译,出自《斯多葛派和伊壁鸠鲁派哲学家》,第523页。
③ 塞涅卡,《塞涅卡的斯多葛主义哲学》(Seneca, The Stoic Philosophy of Seneca, ed. and trans. Moses Hadas, Garden City, N.Y.: Doubleday Anchor, 1958),第202—203页。

女女的感情和精神方面展开了竞争。所有此类思想体系都是对相同问题的回答,因此不足为奇的是,在基督教教义与斯多葛主义之类的哲学之间存在着某些相似之处。例如,这两种思想体系都有顺命的教义,都对屈从于世俗之物表示鄙视,都关心对神圣的天意的遵从。但不能忽视它们之间的区别,例如斯多葛派与基督教在关于自杀的教导上的分歧。尽管斯多葛派认为自杀对于防止自身违背世界的神圣安排来说是正当的,但是基督教却认为自杀这种行为是被同样的神圣安排所禁止的。再有,斯多葛主义倾向于对政治上的权威妥协和默从,然而基督教在其初期却倾向于对政治作积极的回应和反抗。

爱比克泰德曾说:"如果可能,则完全拒绝宣誓;如不可能,则尽你所能拒绝。"①这种态度和很多基督教徒的态度形成鲜明的对比,这些基督徒拒绝就皇帝的神性宣誓,并因此而殉道。

怀疑主义

我们所研究的这个时期有一个比较有趣的小流派是怀疑主义。其历史上的鼻祖是智者高尔吉亚。回忆一下高尔吉亚的论断:无物存在;即便有物存在,我们也不能认识它;即便我们能认识它,我们也不能传达它。然而,高尔吉亚表现得他似乎很确定地知道这三个命题,而怀疑主义者们几乎对任何宣称有知识的论断都表示怀疑。这个学派的名称来自希腊语 skeptikos,这个词的意思是"探询者"。有些怀疑主义者将知识限定于直接经验,而其他人则连这个都否认,他

---

① 爱比克泰德,《手册》,出自《爱比克泰德论说集》(Epictetus, "The Encheiridion", in *The Discourses of Epictetus*, ed. and trans. George Land, Mount Vernon, Va: Peter Pauper Press, n.d.),第22页。

们断言，由于经验只给予我们显像，而显像不是实在，因此经验并不提供知识。怀疑主义者随时准备为他们的观点进行辩护，他们用很多论证来反驳所有宣称有知识的论断。当我们研究到笛卡尔的哲学时，我们会看到这其中的一些论证；但是笛卡尔之所以重新使用这些怀疑主义的论证是为了拒绝它们，并证明确定的知识是可以获得的。笛卡尔对本体论和认识论感兴趣，而怀疑主义者们主要关心的是幸福（善好生

活）——像希腊化时期的大多数哲学家一样。他们似乎认为通过一种悬置关于实在性质的判断的活动（这种活动被称为epoohê），我们就能达到一种不动心的状态，和一种被称为阿塔拉西亚（ataraxia）的心灵平和状态。

最著名的怀疑主义者是塞克斯都·恩披里柯，部分是因为他的著作留传下来了，而其他怀疑主义者的著作则散佚了。他大概生活在公元250到327年之间。他卓越的希腊语水平使很多学者认为他实际上是希腊人，但我们不知道他以何处为家乡。[①] 在他的著作中，塞克斯都清楚地表明了各种理由，用以解释为什么我们应该对任何宣称拥有超出直接的感觉经验之外的知识的论断加以怀疑。他摆出了我们推演实在的本性时会陷入的各种矛盾，着重指出这样尝试的所有哲学家的相互冲突的论断，以及能够挑战任何拟定的知识基础的方式。他坚持认为他自己的观点不是简单的关于实在的另一种哲学观点，而是对所有哲学观点的清除，代之以不动心的状态。

---

① 塞克斯都·恩披里柯著作的英译本见由R. G. Bury从希腊语翻译的四卷本的《塞克斯都·恩披里柯》（*Sextus Empiricus*，London: Classical Library，1917–1955）。

新柏拉图主义

在斯多葛派的马可·奥勒留("最后一位好皇帝")死后,随之而来的是长期的动乱和无序。面对帝国的分崩离析,人们感到无助,回应这种无助的是一次宗教复兴。公元3世纪,基督教在哲学方面最重要的宗教竞争者是柏拉图主义的一种神秘主义的形式,即现在人们所知的新柏拉图主义,它为普罗提诺(204—270年)所信奉。我们已经在柏拉图那里看到根深蒂固的超世俗倾向,对于这一点,亚里士多德曾经作过批评。但柏拉图对于理想世界之优越性的宣扬,恰恰符合3世纪的厌世情绪。

与他之前的柏拉图一样,在普罗提诺看来,不可能在这个世界找到绝对的真理和确定性。柏拉图教导过一种纯粹理性的方法来超越世界的流变并获得真理和确定性,但普罗提诺却告诫说,这样一种洞见只能通过超理性的方式获得,通过一种与太一的迷狂的结合而获得。对于普罗提诺来说,太一就是绝对者,就是上帝。在任何理性的意义上,都无法真正认识太一,并且对于太一的任何规定都不可能是完全正确的。如果我们从普罗提诺的角度重温柏拉图的线段比喻,我们可以看到:语言,以及因而思想,是通过作出各种区分来发挥作用的(我们说"这是一支钢笔",意思是说这不是一张桌子)。但在太一中,不存在任何差别,因而,对于太一无法致思也无法言说。一个人只能通过与它结合才能认识它。在此生神秘狂喜的时刻可以实现这种结合,但从长远来看,只有在死亡中才能达到这个目标。

人们可以通过合乎德性的生活这样一种苦修程序来为这种终极结

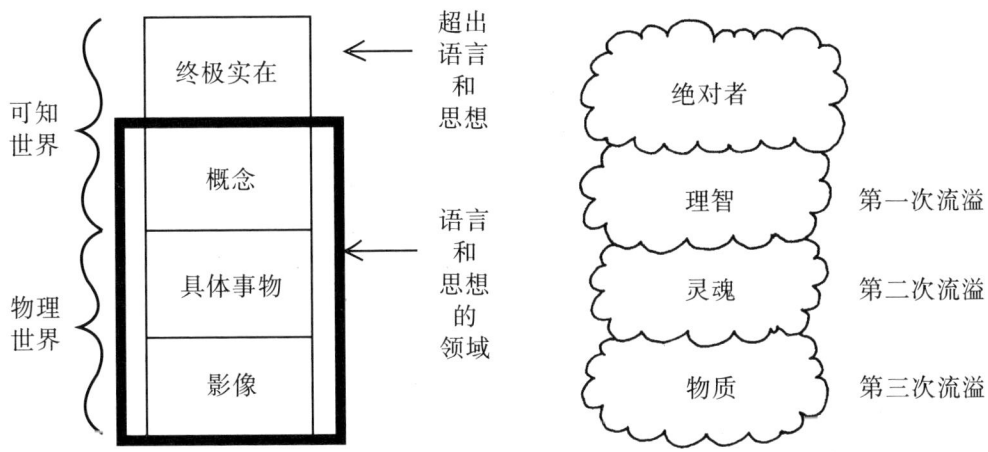

合做准备。普罗提诺本人的线喻基于他的这一思想,即神或绝对者并不从事创造行为(这会玷污神的不变性);毋宁说,神"流溢"着。也就是说,神被反映到较低的层面上,这些反映以递降的分有程度再现了对神的完满的各种模仿。(我们在此看到的是一种"黏稠"的线段比喻。)这种形而上学近似于泛神论,这种观点认为实在与神是同一的。在第一章中我们曾看到,前苏格拉底哲学家克塞诺芬尼曾被一些学者解读为泛神论者。斯多葛派也接近泛神论。这个学说的思想认为,宇宙整体是神圣的,因此就其全体而言是完满的,这个思想不断地出现在哲学史和宗教史中。在本书第五章,我们将会在17世纪的荷兰哲学家巴鲁赫·斯宾诺莎的例子中看到这个思想的最清楚而明晰的表达。在西方主流的宗教习俗环境中,泛神论通常被指责为一种异端形式。正如我们将会简要指出的,泛神论问题出现在中世纪早期,还是和新柏拉图主义联系在一起,这次它游荡在基督教哲学的初生情景中,而不是古典主义的濒死情景中。

因为普罗提诺及其追随者的哲学是古典时期最后的哲学,他的版本的柏拉图主义被传递到中世纪的世界中。当早期的基督教思想家们面临统一并系统化基督教世界观这一任务时,他们转向流行的柏拉图式的形而上学体系,并将之作为其框架。而他们所发现的柏拉图主义已经受过普罗提诺思想的深刻影响。

本章主要哲学思想

Ⅰ. 跟柏拉图和亚里士多德的体系性哲学比起来,这一历时六百年的时期中的哲学家可能显得不够深刻、复杂和敏锐：这是一个哲学衰退的时期。

Ⅱ．哲学家们首要地只关心苏格拉底的问题："我们应该如何生活？"

Ⅲ．和亚里士多德一样，他们认为问题的答案要求理解幸福的本性，但他们关于幸福的概念不如亚里士多德的那么精密而微妙。

伊壁鸠鲁主义

Ⅰ．按照伊壁鸠鲁的观点，幸福就是快乐（享乐主义），他的这种理解要求一种欲望理论。

Ⅱ．真正的幸福是满足必需的自然欲望，避免无意义的欲望，过节制而简朴的平静生活。

Ⅲ．对快乐的一种消极定义：快乐就是无痛苦。

Ⅳ．引起不幸的主要原因：对死亡的恐惧；但并不存在死亡：我活着，则无死亡，而死亡来时我已不在。

Ⅴ．伊壁鸠鲁的哲学被后来的罗马追随者们败坏了，这些人强调暴饮暴食、肉欲主义和淫逸放荡。

斯多葛主义（特别是塞涅卡、爱比克泰德、马可·奥勒留）

Ⅰ．接受苏格拉底德性即知识的观点。

Ⅱ．一种特别的知识导向人类的德性和幸福。

Ⅲ．为获得这种智慧，哲学家们控制那些使人对俗世的需求产生疯狂的情感和欲望。

　ⅰ．这样就产生了一种不动感情的禁欲主义的冷漠。

Ⅳ．这种智慧的内容：一个人必须使自己的意愿等同于自然的意愿，人们发现自然的意愿是实在的一个神圣计划。

Ⅴ．一个人必须欲宇宙之所欲。

Ⅵ．在这种情况下，人总是得到恰恰为其所欲的东西，产生一种纯粹的自由和幸福的状态。

Ⅶ．一旦所达到的这种状态受到了威胁，那么人是有理由自杀的。

怀疑主义（特别是塞克斯都·恩披里柯）

Ⅰ．怀疑主义者们怀疑几乎所有宣称有知识的论断，将知识严格地限定在感觉材料上,而在一些人那里,感觉性的知识也被拒之门外。

Ⅱ. 否认知识的可能性的目的在于:阿塔拉西亚,即心灵的不受干扰的平和状态,一种特别的心理和情感状态,包含对判断的悬置。

新柏拉图主义(特别是普罗提诺)

Ⅰ. 一种神秘主义形式的柏拉图主义。

Ⅱ. 可以通过一种超理性的洞见获得关于终极实在的知识,这种洞见是和太一的迷狂的结合。

Ⅲ. 认识论:太一不可致思,也不可言说,因为语言(因而思想)只能把握线段比喻的下面三级。

Ⅳ. 本体论:某种形式的泛神论。

Ⅴ. 在线段比喻中看到的实在由太一流溢(或反映)的不同层级所构成。

Ⅵ. 概述:基督教在这个时期出现在世界上,在其为得到思想上的承认而与哲学展开的竞争中,很大程度上借鉴了新柏拉图主义来构造其哲学论证。

思考题

1. 伊壁鸠鲁否定性地对快乐予以定义(快乐是烦恼的缺乏),说说为什么伊壁鸠鲁的这一选择产生了一种与罗马的伊壁鸠鲁主义非常不同的哲学,后者建立在对快乐的肯定性定义上(快乐是对刺激的体验)。

2. 通常认为食欲和性欲都是建立在自然需要(即生理需要)基础上的,伊壁鸠鲁也称其为"自然的",但他却主张食欲的满足是"必需的",而性欲的满足则是"不必需的"。解释他的观点,说说按照他的哲学思想去做将会对一个人的生活产生什么影响。

3. 写一篇短文,对"安乐"是"善好生活"的关键要素这一观点加以辩护或提出反驳。

4. 你相信皇帝和奴隶可以同样遵守斯多葛主义的那些原则吗?对你的立场加以解释。

5. 斯多葛派哲学家断言只有当我们是自由的我们才会是幸福的。他们说的"幸福"和"自由"是什么意思?如果自由是如此重要的德性,那么他们为什么不能摆脱对所面临的选择的苦苦思索呢?

6. 请对斯多葛主义与伊壁鸠鲁所践行的伊壁鸠鲁主义进行比较和对照,然后再把斯多葛主义与后来的伊壁鸠鲁的罗马追随者所践行的伊壁鸠鲁主义进行比较和对照。

7. 你能在这一时期的各种哲学中找到什么共同特性吗?如果有,请予以解释,如果没有,也请予以解释。

8. 把柏拉图的线段比喻(第二章)与普罗提诺的线段比喻进行比较和对照。

第四章
中世纪和文艺复兴时期哲学

（公元5世纪至15世纪）

西方三大宗教（犹太教、基督教和伊斯兰教）诞生于其上的土地是古代地中海沿岸沙漠文明的家园，在今天的埃及、以色列、巴勒斯坦、约旦和沙特阿拉伯。到如今称为中世纪的这个时期开始的时候，伊斯兰教还尚未出现（关于伊斯兰教我将再简短地说一下），而基督教也只有不过400年的历史。但是犹太教以之为基础的《希伯来圣经》的主要篇章在此之前1200年就存在了。犹太教本身是从更早的部落性的多神教信仰中发展而来的，而当犹太教宣称只存在一个神的时候，它也就将自身与多神教信仰区别开来了。这个神就是耶和华，正是他选择了古犹太地区的居民（犹太人）并与之定下了专门的契约。

这个契约成为法律的基础，它不仅从道德方面规定了诸多律令（如十诫），而且还制定了各种礼仪来规定饮食习惯、婚丧嫁娶的仪式、祈祷、献祭和布施。犹太教圣经，或《律法书》（*Torah*）（后来被基督徒称为《旧约》）描述了上帝的创世，并把上帝所创造的这个世界中的一个地方分配给了人类，它包含有上帝的命令，表

创世
（据中世纪的匿名画作）

达着上帝的意志,并且叙述了犹太人的历史。它对犹太人的成功以及种种磨难都作出了解释。犹太人的家园不幸位于世界上重要的军事战略要地,因此犹太地区遭受了无数次的入侵和残暴的征伐。这些圣书也包含了伟大的先知们饱含激情的言辞,据说他们记录下了他们通过神圣启示所见的关于上帝意志及未来的异象。在众先知中,有一位先知预言了弥赛亚(或"受膏者")的降临,正是这位弥赛亚将把犹太人从压迫者的手中解放出来,并建立起一个荣耀之国。

基督教正是起源于这个犹太先知传统,最初的一个犹太小团体(后来有越来越多的非犹太人加入)宣称把一个名为拿撒勒的耶稣(公元前4—29年)的人认作"基督"(这是希伯来语"弥赛亚"一词的希腊语翻译)。耶稣的事迹见于四部"福音书"(对好消息的宣告),即《马太福音》《马可福音》《路加福音》和《约翰福音》。它们讲述了天使向耶稣的童贞女母亲玛利亚报喜、玛利亚的受孕、耶稣在马房里的卑贱出生、耶稣家人逃亡到埃及以躲避多疑的希律王的报复以及耶稣行神迹、治病救人等等。这些福音书也讲述了耶稣的教诲,包括对犹太律法的重新解释:它降低了规定仪式礼俗和饮食习惯的那些内容的重要性并且转而强调对律法的内在化。这一重新解释产生了同情互助等教义:要帮助他人,

圣母领报
(据弗拉·安杰力科)

尤其是那些受压迫的绝望贫苦之人。耶稣的教诲还包含了强烈的末世论预言成分，这一预言规劝人们为上帝之国做好准备，上帝之国已近在咫尺。此外，这些福音书还讲述了耶稣被他的一个门徒出卖，然后被罗马当权者逮捕的事迹（他们强行将难以控制的犹太地区纳入他们的帝国之中），讲述了犹太法庭对耶稣的审判和定罪，他被罗马士兵钉死在十字架上，被埋葬又奇迹般地复活以及升入永生的基督天国的事迹。所有这些事迹都被耶稣的信徒们，以及被基督教的经典本身视为《旧约》中预言的应验，因而实际上也被视为耶稣就是基督，也即古代先知们预言的弥赛亚的证明。

紧随耶稣被处决后的那段时期，位于巴勒斯坦的基督教团体基本上是由犹太人组成的，他们认为耶稣的启示主要是传给犹太人的，但就在这一时期耶稣的教义也传播到了更为广阔的说希腊语和说拉丁语的地区。事实上，在居首的四福音书之后，《新约》的剩余部分主要是基督教的领导者们写给地中海周边说希腊语的那些地区的信众团体的书信。其中最重要的是圣保罗的书信，他是基督教最伟大的布道者和组织者。在他的书信中，保罗发展和阐明了爱和奴役的教义，以及将希伯来律法精神化及内在化的教义。他强调耶稣的受难和死亡是为全人类的罪恶赎罪，也是一种保证，即赎罪对于那些信奉耶稣为基督并按照他的教义来生活的人来说意味着永生。

《新约》以世界末日的启示录式景象而结束，这一景象的根据是一个叫神明者圣约翰（Sanit John the Diuine）的基督教先知的著作。切勿把他与第四部福音书的作者圣约翰给搞混了。事实上在中世纪神明者约翰和圣约翰确实被搞混了。而这种误解却赋予了神明者约翰名为《启示录》的著作以极大的权威。在这一景象中，约翰看到一场在上帝的

受诅咒者被恶魔拖入地狱
（据卢卡·西尼奥雷利）

力量和撒旦的力量之间展开的伟大战争,其结果是基督的再临、对生者和死者的最后审判、受到祝福的人被送入新耶路撒冷(即天堂),受到诅咒的人被逐入地狱。

在耶稣死后的三百年间,基督教传遍了整个罗马帝国,但这是在暴乱中传播的,这既是因为罗马统治者不断的血腥镇压,也是因为基督教领导者内部就何为正确的基督教教义发生的争论。直到耶稣诞生之后的第四个世纪,基督教正典才得以形成。

圣奥古斯丁

公元313年发生了一件大事。罗马皇帝君士坦丁皈依了基督教,尽管只有十分之一的帝国公民是基督徒,基督教还是成为了帝国的官方信仰。在之后的两个世纪中,早期的教父们转向当时盛行的新柏拉图主义哲学传统,为他们相对新兴的信仰寻求思想根基。在这种基督教柏拉图主义传统中,第一个真正重要的哲学家是希波的奥古斯丁(354—430年)。他正好一只脚站在古典世界,一只脚站在中世纪世界,跨立在分隔两个世界的那个深渊之上。

奥古斯丁年轻时在罗马学习修辞学,那时就强烈地意识到自己耽于肉欲的本性,于是他关心善恶问题。最初,他被摩尼教(公元3世纪由波斯的摩尼创立)所吸引,这种哲学将某些基督教和某些波斯的思想元素结合起来,按照光明(善)原则与黑暗(恶)原则之间的永恒斗争来理解实在。两种原则的冲突显现为这个世界。灵魂代表善,而肉体则代表恶。作为一个摩尼教徒,奥古斯丁可以把他的很多违反道德的罪行归因于一种外在于他自身的原则。

但奥古斯丁很快就不满足于对罪恶问题的这种"解决",他开始被新柏拉图主义及其非物质实在的思想所吸引。正是从新柏拉图主义那里奥古斯丁获得了他对恶的这样一种理解,即恶不是实在的真实特性,而是实在的匮乏。(回顾一下线段比喻:事物具有的善性越多,它也就越实在。反过来,它所具有的实在性越少,它也就越坏。正如龋洞是钙的缺乏[洞不是一个事物,而是一种存在物的缺失],恶不是一个事物,而是善的缺失。)388年,在经历了一次神秘体验之后,奥古斯丁皈依了基督教,此后他的精神信仰再也没有动摇过。虽然奥古斯丁转回了他母亲所信奉的宗教(她最后被天主教会封为圣徒,名为圣·莫妮卡),但他对基督教的理解仍留有新柏拉图主义思想的影响。不过此时他会承认恶并不简单地是善的缺失,而是罪恶之人自己过度的自爱及其对上帝的爱的不足所造成的后果。391年,奥古斯丁被授为神父,并于396年成为希波的主教,希波位于北非沿岸。在此期间,基督教还在设法确立自身的同一性。奥古斯丁花费了大量精力与一系列异端作斗争:多纳图派、普里希利安教派、阿里乌斯教派,当然还有他以前信仰的摩尼教。与此同时,他不得不和一种新的同时也是特别难对付的异端作斗争,那就是伯拉纠教派(Pelagianism)。伯拉纠的异端性在于过度强调自由意志在救赎方面的作用,而极度贬低上帝的恩典在这方面的作用。让奥古

恶作为存在的缺失

上帝的预知决定着我们的行为吗？

犹大

斯丁大为尴尬的是，伯拉纠竟用奥古斯丁论述自由意志的著作来对他自己的观点进行辩护。

所以奥古斯丁发现自己行走在钢丝之上。他不得不因为摩尼教极度贬低自由意志而攻击摩尼教，但又因为伯拉纠过分强调自由意志而攻击伯拉纠。这个问题使他花费大量时间在异常精微周密的哲学推理上。

问题在于如果上帝是完全智慧的（全知），那么他就知晓未来。如果他知晓未来，那么未来一定准确无误地按照他所知道的那样展开（否则，他就并不知晓未来）。如果未来事件必须按照上帝所预知的那样发生的话，那么它们就是必然的，也就没有自由。如果没有自由，那么人类就不需要对他们的行为负责，而在这种情况下，由于人们的罪恶而去惩罚他们就是不道德的。（如果上帝在犹大出生的几百万年前就知道他要背叛耶稣，上帝又怎能因为犹大的背叛而把他投入地狱呢？）因而，结论似乎就是这样的：要么上帝是全知却不道德的，要么上帝是仁慈却无知的。奥古斯丁怎么才能避免这样一个令人难以忍受的两难呢？他运用大量精致的论证来做到这一点。其中一个论证是：对于上帝来说，没有过去也没有将来，只有永恒的现在。对于上帝来说，任何事物都存在于永恒时刻。说"上帝在犹大出生几百万年前就知道他将背叛耶稣"，这是人类错认为上帝存在于时间之中。事实上，上帝在时间之外（这正是说上帝是永恒的所意味的）。

奥古斯丁的另一个办法是承认上帝对世界的知识需要必然性，但否认必然性和自由是不相容的。和斯多葛派一样，奥古斯丁认为自由是做一个人想做的事的能力，即便上帝（或任何别的人）已经知道这个人想做什么，他依然可以做他想做的事。奥古斯丁指出，上帝对一个决定的预知并不引发这个决定的产生，它并不比我对我要做的事的知识更能引发我的行为的产生。

我只是举例展示了奥古斯丁思想的一个方面。他的哲学是对上帝与人类之间关系的深邃沉思。它被宣讲给一个死期将至的纷乱世界。旧秩序正在瓦解。实际上，就在奥古斯丁因年迈体衰而死于希波的大教堂那天，

上帝不在时间中

野蛮的汪达尔人正在放火焚烧这座城市。尽管他们留下了这座教堂以示对奥古斯丁的尊敬，但焚毁希波的大火也同样焚毁了罗马帝国。古典时代结束了，而被一些人称为黑暗时代的那个漫漫长夜，则拉开了序幕。

由于奥古斯丁的去世，西方哲学陷入了衰退状态，这个状态一直持续了400年之久。中世纪降临的这段时期确实是西方精神的沉沉黑夜。罗马军团再也守不住帝国的疆界，来自东部森林的条顿部落蜂拥而入，占领了这个旧帝国。

罗马在短短的35年间被洗劫了两次。新的"野蛮人"皇帝们不再用拉丁姓名，而是用日耳曼姓名。他们不再像古典时代为大家所知的那些皇帝那样对文明感兴趣。希腊人和罗马人所曾理解的哲学正处于消亡的危险之中。

百科全书学者

对跖人在岩石地区行走自如

在这漫漫长夜中，哲学就像一支微弱的烛火，在垂死的古老帝国那遥远的角落里摇曳不定。在意大利、西班牙和不列颠地区，以及在爱尔兰海中岛屿的石崖上的某些与世隔绝的修道院中，产生了现在所谓的百科全书学者。他们系统地汇集和保存了所有他们能够触及的古典时期智慧的遗留。其中三个突出的代表人物是意大利的波爱修斯（480—525年）、西班牙的伊西多尔（570—636年）和英格兰的尊者比德（674—735年）。（圣·伊西多尔的百科全书特征尤为明显。在字母"A"下，既可以找到原子论的条目，又可以找到对跖人的条目。人们认为对跖人是生活于南非布满岩石的平原上的一种人，伊西多尔认为他们

104 看，这是哲学

的大拇趾长在脚外侧,这使得他们具有可以在其居住的岩石地区行走自如的能力。)伊西多尔的大杂烩是黑暗时代哲学状态的象征。

约翰·司各特·埃里金纳

经过长达四个世纪的相对沉寂,由于中世纪第一个伟大的形而上学体系奠基人的著作,哲学突然间又开始兴盛起来。这个奠基人有很多名字,他叫约翰·司各特·埃里金纳("爱尔兰佬西恩","爱尔兰佬",810—877年)。约翰被召进国王秃头查理的宫廷学校翻译现在所知为《伪狄奥尼索斯》的希腊文献(这部著作曾被误认为是因圣保罗而皈依的基督徒圣狄奥尼索斯所写,但现在认为是由一位同情基督教的新柏拉图主义哲学家写的)。约翰本人的著作《论自然的区分》受到他所阅读的这部《伪狄奥尼索斯》的极大影响,他的著作混合了基督教教义和新柏拉图主义的泛神论。通过他的这部著作以及他富有影响力的翻译,柏拉图主义在基督教教义体系中获得了更为稳固的地位。

约翰的目的在于对所有实在(他称之为"自然")按照范畴作出划分和理解。

约翰·司各特·埃里金纳划分自然

他作出的第一个范畴上的划分是存在物与非存在物。

这一划分包含柏拉图式的前提，认为有一个存在的等级系统，即有些事物要比其他事物更实在。"非存在物"是那些按照新柏拉图主义的尺度包含更少实在性的存在者。例如，一棵具体的树或一匹具体的马比"树的理念"或"马的理念"包含更少的存在。因而，具体事物被划入这个否定性范畴中。所以所有"不足"或"缺失"，例如罪恶的行为或疏忽的行为，也都被划入这个范畴中。在这个范畴中，我们看到的最令人惊奇的事物是约翰所谓的"超实在"——这个事物无法凭借人类理智来把握，按照新柏拉图主义的尺度它是"存在之外"的。显然，约翰所说的是上帝。

那么左边的那部分是什么呢？什么可以被称为"存在物"呢？只有那些能被纯粹的人类理智所把握的存在者，也即柏拉图式的理念！除理念之外的所有事物都是存在之外的。

因此，我们发现这个基督教学者显然处于一个尴尬的位置，他宣称上帝位于这类被归为并不存在的事物之列——在同一个类中，我们可能会发现人首马身的怪物、狮身鹰首的怪兽、圆的方以及金山。为什么约翰的著作不一劳永逸地结束关于上帝的讨论呢？因为约翰（从伪狄奥尼修斯处借用）的肯定和否定的划分方法使他能赋予存在之外的存在之虚无以意义。

这种肯定及其否定并不导致自相矛盾，相反，它们可用作正题与反题，辩证地调和在一个（类似黑格尔的）合题中，这个合题引导我们认识到上帝是超智慧的。这同一个方法也向我们表明为什么约翰说上帝并不存在而又（超）存在。

肯定法	否定法
我们肯定："上帝是智慧的。" ↑ 这个肯定仅仅作为一种隐喻才是真实的。"智慧"这个词从人类话语中获得其意义。我们只能类比地将之用于上帝以获得关于上帝本性的些许暗示。	我们否定前面的肯定式："上帝不是智慧的。" ↑ 这个否定是字面上的。因为"智慧"从人类话语中获得其意义，它不能按字面意思来用于上帝。

约翰·司各特·埃里金纳还有另一种划分自然的方式:

1. 行创造而非被创造的自然（如上帝）

2. 行创造而又被创造的自然（如柏拉图式的理念）

3. 被创造而不行创造的自然（如物质世界）

4. 既非被造又不行创造的自然（如上帝）

阿尔法和欧米茄

记住，在这个新柏拉图主义体系中，说某物"X"进行创造，就是说在实在的等级体系中有某物位于"X"之下而依赖于"X"。相反地，说某物"Y"被创造，就是说"Y"在其存在上依赖于在它之上的某物。

在这个体系中，上帝既是阿尔法又是欧米伽，既是始又是终，既是创造者又是创造的目的。上帝产生在世界之中，又回归其自身。约翰的哲学看起来疑似普罗提诺流溢说的泛神论体系。他为捍卫这本《论自然的区分》做了很多努力，反对将其指控为异端，尽管如此，但它最终还是在1225年被教皇何诺三世判为异端。

圣安瑟尔谟

约翰·司各特·埃里金纳之后的350年间，没有任何伟大的体系缔造者。从9世纪到13世纪，人们研究哲学的方式比奥古斯丁、约翰·司各特以及13世纪的托马斯·阿奎那还要繁琐。哲学被限定为对神学术语的哲学式文法研究。然而，这种繁琐的方法并不意味着哲学始终是微不足道的。其中产生于中世纪时期的最引人注目的哲学推理是对上帝存在的论证。这是后来被称为圣安瑟尔谟的坎特伯雷的安瑟尔谟（1033—1109年）所发明的论证。今天这种论证被称为本体论证明（ontological argument），因为它并不来源于观察而是来自存在的观念（"本体论"等于"存在理论")。

安瑟尔谟的论证是以谈论一个"愚人"(出自《诗篇》53:1)开始的。这个"愚人"在心里说,"上帝不存在",但是安瑟尔谟说,即使是愚人

> 也承认存在于人们理解中的人们不能设想比之更伟大的东西至少是存在的。因为当人们听到它时人们就理解它了……而确定无疑的是不能设想比之更伟大的东西不能仅在人们的理解中存在。因为,假如它仅仅存在于理解中,那么就可以设想它存在于实在中,而这是更伟大的……因而,毫无疑问,存在不能设想比之更伟大的东西,它不仅存在于理解中,也存在于实在中……这个存在就是您,噢主,我们的上帝。①

试着检验一下安瑟尔谟的论证。在心中设想你能想到的最完满的存在。(安瑟尔谟认为它看起来会很像传统的基督教的上帝——一个全善全知全能的永恒不变的存在。)现在问一下你自己,你所设想的存在者仅仅存在于你的心里吗?即便它可能只存在于你心中,如果是这样,那么它就不是能设想的最完满的存在者,因为既存在于你心中又存在于你之外的存在者将是更完满的。因而,如果能够设想一个完满的存在者,那么这一存在者必然存在。

这是个靠不住的论证,它立刻就招来了诋毁者。与安瑟尔谟同时代的高尼罗,一位职业僧侣,他代表"愚人"提出以下反驳:

《诗篇》53:1

---

① 坎特伯雷的安瑟尔谟著《宣讲》(*Proslogium*),出自《信仰的时代》(*Age of Belief*, ed. Anne Fremantle, New York: New American Library, 1954),第88—89页。

仅仅在此处存在的完满性比不上

在此之外存在的完满性

1. 事实上，不可能设想"一个不能设想比之更伟大的东西"。这个课题本身就是心灵无法理解的。

2. 如果安瑟尔谟的论证是有效的，那么设想一座完满的热带岛屿的能力本身就意味着这个岛屿是实际存在的。

安瑟尔谟的回应和高尼罗的反驳一样简单：

1. 如果你理解"最完满的存在者"这个短语，那么你就已经设想出了这个存在者。

2. 热带岛屿的定义中并没有什么东西蕴涵完满。但是上帝的定义本身就意味着他是完全完满的，所以将上帝设想为缺乏一种完满是不可能的；而由于存在显然比不存在更完满，所以仅仅上帝这个概念就蕴涵其存在。

这个论证比它表面上看起来要更为困难和精巧。事实上，它是一个非常好的论证（这并不是说它完美无瑕）。其天才之处就在于它证明了"上帝不存在"是一个自相矛盾的句子。这就是为什么只有愚人才会说这句话。

注意安瑟尔谟的论证是多么柏拉图式的。首先，它是纯粹先天的，也就是说，它丝毫没有求助于感觉上的观察；它完全诉诸纯粹理性。其次，它使"最完满者"等同于"最实在者"这样一种柏拉图式的观点变得清楚明晰。（回忆一下线段比喻。）

高尼罗的反驳

本体论论证有着漫长而多变的历史。在本书故事结束之前我们还将不止一次地看到它。许多哲学家认为伊曼努尔·康德在18世纪最终解决了它（通过表明这个论证的缺陷不是逻辑缺陷而是语言缺陷）；但即便是到了自其产生900年后的今天，这个论证依然有机智的捍卫者。

伊斯兰和犹太教哲学

在11和12世纪，阿拉伯文和希伯来文手稿的拉丁文译本日渐流入欧洲，这极大地影响了哲学研究的走向。其中的许多著作通过西班牙进入基督教的修道院。从9世纪到12世纪，西班牙的穆斯林哈里发的宫廷是欧洲最有文化的地方。"摩尔人"（阿拉伯人、柏柏尔人及其他穆斯林族群）曾在公元711年入侵信奉基督教的西班牙，这是伊斯兰教军事扩张的一部分。伊斯兰教是西方三大宗教中的第三个，这三大宗教大致产生于中东的同一个地区。伊斯兰教的关键人物是穆罕默德，他于公元570年出生在如今位于沙特阿拉伯的麦加，并于公元632年逝世于麦地那。根据传统说法，他在40岁时收到天使加百利的直接启示，当时他正在沙漠中的一个山洞里冥思。在此后的20年中穆罕默德不断收到启示，指定他作为即将被一个新宗教所接受的一系列上帝之先知中的最后一位先知，这一系列先知包括《希伯来圣经》中的所有伟大先知，也包括拿撒勒的耶稣。穆罕默德记录了启示给他的那些话，这些话后来就成了《古兰经》，伊斯兰教的"圣经"。与犹太教及基督教一样，伊斯兰教的主要思想是一神论（虽然犹太人和穆斯林通常把基督教的三位一体学说视作向多神论的倒退）。伊斯兰教比犹太教和基督教更多地宣讲神（安拉）统治世界和日常生活的力量。"伊斯兰"和"穆斯林"这两个词都出自意为"服从"或"屈服"的那个阿拉伯语。和其他两种宗教一样（但和穆罕默德的出生地阿拉伯半岛的部落宗教不同），伊斯兰教禁止供奉偶像。和犹太教及基督教一样，伊斯兰教也在《圣经》中的人物亚伯拉罕身上看到了自己的祖先。伊斯兰教宣扬所有信仰者之间的兄弟情谊，并要求对穷人进行施舍。另外，伊斯兰教重视祈祷（一天五次）、

格拉纳达阿尔罕布拉宫的狮子中庭

净化以及在圣日（斋月）斋戒，并且要求信徒一生至少到麦加朝圣一次。

　　伊斯兰教之所以有极大的吸引力，是因为它在神学上很简单，有能力满足生活在混乱时代的人们的精神和物质需要，它能够超越部落之间的对立，并提供共同体和个人的救赎。伊斯兰教在早期一直挣扎于与巨大逆境和血腥镇压的对抗中，这使得它有一种好斗的特性。其领袖们又崇信圣战，伊斯兰教通过征服和使人改宗而迅速传播到四面八方。在西方，到公元732年（穆罕默德首次接到启示一百多年后），穆斯林军队已深入法国腹地，但他们最终在图尔战役中被铁锤查理（查理曼的祖父）击败。于是，主要由阿拉伯人组成的穆斯林大军撤退到比利牛斯山脉外侧，正是在那里的西班牙，摩尔人建立起了灿烂的伊斯兰文明，它有美丽的城市、处处有流水的华丽花园、宏伟的建筑纪念碑以及宽广的学术中心。在那里，穆斯林、基督徒以及犹太教学者们一同学习研究古希腊哲学家的手稿。这些哲学家的幸存抄本渐渐被发现并收集在塞维利亚、格拉纳达、科尔多瓦和托莱多的大图书馆中。这些图书馆在基督教世界中无可匹敌。穆斯林学校那些翻译家的成果也慢慢地打通了进入盛行天主教的欧洲的道路，并且引起了巨大的轰动。尤其是对亚里士多德的译介和对其著作的注疏，其中大部分在欧洲已经失传。

阿威罗伊

对伊斯兰教和天主教世界都极具影响力的一位伊斯兰教哲学家是阿布·瓦利德·穆罕默德·伊本·艾哈迈德·伊本·穆罕默德·伊本·鲁什德，在西方更多地被称为阿威罗伊（1126—1198年），他出生于西班牙的科尔多瓦。他最有影响力的著作是对亚里士多德哲学的详尽解说和分析。对亚里士多德的重新发现极大地震撼了伊斯兰教的知识阶层。阿威罗伊注疏的写作背景是讲阿拉伯语的神学家们之间的争论，他们争论的是亚里士多德的哲学主张是否与伊斯兰教教义相容。阿拉伯神学家安萨里（1058—1111年）曾著书反对亚里士多德，而波斯人阿维森纳（980—1037年）曾为这位古希腊哲学家作出辩护。阿威罗伊对安萨里和阿维森纳两个人的论证都给予了拒绝，他断言他们两个人都误读了亚里士多德。今天，在如何理解阿威罗伊本人的著作上还存在着学术上的争论。其中一派解释者认为，阿威罗伊写了两类注疏：一类是为一般读者写的，其中观点是，亚里士多德的所有思想都是与伊斯兰教相容的，并且亚里士多德的思想还可以用来考察和阐明伊斯兰教信仰；另一类是为精通亚里士多德的读者而写的，在此他捍卫亚里士多德而反对伊斯兰教。按照第二派解释者的看法，阿威罗伊的观点是始终如一的，这种看法处于由其余两派所划定的两个极端之间。① 阿威罗伊的注疏以这样的面目进入基督教世界，它们宣称有两种相对立的真理：哲学真理（即亚里士多德哲学）和宗教真理，但又宣称哲学论说与神学论说的语境是如此分明，所以我们可以同时接受这两者。阿威罗伊的著作在经院哲学家和天主教世界新建的大学中有着令人眩晕的影响。一方面，他的著作对于理解亚里士多德来说是必不可少的；但是另一方面，人们觉得他那宗教与哲学之间存在差异的理论不得不被在基督教教义的名下加以驳斥。托马斯·阿奎那（我们将会简短地考察他）写过一本名为《斥阿威罗伊学派论理智的统一性》的书来反对阿威罗伊，但他又极尊重阿威罗伊的亚里士多德解释，以至径直把他称为"（那位）注疏家"。但以布拉邦的西格尔（1240—1284年）为首的一些西方神学家则与此相反（并因此陷入困境），他们对他们认为的阿威罗伊的双重真理学说进行辩护。他们被称作拉丁阿威罗伊学派。

---

① 奥利弗·里曼（Oliver Leaman）在《阿威罗伊及其哲学》中对这一争论进行了讨论（*Averroës and His Philophy*, Richmond, England: Curzon Press, 1998）。里曼赞成这两种观点中的第二种。

迈蒙尼德

摩西·迈蒙尼德（1135—1204年）之于犹太教哲学，就像阿威罗伊之于伊斯兰教哲学，托马斯·阿奎那之于天主教哲学。和其同代人阿威罗伊一样，迈蒙尼德也生于科尔多瓦，并且也因其对亚里士多德哲学的深刻洞见而在天主教世界有极大的影响。托马斯·阿奎那尊崇迈蒙尼德，并且他对上帝存在的证明也明显受到迈蒙尼德的影响。事实上，迈蒙尼德的第一部著作《论逻辑》是亚里士多德逻辑范畴的简编及对它们所作的分析。它是用阿拉伯语写成的，而当时迈蒙尼德只有16岁。

摩西·迈蒙尼德

迈蒙尼德最著名的著作是《迷途指津》。这部书的主旨是引导已经受过教育但在思想上仍处于迷惑之中的犹太人穿过哲学和犹太神学的迷宫，以满足他们化解科学和宗教之间冲突的要求。问题在于，《指津》本身也需要一部指津，因为它是一本非常难解的著作。与阿威罗伊著作所引起的问题一样，它也引起了对其作者的意图的疑问。对这部著作的最通常的理解方式是将之视为调和亚里士多德哲学和犹太神学的尝试，它表明古希腊的理论为考察和拓展犹太教思想提供了工具。迈蒙尼德把亚里士多德称为"哲学家的首领"，并且把摩西称为"知者的大师"。①

但是仍有许多值得尊敬的学者认为这本书是对宗教价值观的颠覆。尽管表面看来这本书是支持宗教价值观的，但实际上它以一种精巧而复杂的方式削弱了宗教价值观。例如，迈蒙尼德坚持他所宣称的犹太教义的主要戒律是认识上帝。然而他的神学理论却是一种否定神学，它明确表示上帝无法认识我们（正如我们能回忆起来的，这是亚里士多德的观点），我们只能知道上帝不是什么（这是我们已经在约翰·司各特·埃里金纳的著作中见到的新柏拉图主义观点）。一位研

---

① 摩西·迈蒙尼德，《迷途指津》（*The Guide of the Perplexed*, trans. Shlomo Pines, Chicago: University of Chicago Press, 1966），第29、123页。

究迈蒙尼德的学者这样表述这个问题：迈蒙尼德"将认识上帝的任务视为第一戒律……但当我们在他自己的分析的全部语境和整体进展中对此加以考察时，我们似乎必然得出这样的结论，即这一理想不仅是不可能的，而且是空无内容和意义的。"[①]

有些学者将迈蒙尼德视为异端，认为他用亚里士多德的逻辑学来摧毁犹太教的教义；而另一些学者则将其视为反亚里士多德的拉比，其意图在于证明所谓的哲学智慧是前后不一的。还有一些学者认为迈蒙尼德坚持某种来自阿威罗伊的双重真理学说，他熟知阿威罗伊并对其钦佩有加。不管迈蒙尼德的真实意图是什么，他对亚里士多德诸范畴的精妙阐明及在其著作中对亚里士多德理论的运用都对说拉丁语的学者世界造成了这样的印象，即他的确是那些对亚里士多德感到困惑的读者们的向导。

尽管有极少数高声叫嚣的批评者称迈蒙尼德为异端分子，但犹太文明从他所在的时代起直至今日绝大部分还是以他为骄傲的。当基督徒大军在斐迪南和伊莎贝拉领导下于1492年征服了摩尔人，并将犹太人逐出西班牙时，在西班牙籍犹太人中出现了这样一句谚语，这些被驱逐的犹太人用西班牙语说："De Moisés a Moisés no ha habido nadie como Moisés（从摩西到摩西，无人堪比摩西）"。

信仰和理性的问题

由迈蒙尼德和阿威罗伊处理的这个问题，即信仰与理性的问题，是一直困扰着整个中世纪哲学的问题。在基督教世界中，这个问题在13世纪从托马斯·阿奎那那里得到了中世纪时期最完满的解决。这一点我们很快就会看到。这个问题关系到在人们对实在的理解中，应该强调神圣启示的主张还是强调哲学的主张。在基督徒这两大阵营中都有一些极端分子。我们已经看到像约翰·司各特·埃里金纳这样的哲学家只有纯粹概念的体系，其中似乎丝毫没有宗教信仰的任何空间。即使是圣安瑟尔谟的上帝似乎也主要是哲学意义上的，与《旧约》中的"严父"和"有仇必报的审判者"相去甚远。这两大阵营中的另一端是哲学的反对

[①] Marvin Fox,《解读迈蒙尼德：方法论、形而上学及道德哲学研究》(*Interpreting Maimonides: Studies in Methodology, Metaphysics, and Moral Philosophy*, Chicago: University of Chicago Press, 1990)，第21页。

因为荒谬，所以信仰

者德尔图良（169—220年），他的一句名言是"因为荒谬，所以信仰"（我相信荒谬的事物），言外之意是他之所以相信它，正因为它是荒谬的。

这两派的争论达到很激烈的程度，提出了许多惊人的主张。比如我们已经看到的被归于拉丁阿威罗伊学派的观点"双重真理学说"。回想一下，根据这个学说，存在两种相互矛盾的真理，一种源于信仰，一种源于理性，但二者从各自的角度来看都是正确的。例如，从解剖学的角度看，人是器官的组合，器官停止作用，就会引起人的死亡；但从神学角度看，人是灵魂，在上帝的恩典下，灵魂不朽。

虽然这一理论在逻辑上难以令人满意，但从历史上看它的确在短时间内起到了一种积极的作用，这种作用使科学得以发展，而不必处处按照神学术语来设想自己。

共相问题

当时另外一个让人头疼的问题是共相问题，这是关于语词所指的问题。奥古斯丁开启了对语言的关注，它一直主导着整个中世纪的哲学思想。我们记得，按照奥古斯丁的观点，上帝视其创造为永恒的当下——也就是说，过去、现在和将来都融为一体。如果语言是对实在的表现，而人类对实在的经验与上帝截然不同，那么真正的"上帝之言"也就根本不同于人类的语言，人是按照在有

限空间里的时间序列来感知世界的。那么,人类语言肯定是上帝语言的一种降级。(我们要注意,此处也许是中世纪思想受到柏拉图线段比喻影响的又一个地方,在线段比喻中,存在的等级体系中的每一层次都是对它之上的那个层次的拙劣模仿。)既然人类的语言是上帝给的,它就渴望达到真理,所以神学关注必然与语言学关注重叠。波爱修斯引入了这个问题的具体形式,它后来困扰了基督教、犹太教和伊斯兰教哲学家们好几个世纪。波爱修斯深受奥古斯丁的影响,他曾将一篇由新柏拉图主义者波菲利(232—304年)所作的关于亚里士多德的论文从希腊语翻译过来。波菲利对属和种的本体论地位提出了疑问。我们知道,存在着我们称为"鲸"的个别事物,但是须鲸属、鳍鲸种或蓝鲸种存在于自然中吗?或者,它们只是存在于心灵中的人造范畴?(同样的问题出现在"这条狗是棕色的"这个句子中。"狗"和"棕色"这两个词语仅仅指称个别事物呢?还是指称犬类和棕色事物的类呢?这些类是实在的还是人造的呢?)

当然,这场争论与柏拉图和亚里士多德关于"理念"地位的争论类似,但中世纪早期的哲学家们还没能看到古希腊的原著,他们花了900年时间才达到亚里士多德那一代人早就达到的水平。对这个问题的争论达到极其混乱的地步,以至于索尔兹伯里的约翰(1115—1180年)声称,那时有多少个脑袋,就有多少种关于这个问题的不同看法。这场争论的一个极端以严格的柏拉图主义的实在论者(如今称为"夸大的实在论者")为代表。他们认为"类"不但是实在的,而且远比个体更实在。安瑟尔谟本人就是这一观点的代表。争论的另一极端以洛色林(Roscelin,1050—1120年)和奥卡姆的威廉(1280—1349年)为代表。

他们的学说是唯名论（nominalism），这一术语源于"名称"一词的拉丁语词根nom。唯名论认为，只有具体事物才是实在的，指称"类"的词语都只是名称而已。最终教会当局认为这一观点是不可接受的。在唯名论者看来，名称的系统所产生的差异和相似只在于说话者意识之中或是语言系统本身当中。

如果人类学家告诉我们，一个亚马逊部落把蟾蜍、棕榈树和腋窝包含在同一"类"中（即由上部温暖干燥而底部潮湿黑暗的存在者组成的类），我们都会置之一笑。但唯名论者会问我们，这种分类是否比将鲸鱼、鼹鼠归为同一类（即有乳腺的存在者组成的"类"）更加任意呢？

圣托马斯·阿奎那

我在前面提到过，对于信仰与理性问题以及共相问题，人们公认提出了中世纪最好解决方法的人是托马斯·阿奎那（1225—1274年）。

托马斯是一个意大利贵族，他从家族的城堡逃出来，加入了多明我会（顺便提一下，他在这里吃得很好，以至于人们后来不得不在餐桌上挖掉一块以容纳他的大腹便便）。在谈及他的哲学之前，我们先来看一下他生活于其中的那个世界——13世纪的欧洲。

托马斯出生时，安瑟尔谟已经去世一百多年了。正如我们所看到的那样，在那个世纪，欧洲学者们对曾经"失传"的古典时代的著作，尤其是亚里士多德的著作，越来越熟悉了。虽然亚里士多德的理论在有些人看来是令人震惊的，

但实际上，与柏拉图思想中有些过时的超世俗性相比，他的哲学更适合13世纪兴起的关注现世的态度。人类安然度过了千禧年。像许多人所期待的那样，公元1000年过去了，而世界并没有消亡。

原先关于世界末日的预言逐渐消失在了更遥远的将来。当欧洲人从"黑暗时代"的最黑暗时刻走出来，他们对于当下现世的兴趣被重新激活了。亚里士多德作为这些新兴趣的最大焦点而浮现出来。亚里士多德"基督教化"的任务落在了托马斯·阿奎那身上。这不是一个容易的任务，因为亚里士多德持有以下这些非基督教的观点：

A. 地球是永恒的。（从来就没有创世）

B. 上帝，即第一推动者，只知道自身的完满，对人类事务是漠不关心的。（上帝甚至不知道完满的存在）

C. 灵魂不是不朽的。

D. 生活的目标是幸福。

E. 骄傲是一种德性，而谦卑是一种缺点。

不足为奇，1210年亚里士多德的著作被巴黎大学查禁了。（事实上，托马斯本人的著作在他刚去世就在巴黎和牛津遭到查禁。）

托马斯·阿奎那写了四十多部书。他的主要著作是两部百科全书式的巨著——《神学大全》和《驳异端大全》。这些大部头的体系性著作构成一个完整的结构，它常被人们比作哥特式大教堂。这种教堂是那个时代的新建筑风格。与之相同，托马斯的著作不仅是对中世纪晚期社会的真实反映，而且是这个社会的一盏指路明灯。

托马斯的主要工作是调和，他不仅把亚里士多德与基督教精神，而且把理性与信仰，把在共相问题上有争论的各方都调和起来。在调和理性与信仰方面，托马斯运用了亚里士多德式的解决办法：共相既不是独立自主的形式也不是纯粹的心理状态。它们作为具体事物具有的"所是"而"具体化"到事物之中。人类心灵具有抽象能力，这种能力基于识别存在于自然中实在的相似性的能力，使这些抽象成为概念。这种解决方法被称为温和实在论。彼得·阿伯拉尔（1079—1142年）早在120年前就提出了这一观点，他的思想被称为概念论（conceptualism）。这两种观点之间的区别只在于着重点不同。两者都建立在亚里士多德所坚持的这一主张上：尽管人们可以进行理智活动来将本质从表现出本质相似性的诸实体中抽象出来，但本质不能脱离个别实体独立存在。例如，我可以在心理或语言上把所有的狗都共同具有的"狗性"

分离出来,尽管事实上狗性只存在于实在的狗上。阿伯拉尔显得比托马斯更强调人类心灵中的概念的约定性,因此他认为在心灵中的概念和该概念所代表的本质(即存在于一切狗中的实在的相似性)之间有着轻微的差别。这一观点使阿伯拉尔比托马斯更接近唯名论一些。我在此所讨论的这种区别是极微小的,不过这些只有行家才懂的观点确实在中世纪引起了激烈的思想斗争。

至于理性对抗信仰的问题,托马斯是从区分哲学和神学入手的。哲学家只运用人类理性。神学家则将启示视作权威。

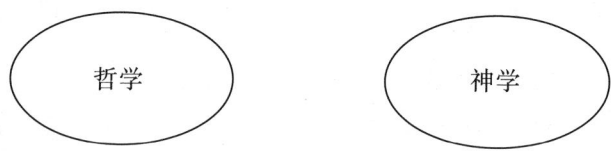

接着,托马斯区分了启示神学(纯粹以信仰来接受)和自然神学(允许理性论证)。也就是说,他指出了哲学和神学的重合之处。

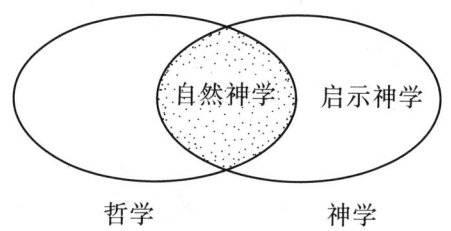

托马斯承认,有时理性无法证实信仰的主张,他将这些主张留给神学家们(比如这样的主张:宇宙在时间上有一个开端)。

托马斯体系的大部分是关于自然神学的。然而,为了建立他的神学结构,他首先在亚里士多德哲学的基础上建立了一个完整的形而上学体系。托马斯同意亚里士多德的观点,认为人类理智中的任何东西都始于观察和经验。托马斯认为,尽管不存在任何先天观念可以对"知识如何可能"作出解释(就像在柏拉图的哲学中一样),但灵魂的确有抽象、沉思和推理的能力。这种能力可以使人们获得那些能对可见世界作出解释的原理和原因,尽管这些原理和原因本身是不可见的。为了获得这些原理(这些原理也将成为他的自然神学的原则),托马斯运用了亚里士多德式的世界概念,即世界是多种多样的实体。我们回想一下,这些实体是可以按照形式和质料或现实和潜能进行分析的。托马斯比亚里士多德更注重现实性这一观念，他称之为"活动"（拉丁语是actus），并把它与"存在"（拉丁语是esse）观念紧密联系在一起。存在就是一种本质或一种形式（一事物之所是）由以获得其存在的活动。"没有不存在的本质，也没有无本质的存在。"①换句话说，狮头羊身怪和狮身鹰首兽没有本质，因为它们不具有存在。它们不存在，并且从未存在过。它们只是基于想象的抽象之上的幻象组合。

阿奎那把他的"存在活动"（acts of being）观念置于存在的等级体系这样一个语境之中，这一语境明显更具柏拉图色彩，而非亚里士多德色彩。实在是按照等级制构成的"存在活动"的体系，

（据约翰·坦尼尔爵士）

其中位于顶部的是上帝，最低的"存在活动"位于底部。"存在"这个词语在这个等级体系的每一层次上的意义是不同的。这个词具有一种类比的意义，而非单一的意义。也就是说，这个体系底部的存在是某种类似于体系顶部的存在的某种东西，但并不完全相同。例如，按照托马斯的观点，上帝是纯粹的存在活动。像亚里士多德的第一推动者一样，他是没有丝毫潜能的完全的现实性，他不可能变成任何不是他所是的其他东西，而这个等级序列越往下则越少现实性（它们更少"存在活动"），而越具有变成非其当下所是的他物的潜能。一棵树可以成为建房所用的木料，也可能腐烂、干枯，并变成粉末。沿着这一思路可以得出，有些实体没有物质质料，因为按照亚里士多德和托马斯的看法，质料具有最大的变化潜能。托马斯认为，对于上帝和人来说，这种物质质料的缺失都是真实的。此处也是托马斯和亚里士多德存在分歧的地方，因为亚里士多德把人类灵魂称

---

① 弗里德里克·科普莱斯顿（Frederick Copleston）对圣托马斯的译述，出自《哲学史第二卷：中世纪哲学》第二部分（*A History of Philosophy*, vol. 2, *Medieval Philosophy*, part 2, Garden City: N.Y.: Image Books/Doubleday and Co., 1962），第53页。

基路伯和火焰宝剑守护伊甸园
（《创世记》3：24）

为"肉体的形式"，从而暗示和肉体一样，灵魂是有朽的。但托马斯认为灵魂是主体即人类个体的形式，因此灵魂是有可能不朽的。（托马斯不能从逻辑上证明灵魂是不朽的，但作为一个神学家，他认为基督教的启示证实了灵魂不朽这一真理。）

托马斯还认为，从这一作为实体的等级体系的实在之形而上学系统中，人们可以先天地得出天使必定存在的结论，天使的存在填补了（被具体化了的）人类灵魂和上帝之间的空缺，上帝是纯粹的、非具体化的存在。确实，在这一等级体系中必定存在不同等级的天使，其中一些比另一些更具精神性。例如，六翼天使就比小天使要高。因为这个推论，圣·托马斯的追随者们给了他"天使博士"的称号，这个推论不仅表明了心灵的抽象能力能使我们多大程度上超出直接观察的限制，而且也提供了这样一种神学观念的良好样本，在阿奎那看来，这一神学观念的真理性既可以通过哲学（自然神学），也可以通过启示（《创世记》3：24和《以赛亚书》6:2）加以认识。另一个更为重要的真理是"上帝存在"这个例子，这个真理同样既能通过哲学，也能通过启示加以认识。在《神学大全》中，阿奎那为上帝存在提供了五个哲学论证。它们被称为宇宙论证明，以与安瑟尔谟的本体论证明相对，因为这些证明都始于观察，而这些观察又都源于自然世界（我们记得，宇宙［kosmos］在希腊语中意为"世界"）。托马斯的"五种方式"中的三种非常相似。在此我列出这五种中的第二种来作为托马斯的自然神学的代表：

> 在可感事物组成的世界中，我们发现有一个动力因的秩序。不存在其自身为动力因的事物（实际上也不可能）；因为如果有的话，那么它就将先于自身而存在，而这是不可能的。既然动力因的序列不可能是无限进行下去的……而取消原因就将取消结果。所以在动力因的序列中如果不存在第一因的话，就不会有终极因，也不会有中间的原因……所以必然要承认第一动力因，大家都称之为上帝。①

按照对他的论证最简单的解读，托马斯似乎是在向我们提供一个多米诺骨牌理论，并且仅是说如果存在一系列的原因和结果，这个系列应该由一个本身不再有原因的存在作为其原因；否则我们就会陷入无穷倒退，而托马斯认为这在理智上是不可接受的。他的这一论证后来受到了仔细的考察（例如在18世纪的大卫·休谟那里）。就像他所持的无限原因序列是不可能的这一主张一样，托

序列在此终止

---

① 托马斯·阿奎那，《神学大全》（*Summa Theologica*），出自《信仰的时代》，第153页。

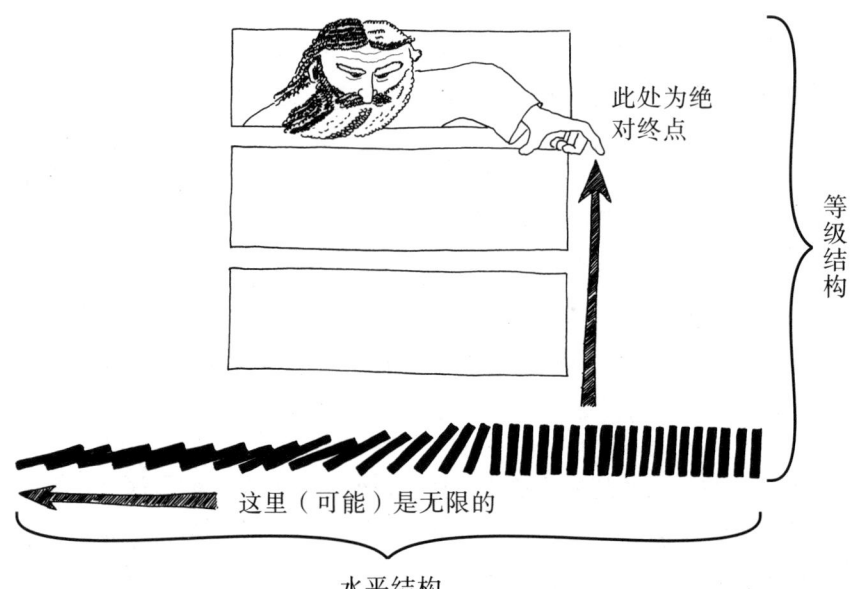

马斯所谓的原因秩序的知识也受到了挑战。然而，托马斯主义学者们已经指明，托马斯的第二种论证比它看上去要更为复杂，因为它包含了一个横向的原因体系（在这个体系中无限序列是不可反驳的）和一个依赖性的等级体系（在托马斯看来，这个体系不可能是无限倒退的）。

无论其有效性如何，托马斯的五个证明都有一些突出的历史特征。和安瑟尔谟的本体论证明不同，它们都以一个后天的论断开始，也就是说，都诉诸观察。这是这些论证所具有的一个亚里士多德式的特征，而在其对可观察世界的实在性的信任方面，它和安瑟尔谟先天证明所含的柏拉图主义形成了巨大的反差。但是，这五种方式中仍然留有柏拉图主义的痕迹，包括它们对原因的等级体系的借助。

和亚里士多德哲学一样，托马斯的全部思想，尤其是他的伦理学，是目的论的。人类活动被看做是一个手段—目的的结构。我们先选择所向往的目标，然后再选择达到这些目标的行为。这些行为与目的相关，但目的（健康、美丽、责任）本身与那些"绝对目的"相关，这些"绝对目的"赋予相对目的以意义，否则，每一个行动系列都会导致无限倒退。

如果我们要作出正确的选择，我们必须知道终极的善是什么。亚里士多德认为是幸福。托马斯赞同这个观点，但他认为他现在知道了希腊人所不知道的：

要成为一个绝对者,幸福本身必须是永恒的。成为一个绝对目标就是成为一个自在自为的目的,而不仅仅是与某个其他目的相关联的目的(就像服用阿司匹林是一个目的,这个目的与摆脱头疼相关,摆脱头疼这个目的又与保持健康这个更高的目的相关)。我们的幸福,我们的正确选择和行动,都依赖于我们对上帝的知识——不是依赖于对上帝的哲学知识,而是依赖于我们对完满的、终极的知识即至福直观(Beatific Vision)的期望。这个可能性一旦满足,将实

现上帝的永恒法则,这是维持宇宙的法则——统治自然的神圣律令。正如这一指引自然界诸实体的神圣法则显然与这些实体的本质相符并且在这些实体的运作中得到体现,它也在人类的本性中得到体现。"自然法"是托马斯用来指称运用于人类的永恒法则的一个术语。上帝也给予人类以自由;因而他们有服从或不服从自然法的自由。(我们要注意阿奎那对"自然法"这一短语的运用与现代自然科学对这一短语的应用没有关系。在科学的意义上,人类并没有违反自然法的自由。)对自然法的服从是"对上帝永恒法则的理性参与"。[1]托马斯认为,个人拥有足够的关于自身人类本性的知识,因而通常能够理解在道德上什么是正确的,并能从这种理解出发,去规范他们自身的行为。例如,他们知道他们应该寻求自我保护,因而自杀是错误的。他们知道,他们作为一个种类应该繁衍

---

[1] 维尔侬·J. 博尔克(Vernon J. Bourke)对圣托马斯的译述,出自《哲学百科全书》第八卷(*The Encyclopedia of Philosophy*, vol. 8, ed. Paul Edwards, NewYork and London: Macmillan, 1972),第112页。

生殖。(我说"作为一个种类",是因为单个人如一个修女、修道士和传教士可以选择保持贞洁,从而并不违背自然法。)人类也应该知道他们应该关心同为人类的同伴们。但如果一个心智不全的人没有足够充分的自我认识,以致无法具备这些道德常识,启示还为人们提供了"十诫"。托马斯的道德哲学是他"自然神学"的又一个范例,在此,哲学和圣经启示引向同一个结论。

在他去世的两年前,托马斯似乎体验到了某种迷狂的意识(对"至福直观"的预见?),这使他停止了写作。他说在这种体验面前,他所有的话语都只不过如稻草一般。

圣托马斯·阿奎那的著作代表了经院哲学的顶峰。经院哲学由托马斯·阿奎那以及其他13世纪的哲学家如约翰·邓斯·司各脱(1265—1308年)阐述出来,并成为中世纪高尚心灵最出色的表述;但与此同时,贬斥经院哲学的思潮也发展起来,这预示着一个新的、更加世俗化的世界的诞生,正如之前经院哲学所做的那样。这些思潮是个体性的呼唤,他们有意无意地以多种方式将神学从哲学中分离出去,并以此为文艺复兴时期的"新科学"铺平了道路。诸如罗吉尔·培根(1212—1292年)的思想,他对思辨形而上学的鄙夷和对自然世界的好奇影响了其他行走在新道路上的哲学家——例如约翰·布里丹(约1300—1358年)、奥利斯梅的尼古拉斯(1320—1382年),以及奥特雷库尔的尼古拉斯(约1300—?)。

奥卡姆的威廉

中世纪晚期最有影响的反经院哲学的哲学家是奥卡姆的威廉(1280—1349

年）。因其在关于共相问题的争论中所持的唯名论立场，本书已经提到过他。威廉的名字源于其出生地，英格兰南部萨里郡的奥卡姆镇。加入圣方济各修会后，他在牛津大学学习神学，在这里他证明自己是一位出色的逻辑学家。他的哲学（如果不是其神学的话）是赤裸裸的经验主义。奥卡姆认为，所有知识，除了启示的知识，一定都直接来源于对具体事物和事件的感觉观察。因此，严格说来不存在所谓的形而上学（超越于物理事物的知识）。从奥卡姆所构建的狭窄认识论基础来看，托马斯·阿奎那的形而上学推理是不成立的。知识的寻求需要遵循简单性这个方法论原则，按照这个原则，"如无必要，勿多假设"。这个原则被称为"奥卡姆剃刀"（或按照威廉名字的拉丁拼法作Occam's razor），它后来被所有的经验主义者奉为指导原则。实际上，这个原则已成为科学方法本身的一个部分。它的现代形式常常被表述为"如无必要，勿增实体"，意思是当一个现象可以由含有较少要素的理论来解释，并且它与含有较多要素的理论具有同样的解释效力时，那么简单的理论比复杂的理论更应该得到采纳。（对比这样两个理论：你的手表是由一组电池组供电的；或者，你的手表是由一群看不见的精灵供电的）。奥卡姆的简单性原则引起了一些教会的愤怒。有人怀疑他的"剃刀"会被用于把"神圣的三位一体"削减为一个神，甚至会把其中的上帝也给剃掉。但奥卡姆的目的几乎完全不是为了攻击宗教。他感兴趣的是把那些共相和本质从形而上学理论中剔除出去，而实际上，是把形而上学本身从可能知识的领域中剔除出去。

奥卡姆剃刀还取消了亚里士多德的形式因和目的因，它们是13世纪经院哲学家们广泛使用的概念。奥卡姆把因果律还原缩减为亚里士多德所称的动力因，由此引入了对因果关系的机械论式的理解，这种理解后来成为17世纪至19世纪的现代科学的特征。奥卡姆严格的经验主义体系也不容许传统的对上帝存在的证明，无论是安瑟

挥舞剃刀的奥卡姆

尔谟还是托马斯的证明，它们都依赖于完满程度的等级体系的观念，或者依赖于动力因的无限序列的不可能性。奥卡姆认为，这些观念是不合逻辑的形而上学观念，不能由经验观察来加以证实。

威廉的唯名论认为，只有个别事物和事件才是实在的，而共相则是语言的特征，不是世界的特征。例如，我们可以把"蔬菜"作为一个共相概念来使用，但这种共相实际上只存在于我们所使用的语言范畴中，而不是存在于我们称之为蔬菜的各个有机体存在者中。威廉认为创造语言中的共相范畴是可能的，因为世界上的诸实在的个别事物之间存在实际的相似性（各个萝卜不但彼此相似，而且与甜菜和菠菜也相似），所以他的唯名论不像后来的一些哲学家那么激进，他们认为甚至"相似性"这个概念也是任意的，是人们强加在彼此根本不同的事物上的约定俗成的虚构物。

按照奥卡姆的观点，存在于实在事物和事件中的相似性或相异性为关于自然事物的科学提供了可能，包括对各种因果法则进行分类，但因果关系不可能是一个绝对者。世界上的万事万物之间没有必然的联系。我们不能在世界上发现必然性不是因为我们的感觉器官有问题（就像18世纪大卫·休谟的极端经验主义所认为的那样），而是因为神学上的因素。如果上帝是全能的但又是不可理解的，正如奥卡姆认为基督徒必定会相信的那样，那么自然界所发生的所有事件都应该是极端偶然的，因为神圣的全能者可以干预任何事件序列，甚至是那些我们人类认为是最具必然性的事件。事实上，按照奥卡姆的说法，有历史性的和启示性的证据表明这样的干预确实发生过，它们就是《圣经》中所讲述的那些奇迹。

在处理奥卡姆的威廉的思想时，我们必须不断提醒自己注意，在他自己看来，他的激进的哲学并没有破坏神学；相反，他通过阻止形而上学思想有权要求对上帝的能力施加限制而使神学得到了加强。按照威廉的说法，除了不矛盾律，上帝的无限自由、妙不可测的神恩和完满的全能不受任何人类原理的限制。实际上，这些神圣的力量甚至可以颠覆经验主义哲学的原理，因为上帝能够在其臣民心中任意制造幻象，这些幻象并非由世界上的真实事件所产生，但看起来却好像是由真实事件所引起的。对这种观点的证明可以在这样一些异象中找到，上帝使一些《圣经》中的先知拥有关于未来的一些异象，使得未来好像就跟他们同时存在一样。启示神学也给出一些悖论，这些悖论不能从逻辑上或哲学上加以解决，比如神圣预知和人类自由的相容性。威廉把奥古斯丁对于命定问题的解答当作一种诡

圣约翰所见的世界末日

辩而加以拒斥，但他也未能提供一个他自己的解决方法。

不足为奇的是，威廉那个时代的一些宗教人物视其观点为异端邪说。他在牛津大学的神学硕士学位遭到该大学校长的阻截，该校长向教皇指陈了允许威廉思想传播所具有的危险性。奥卡姆被召到位于阿维尼翁的教皇宫邸接受审查。（从1309年到1377年，天主教历史的这一时期被后来的一些神学家们称为罗马教廷的"巴比伦之囚",[①] 因为法国的红衣主教们已经成功操纵了意大利人，并迫使教廷从罗马的梵蒂冈迁往法国南部的阿维尼翁。）威廉在阿维尼翁待了四年，

[①] 术语"巴比伦之囚"类指犹太人在公元前579年至前338年期间被巴比伦人囚禁。发生在阿维尼翁教区的诸多纷争的部分故事在埃科（Umberto Eco）最畅销的小说《玫瑰的名字》中得到了精彩的戏剧化描述，这部小说的主人公巴斯克维尔的威廉是奥卡姆的威廉和夏洛克·福尔摩斯的结合体。

第四章　中世纪和文艺复兴时期哲学　129

没有得到任何司法裁决。

在阿维尼翁,奥卡姆陷入了一场在教士之间展开的关于神贫的作用问题的争论,因为他支持圣方济各修会关于神贫的教义,这个教义与罗马教皇的立场相对立。当威廉了解到教皇将因为他对使徒式神贫的辩护而对其加以定罪时,他逃到了巴伐利亚,寻求当地的反教皇的路德维希皇帝的庇护。教皇约翰十二世在威廉不在场的情况下开除了他的教籍。威廉很有可能于1349年在巴伐利亚死于黑死病,这场瘟疫当时蹂躏了整个欧洲。它夺取了欧洲许多伟大的思想家的生命,加速了文明的衰退,这种衰退一直延续到接下来的整个世纪。

文艺复兴时期的哲学家

大约从1450年到1600年的这一历史时期标志着中世纪向现代世界的过渡。它被称为文艺复兴,意为"重生",它不仅指古希腊和古罗马的艺术、思想、风格和形式的复苏,而且指人们新生的对更加世俗化的生活的巨大热情,就像他们想象的古希腊和古罗马人所生活过的那样。克里斯托弗·哥伦布、费迪南德·麦哲伦以及埃尔南·科尔特斯这些航海家和征服者们对"新世界"的探索和开发,与通往亚洲的商路的打通,产生了新的经济、新的富人阶级和对教会统治的教会大学和修道院之外的教育的需求。这种新生文化肇端于意大利,在此拥有最深厚的根基。正是在意大利,文学和艺术得以从15世纪晚期的市民们所认为的中世纪的虚假约束中解放出来。极具创意和天赋的艺术家如雨后春笋般涌现出来,其中包括画家(如弗拉·安吉利科、拉斐尔、米开朗琪罗和列奥纳多·达·芬奇)、雕塑家(多纳泰罗和韦罗基奥)以及建筑师(乔托和布鲁内莱斯基)。在政治方面,教廷权力的糜烂为雄心勃勃的君主们(如西班牙的查理一世、法国的弗朗西斯一世和英格兰的亨利四世)以及富有影响的宗教改革家们(如马丁·路德、约翰·加尔文、约翰·诺克斯和乔纳森·威克里夫)打开了通道。由于印刷机和排版技术的发明,这一时期艺术家和作家们的作品以及译成当地语言的《圣经》译本,首次得以为广大群众所接触。

为了更贴近本书的特定旨趣,我们应把注意力放在文艺复兴的末期,我们现在将其视为这样一个时期,亦即现代科学的一些领域开始摆脱哲学和神学对它们的束缚而实现了独立,一代科学英雄出现了,例如波兰天文学家尼古拉斯·哥白尼（1473—1543年），他阐明了关于行星运行的现代形式的日心说；丹麦的第谷·布拉赫（1546—1601年），他收集了一些天文数据，这些数据后来被德国的约翰内斯·开普勒（1571—1630年）系统阐述为行星运行规律；意大利物理学家、数学家和天文学家伽利略（1564—1642年），他奠定了当代科学的基础；英国内科医生威廉·哈维（1578—1657年），他发现了血液循环。

总的来说，文艺复兴时期的哲学家不像同时代的艺术家、科学家、政治家和探险家那样至今仍广为人知。但在文艺复兴时期，有两个互有联系的哲学进展应该说一说：人文主义的出现，以及重新阐述的新柏拉图主义和经过修正的亚里士多德主义之间的争论。

"人文主义者"一词在文艺复兴时期被用来指称这样一些学者，其兴趣在于研究人性。这些哲学家热衷于人类事务：政治、制度、艺术、道德以及人的自由与尊严。一般而言，他们更关注道德哲学而非形而上学。他们从教会的专家手中夺回哲学并将之变为对世俗之人的研究。为此目的，他们极力提倡把古希腊罗马经典翻译成各种现代欧洲语言，并尝试用同样的本国语言（人民的语言）来撰写他们自己的著作。尽管有几个重要的人文主义者都是教士，但他们也致力于使哲学从传统基督教权威的控制中解放出来。他们最终的力量是如此之大，甚至一些教皇也被称为人文主义者，其中最著名的是尼古拉五世（1447至1455年间的教皇）。

诗人彼特拉克（1304—1374年）通常被认为是意大利人文主义的奠基人。他被罗马诗人和演讲家如西塞罗和塞涅卡的修辞技巧和美学特质所鼓舞，不仅在内容上而且在风格上反对经院哲学家的著作，他认为这些著作"野蛮粗俗、冗长迂腐、枯燥乏味而且不可理解"。"对于经院哲学家们的空话连篇以及沉迷于为争论而争论，他除了鄙视没有别的。"[1] 他攻击经院哲学对亚里士多德的迷恋，并把柏拉图吹捧为比亚里士多德更优秀的哲学家。

重要的文艺复兴时期的人文主义者有荷兰的伊拉斯谟（1466—1536年），他的《愚人颂》巧妙地讽刺了经院哲学过分的高谈阔论，呼吁回到更简单、更令

---

[1] Jill Fraye，《意大利文艺复兴时期的哲学》（"The Philosophy of the Italian Renaissance," in *The Routledge History of Philosophy*, vol. 4, *The Renaissance and Seventeenth-Century Rationalism*, ed. G. H. R. Parkinson, Londonand New York: Routledge, 1993），第17页。

文艺复兴摔跤锦标赛：柏拉图对亚里士多德

人快乐的基督教；英国的托马斯·莫尔（1478—1535年），他的《乌托邦》把柏拉图、伊壁鸠鲁和基督教的理论结合起来，描绘了一种理想的人类生活。意大利的乔瓦尼·皮科·德拉·米兰多拉（1463—1494年），他的《论人的尊严》赞美了人类自由和自我创造的能力；法国的米歇尔·德·蒙田（1533—1592年），他的极具影响力的《随笔集》以机智的方式阐述了他的怀疑主义哲学。甚至尼科洛·马基雅维利（1469—1527年）也曾被称为人文主义者，尽管事实上他的《君主论》一书并没有对"愚人的赞美"，有的是对操控政治权力的赞美。

文艺复兴早期的一个重大哲学争论是关于这个问题的：古代作家柏拉图和亚里士多德，谁具有更高的权威。对于文艺复兴时期的哲学家来说，更真实地预见到基督教真理的是柏拉图还是亚里士多德呢？谁提供了可以为基督教教义提供哲学辩护的更好的体系呢？

因此，我们看到，尽管文艺复兴运动反对中世纪经院哲学，在这一时期还是有一种强烈的亚里士多德传统贯穿其间，但这是一种以新的形式出现的亚里士多德，因为人文主义者是出于自身需要而宣扬他的。如果经院哲学家们对真实的亚里士多德产生了曲解，那么他一定要在新的时代里恢复其本来面目。意大利的各个大学把哲学当成医学的预科来教授，在这些教学内容中亚里士多德自然哲学所起的作用与其曾在牛津大学和巴黎大学的作用截然不同。但是仍有许多以经验主义为依归的哲学家们认为亚里士多德哲学（特别是其人本主义化的新外表）比柏拉图主义更适于为基督教教义提供辩护。可是，正如一位文艺复兴时期的学者所指出的那样："即使最先进的亚里士多德主义者都没有从经验主义发展到实验主义。他们仍然满足于被动地观察自然来确认固有的教条，而不是尝试去设计积极介入或证实的方法。"

文艺复兴时期的新柏拉图主义，尤其是由马西里奥·斐奇诺创建的佛罗伦萨学院的新柏拉图主义，与其早期形式并不完全相同。它变得更加人文主义化了，但也更加完全基督教化了。早期的教父们推测柏拉图曾在游历埃及期间学过《希伯来圣经》。这种联系解释了柏拉图化的基督徒们所认为的柏拉图哲学和基督教之间惊人的相似性，而在他们看来这种相似性是《圣经》中预言的应验。斐奇诺将柏拉图的全部36篇对话以及普罗提诺的《九章集》翻译成了拉丁语。而且他还翻译了被归在一位埃及教父赫尔墨斯·特利斯墨吉斯特名下的一部

手稿，据称这部手稿表明了摩西式的智慧是如何被传给柏拉图的。这份文稿后来被发现是基督教早期的伪作，但在文艺复兴时期，它大大增加了柏拉图在宗教层面的可信度。

中世纪早期的新柏拉图主义基督徒们发现，不仅从字面意义上，而且寓言式地、秘传式地（发现各种层次的隐含意义）解释《圣经》文本都极有裨益。在文艺复兴时期，由斐奇诺、斐奇诺的老师红衣主教贝萨里昂（1403—1472年）以及德意志的库萨的尼古拉（1401—1464年）所信奉的柏拉图主义将同样的技巧运用于柏拉图本人的著作。这种解读使他们不仅从柏拉图的著作中找出了隐藏着的对《圣经》真理的暗指，而且通过解释，消除了柏拉图哲学的某些棘手部分，比如他对同性恋的明显赞同，他的共产主义，他的灵魂转世学说（根据这种学说，灵魂在肉体诞生之前就已经在灵魂的天堂中存在，在出生时进入肉体）。尽管新柏拉图主义有着神秘主义倾向，但在其文艺复兴的变体中，将可见世界中的每一个个别事物看成实在整体的微观摹本，从而避免了柏拉图的明显的超世俗色彩。于是，人们不仅不会把物质世界视为恶心的、丑陋的和罪恶的，而且可以欣赏物质世界的美景，甚至使之变得超凡脱俗。人文主义对新柏拉图主义的影响甚至允许颂扬快乐和感官享受。或许可以说新柏拉图主义的这一特征在文艺复兴的艺术中得到了最好的体现，它使艺术成为似是而非的柏拉图式

的东西，尽管柏拉图本人对艺术尤其是艺术的感性方面表示怀疑。

乔尔丹诺·布鲁诺（我们可以称之为文艺复兴最后的伟人），因为拒绝用宗教权威所信奉的正统观点来看待哲学问题，竟然被宗教裁判所于1600年2月17日烧死在柱子上。在对他的审判中，他说道，他只"按照自然之光，而不依照任何由信仰所规定的原理"来追求他的思想。① 他的罪状之一是信奉关于行星运动的哥白尼式的日心说理论。

本章主要哲学思想

Ⅰ．概述：由宗教旨趣所支配的一千年的中世纪哲学。

希波的圣奥古斯丁

Ⅰ．基督教开始订立官方正统；奥古斯丁和很多异端作斗争：摩尼教、多纳图派、普里希里安教派、阿里安教派、伯拉纠教派。

Ⅱ．奥古斯丁尝试解决基督教神学中的哲学问题。

Ⅲ．命定问题：上帝的全能是否意味着命定？如果个体的未来是命定的，怎么能指责个体所犯的罪行？

Ⅳ．解决方法：

　ⅰ．上帝不在时间中，所以说上帝知道未来这样一种说法是不准确的。

　ⅱ．上帝的知识并不引发罪行。

　ⅲ．上帝只惩罚出于自由意志的罪行：如果一个人能够犯罪，想要犯罪并且确实犯罪了，那个罪行就是一个自由行为。

百科全书学者

Ⅰ．以哲学为依归的抄写员团体，这些人保存了古希腊罗马的文稿，使之免遭野蛮人的入侵暴行。

---

① 转引自Fraye，第49页。

约翰·司各特·埃里金纳

Ⅰ. 四个世纪里的第一位形而上学体系缔造者。

Ⅱ. 《论自然的区分》：深受新柏拉图主义影响的基督教形而上学。

Ⅲ. 自然的区分：

　ⅰ. 第一个区分方法："存在物"（柏拉图式的理念）和"非存在物"（所有其余的事物，包括上帝）。

　ⅱ. "肯定法"和"否定法"，字面意义和隐喻意义之间的辩证法，决定了我们能够如何谈论上帝。

　ⅲ. 第二个区分方法：（1）上帝；（2）柏拉图式的理念；（3）物质世界；（4）上帝。

Ⅳ. 上帝作为开端和终结：创世者和创世的目的。

坎特伯雷的圣安瑟尔谟

Ⅰ. 上帝存在的本体论证明。

Ⅱ. 如果在心中默想"上帝并不存在"的愚人能够设想上帝，那么上帝一定存在。

　1. "存在是一种完满性。"

　2. 如果上帝缺乏存在，那么他是不完满的。

　3. 但根据定义，上帝是全然完满的。

　4. 因此，（根据定义）上帝存在。

Ⅲ. 本体论证明的柏拉图主义色彩：

　ⅰ. 这个论证是纯粹先天的（纯粹依据逻辑，而不是观察）。

　ⅱ. 预设了"最完满的"等同于"最实在的"（正如在线段比喻中那样）。

伊斯兰教和犹太教哲学

Ⅰ. 711年至1492年，穆斯林占领西班牙。

Ⅱ. 大型图书馆和学术中心吸引了伊斯兰教、犹太教和基督教学者们，他们为欧洲复原并保存了被中世纪的欧洲所摧毁的古希腊和罗马的哲学、医学以及科学手稿。

阿威罗伊

Ⅰ. 最有影响的伊斯兰教哲学家：重新揭示亚里士多德著作文意的注疏家。

Ⅱ. "双重真理学说"的源头：宗教真理不一定要和科学真理相符。

迈蒙尼德

Ⅰ. 最有影响的犹太教哲学家：也是一位重要的亚里士多德注疏家。

　　ⅰ. 力图证明亚里士多德哲学和犹太教神学之间的相容性——《迷途指津》。

　　ⅱ. 和基督教哲学家一道，伊斯兰教和犹太教哲学家们陷入了对信仰和理性的争论，极端者如圣安瑟尔谟（无需信仰，只需理性）、圣·托马斯（理性通常支持信仰），以及德尔图良（无需理性，只需信仰）。

共相问题

Ⅰ. 受宗教旨趣的驱使，中世纪世界对语言问题万分着迷：语词的所指是什么？在句子"这条狗是棕色的"或"一条鲸鱼被拖上了岸"中，这些语词是指称（A）共相事物，（B）个别事物，（C）还是无？①

Ⅱ. 柏拉图会选择（A）：语词表示共相理念——它们是最实在的事物。

Ⅲ. 常识会选择（B）：语词表示个别事物——它们是最实在的事物。

Ⅳ. 智者会选择（C）：语词只不过是刺激我们的噪音。

中世纪的解决方法

Ⅰ. 极端实在论：（A）的极端形式（例如安瑟尔谟）。

Ⅱ. 温和实在论：本质（共相）存在于事物中，而不在事物之上，并且可以由心灵从事物中抽象出来。语言很好地执行了这种抽象（例如托马斯·阿奎那）。

Ⅲ. 概念主义：跟温和实在论一样，但认为语言只是勉强体现了抽象（比如阿伯拉尔）。

Ⅳ. 在历史上，托马斯的温和实在论是影响最大的。

---

① 此处原文A为个别事物而B为共相事物，但根据下面两句话即柏拉图和常识的选择那两项来看，A、B两项内容显然应该按此处译文，故作此更改。——译者注

圣托马斯·阿奎那

Ⅰ. 阿威罗伊把全"新"的亚里士多德哲学和伊斯兰教神学调和起来；迈蒙尼德将之和犹太教神学相调和；托马斯则要将之和基督教神学调和起来。

Ⅱ. 托马斯对"自然神学"备感兴趣，此处是哲学和神学的重合之处。

Ⅲ. 托马斯从亚里士多德处借用视"实体"为具有现实和潜能的存在者的实体学说。

Ⅳ. 托马斯从柏拉图处借用了存在的等级体系，并将每一"存在活动"置于等级体系的较高层（上帝、天使、人类）或较低层（狗、树、昆虫）。

Ⅴ. 事物在梯级上位置越高，则拥有更多的"存在"（esse）：它具有越多的存在，就越有活力。

Ⅵ. 托马斯将可观察的原因和结果追溯到一个"第一因"——上帝。

Ⅶ. 如果没有第一因，则根本不会有任何结果。

Ⅷ. 因此，上帝的存在可以从可观察的原因和结果中推导出来。

Ⅸ. 托马斯的伦理学：

　　ⅰ. 托马斯从亚里士多德那里借用了视行动为手段和目的之体系的目的论式的行动理论（一个行为的意义在于其目的）。

　　ⅱ. 如果没有终极目的（永恒幸福），那么就没有有意义的行为。

中世纪哲学的最后阶段（"反经院哲学"）

Ⅰ. 后体系性哲学；反对托马斯主义和其他形而上学体系。

奥卡姆的威廉

Ⅰ. 唯名论、经验主义、奥卡姆的剃刀、怀疑论。

Ⅱ. 唯名论：共相仅仅是抽象；只有个别事物[①]是实在的；语词指称个别事物，而不是"本质"。

Ⅲ. 经验主义：（除了启示知识——圣经的、天使的或上帝的知识之外）所有知识来源于诸感觉官能。

[①] 此处原文为 universals，按唯名论的观点，实在的应该是个别事物，因此疑为作者笔误或印刷错误。——译者注

Ⅳ."奥卡姆的剃刀":追求解释上的简单性(能够解释现象的所有方面的最简单理论是对现象的正确解释)。

Ⅴ.怀疑论:我们拥有的基本上是信念,而不是知识。

文艺复兴哲学

Ⅰ.人文主义:摆脱教士权威的束缚,研究人的世界,强调人的尊严和自由。

Ⅱ.关于柏拉图或亚里士多德谁应该主导哲学研究的争论的复兴,但此时是新的人文主义化的亚里士多德和更加世俗性的新柏拉图主义。

Ⅲ.新柏拉图主义彻底基督教化了,但现在柏拉图主义更加世俗化、更加感官化和人文主义化,基督教则更加隐喻化和象征化。

思考题

1. 按照本章所说,犹太教、基督教和伊斯兰教这三大西方宗教之间的关系是什么?

2. 写一篇短文,阐述你自己对这一章所谓的"上帝的预知"这一问题的看法。如果你赞同奥古斯丁的解决方法,请为他作出辩护。如果你不赞同奥古斯丁,请对之作出批评。

3. 解释经院哲学家约翰·司各特·埃里金纳如何能断言上帝属于"不存在的事物"范畴。

4. 解释为什么一个自相矛盾的陈述的反面(即这一陈述的否定)必然为真。然后解释为什么圣安瑟尔谟断言"上帝不存在"这一陈述是自相矛盾的。

5. 描述你认为在阿威罗伊、迈蒙尼德和托马斯·阿奎那之间存在的相似之处。

6. 解释什么是"共相问题"。为详细阐述你的解释,请从以下角度分析"狗"这个概念:(a)极端实在论者、(b)温和实在论者以及(c)唯名论者。(先在词典中查一下"狗"和"犬"这两个词。)

7. 比较和对照圣安瑟尔谟的本体论证明和圣托马斯的宇宙论证明。

8. 如果奥卡姆的威廉的哲学为真,解释它会以哪些方式动摇托马斯·阿奎那的哲学。

9. 从图书馆中找出一本意大利文艺复兴时期绘画的复制品。从中选几张出来,先以柏拉图本人的观点对它们逐一作出分析(参考第二章),然后从文艺复兴时期新柏拉图主义哲学家的角度进行分析。

第五章
大陆理性主义和英国经验主义

（公元17世纪至18世纪）

笛卡尔

尽管文艺复兴时期有许多重要的哲学家，现代时期第一个真正重要的哲学体系却是法国人勒内·笛卡尔（1596—1650年）的哲学体系。笛卡尔可能相貌平平，但却非常聪慧。

笛卡尔得以跻身思想巨人的圣殿，首先凭借的是他对解析几何的发现，他由此实现了毕达哥拉斯证明平面几何与理论代数之间关系的梦想。

在数学上作出贡献之后，笛卡尔在1633年本打算出版他的物理学手稿，但当他得知十七年前伽利略就是因为教授与他极为相近的有关物质世界的观点而遭到宗教裁判所逮捕时，他就跑到（而不是走到）他的出版商那儿将手稿取了回来。

伽利略的罪行在于他用自己新发明的望远镜发现了木星周围有四颗卫星。

为什么人们会在乎这个呢？为什么宗教裁判所的教士们这么在乎呢？

因为文艺复兴时期的思想从中世纪继承了这样的观点，即伊甸园位于宇宙的脐部，上帝创造的宇宙的其余部分是

勒内·笛卡尔

同心环，中心是上演人类戏剧的舞台。

当然，一直流传着太阳而非地球才是星系中心这样的"谣言"。但是月亮围绕地球旋转这个不容置疑的事实却是对这个观点的科学反证。如果太阳是万物的中心，那么为什么月亮不围绕太阳而围绕地球旋转呢？

所以，如果说伽利略证明了有四颗卫星围绕着木星旋转，那么他就把地心说的最后一根支柱给抽离了。正如弗洛伊德后来所说，这一发现是对人类自视甚高的观念三次打击中的第一次打击。（其他两次打击是：达尔文揭示我们只不过是动物而已；弗洛伊德则发

现我们是有病的动物。)

宗教裁判所的教士们可受不了伽利略所说的东西,于是伽利略被逮捕并判处终身监禁。他被关在家中,不准离开,五年之后死于家中。1642年,他将对日心说理论的一种新的辩护方法偷运出去并在荷兰出版。

笛卡尔是个虔诚的天主教徒,但他认为像他的一些天主教徒同伴们(包括一些有权势的人)所想象和遵从的那种宗教充满了矛盾和迷信。他证明了他认为的教会对待新兴科学的反动立场是错误的,包括对伽利略的天文学著作。他还认为对人类的正确理解应该既包括精神上的价值观,也包括进行严密的科学研究的能力。他正确地认识到,如果宗教试图遏制科学大潮,那么宗教将会被冲走。但是笛卡尔可不想非待在监狱里证明不可。

阻止潮汐

所以,他决定通过把他的物理学思想偷偷写进一部名为《沉思集》的哲学著作中,来把这些思想逐步展现给不明真相的宗教当权派。笛卡尔以奴颜婢膝和自轻自贱的方式把这本书献给了"巴黎神学院的最睿智和最杰出的圣师们"。

与此同时,他在给朋友的信中写道:"书中的六个沉思包含了我思考物理学

的全部基本思想。但请不要声张。"①笛卡尔希望神学家们在意识到他们自身的观点遭到驳斥之前,对他的论证深信不疑。

为了找到一个绝对确定的牢固基础,以便在此之上构建他的客观知识体系,笛卡尔选择了"彻底怀疑"的方法。他的格言是"怀疑一切"。笛卡尔会将一切可能被怀疑的东西通过怀疑加以排除,不管怀疑的根据有多么不禁推敲,直到他找到一种在逻辑上不容置疑的命题为止。如果存在这样的命题,那么它就是一切知识的绝

---

① 勒内·笛卡尔,《笛卡尔基本著作》(*Essential Works of Descartes*, Lowell Blair 译, New York: Bantam Books, 1996),第 X 页。

对确定的基础。他写道:

> 如果我想要在科学中建立任何牢固而永久的结构,我必须一劳永逸地尽力摆脱先前接受的所有看法,以便重建基础部分。①

这个激进的计划要求他拆毁旧的"知识大厦",将其打得千疮百孔,好像它只有腐烂的房梁和脆弱的木板来支撑似的,并从地基开始重新建造。笛卡尔认识到,如果一步一步来做的话,这个计划可以永远进行下去。在他尝试"摆脱所有先前的看法"时,他对每一种似乎是无限多的意见都加以挑战。就像一个白蚁检查员的工作前提是,如果主要的底部承重梁腐烂的话,那么整个建筑就处于危险之中,笛卡尔径直详细检查了支撑大部分知识内容的那个结构,即由五种官能提供的关于外在世界的信息。他写道:"目前为止,所有我作为真实而确定的东西加以接受的,要么从感官而来,要么通过感官而获得。"令人惊讶的是,他的彻底怀疑法一下子阐明了主要的信息之源。他声称诸种官能是

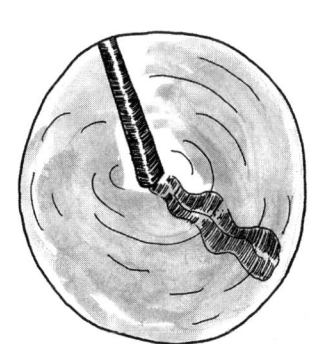 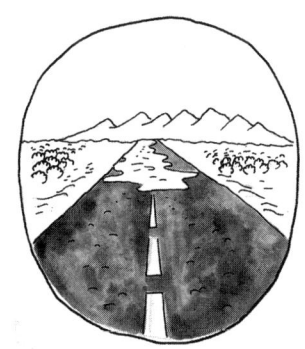 

---

① 勒内·笛卡尔,《第一哲学沉思集》,载于《笛卡尔主要著作》(*The Essential Descartes*),玛格丽特·D. 威尔森(Margaret D. Wilson)编,伊丽莎白·S. 哈尔登和G.T.R.罗斯译(New York: Mentor, The New American Library, 1969),第165页。接下来对这本书的引用信息见文中括号里面。

第五章 大陆理性主义和英国经验主义 145

已为人知的骗子，而相信一个已为人知的骗子是不明智的。

笛卡尔的意思很明显。我们都知道各种视觉上的幻觉（池塘里"弯曲的桨"，路上的"水潭"，"交汇在地平线上的"铁轨）以及其他官能上的幻觉。所以，彻底怀疑法瞬间就让笛卡尔丧失了所有感觉信息。

但笛卡尔立即感到他走得太远了。他写道：

我怎么能否认这是我的双手和身体呢？除非我把自己与那些丧失官能的人相提并论，这些人的大脑让胆汁的黑气扰乱和遮蔽得那么厉害，以致他们尽管很穷却经常以为自己是国王……或幻想自己有一颗陶制的脑袋，或者幻想自己只是南瓜，或者幻想自己是玻璃做的，但他们是一些疯子，如果我以这些夸张的例子为榜样，那我一点也不比他们更少荒唐。（第166页）

如果你能穿透此处精彩的巴洛克式语言，你将明白笛卡尔说的是，任何一个盯着自己的双手而怀疑是否是自己的双手的人不是一个哲学家，而是一个疯子。就其劝告我们永远不要相信感官而言，彻底怀疑瞬间成为一种精神错乱。

笛卡尔意识到避免让他的方法将我们从"知识大厦"引开，并将我们引入疯狂大厦的唯一方法，也许是承认诸如"这是我的手"之类的简单常识判断是知识的合法基础。但记住，笛卡尔所玩的哲学游戏（"彻底的"或"方法论的"怀疑）所要求的是，最微弱的怀疑根据也要被认为可以取消任何对确定性的主张。

所以，当他凝视其双手的时候，笛卡尔继续检查他关于双手的思想，看看能否在其思想中找到欠缺之处，他发现一个重要的后来被称为"睡梦问题"的薄弱环节。笛卡尔写道：

> 我有睡觉和在梦里出现跟疯子们醒着的时候所做的一模一样、有时甚至更加荒唐的事情的习惯。有多少次我夜里梦见我在这个地方，穿着衣服坐在炉火旁边，而实际上我正一丝不挂地躺在床上！（第166—167页）

他由此"惊奇地"发现：没有任何实验可以绝对确定地证明在已知的任何一分钟里他不是在做梦。（你尽可以想出任何实验，但你也可能都是在做梦，所以想出的实验根本就不是实验。）

因此，与彻底怀疑相一致，笛卡尔假定他永远都可能是正在做梦。这个假定完全破除了感官能给我们提供确定知识的可能性。（想象一个人说"这是一张桌子"，但接着不得不加上一句来修饰这一论断，"然而，我可能正在做梦，所以可能这里并没有桌子"。）

那么，数学呢？或许它是绝对确定性的最后一个候选者。笛卡尔说道："不管我们醒着还是睡着，二加三总是等于五，而正方形也不会有四条以上的边。这样清楚明白的真理似乎不可能怀疑它有误或不确定。"（第168页）但彻底怀疑要求笛卡尔去怀疑那些甚至是最简单的算术命题——如果有任何理由需要这样做的话。那么，如果宇宙的造物主不是天主教仁慈的上帝，像笛卡尔小时候所知的那样，而是一个恶毒的天才，一个邪恶精灵，这个邪恶精灵的唯一目的就是去欺骗，那么即使最简单的数学判断不也会是错误的吗？（再一次，想象一位数学老师在课堂上说："二加三等于五……除非有一个恶毒的天才，在这种情况下可能二加三不等于五。"）笛卡尔能确定地知道这样一个恶灵不存在吗？

不，他不能！笛卡尔的心灵被一个邪恶的力量从外部加以操控，这在逻辑上是可能的。所以按照他的彻底怀疑规则，他假定整个世界只不过是邪恶天才的恶劣虚构。

那么，对笛卡尔来说还有什么思想会是确定的呢？即便他的诸感官都在欺骗他，即便他正在做梦，即便有一个全能的精灵正用尽其力来欺骗他？有什么即便对一个疯子来说也正确而确定的真理吗？是的，有一个并且只有一个这样的真理："我思，故我在。"[①]即便他的诸感官都在欺骗他，即便他正在做梦，即

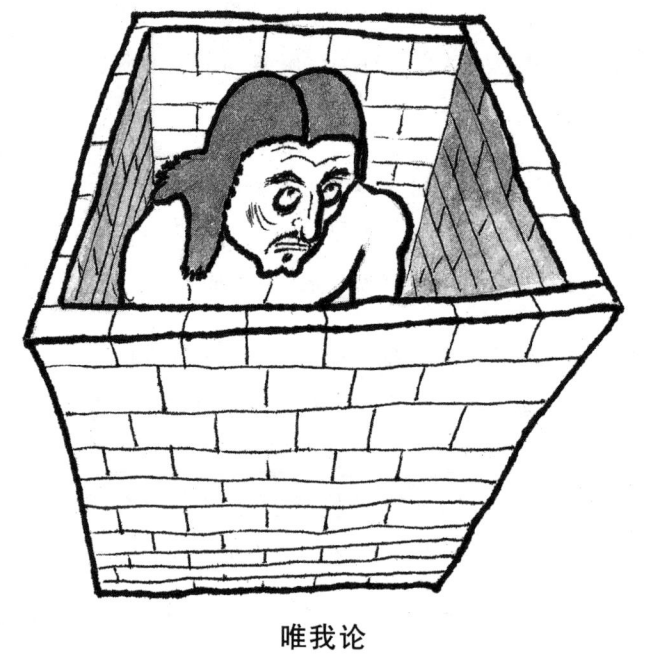

唯我论

便他是疯子,即便一个邪恶天才在欺骗他,这个命题也是真的,只要他说出这个命题或将之保持在意识中。它,也只有它,在任何情况下都不可能被怀疑。

在自我中发现了确定性,并证实其自我与其意识是等同的(因为有可能怀疑你是否拥有一个身体,但不可能怀疑你有一个心灵;因此,你的自我和你的心灵必定是一样的)。在此之后,笛卡尔现在有了一个基础,可以在此之上建立他的新"知识大厦":自我的确定性,或意识的确定性,或他在其较为笃信宗教的时候所称的,灵魂的确定性。但他可以在那个基础上建立什么东西呢?笛卡尔现在必须寻找一种方式来避免唯我论(solipsism),也就是说,避免他的主观性的局限,并证实外部世界的存在。为做到这一点,他向内审视并悉心检审自身心灵的内容——因为,在现在这个时候,在彻底怀疑规则的严格约束下工作("任何可怀疑的东西都必须加以怀疑"),其心灵的内容是所有他不得不处理的东西。在绝对确定的自我的知识之外,笛卡尔还发现了今天的哲学家们称为感觉材料(sense data)的东西,即知觉的直接感觉:颜色、声音、气味、味道和触觉质感(硬、软、冷、热等等)。这些感觉材料也是确定的,只要我们单纯描述它们,而不在其与外部世界之间建立因果联系。"我现在正在经验红、白和蓝",这是确定的,但"那儿有一面法国(或美国、英国、荷兰)国旗",这不是确定的。(我可能正在做梦;可能有一个邪恶天才在欺骗我。)至少,心中感觉材料的存在以及它们可能是由

---

① 正如笛卡尔在《沉思集》中表达的,他对这个观念的表述是简单的:"我在,我存在"(第35页)。我用了"我思,故我在",这是《谈谈方法》里的表述,因为这个表述比前面那个更为人所知。的确,这也许是西方哲学史上最著名的一句话了。参看《谈谈方法》,载于《笛卡尔主要著作》,第127页。

意识之外的物质世界所引起的这种可能性给了笛卡尔前进的希望。而笛卡尔对意识内容的探索给他提供了一个与外部实在的牢固得多的纽带，尽管这一纽带和外部物质世界的关联是相当间接的。

笛卡尔发现除了感觉材料，心灵还包含四个天赋观念（柏拉图的影响），这些观念并不源于感觉材料。实际上，按照笛卡尔的观点，自我这个观念就是这类观念。其余的天赋观念包括：同一性观念，亦即"相同性"观念；实体观念，亦即"物性"观念；以及全然完满的存在者的观念（亦即上帝）。笛卡尔证明实体观念（物性）和同一性观念（相同性）是天赋的，他抓了一块蜡在手中，描述他与蜡相关联的所有感觉材料（甜味、花香、黄色、坚硬、冷的、管状、拍打时发出闷哑的声音），然后把蜡放到火上，接着每一种感觉材料都发生了变化（味道和气味变了，现在是白色、柔软、热的并且无声）。但是，不管它怎么变化，他知道它是我们称为蜡的事物（实体），并且它和之前一样是相同（同一性）的一块蜡。这一知识并不来源于外部世界，外部世界只能提供感觉材料；相反，这种知识笛卡尔称之为"心灵的直观（inspectio）"，这是他用来指称天赋观念的用语。正如我们所见，自我的观念不仅是天赋的而且是真实的，它就不可能是错误的。问题在于同一性观念和实体观念没有被证明为真，正因为其是天赋的。邪恶精灵可能为了欺骗我们而将它们放入我们的心灵，在这种情况下，我之前说的那种"知识"就可能是错误的知识。那么，上帝观念呢？笛卡尔怎么知道他的明显是天赋的上帝观念不是邪恶精灵放到他心灵之中的呢？笛卡尔必须证明上帝的存在，并且他只能运用他能够逻辑地从给予他的确定性推导出来的那些材料，这种确定性就是他直接的意识状态。（批评者指出笛卡尔忽视了这一事实，即逻辑推导过程恰恰是精灵可以歪曲的一种推理。如果它能歪曲数学，它也能歪曲逻辑。它们基本上是同一事物。）然而，笛卡尔确实（至少令他自己满意地）证明了上帝的存在。他为此提供了两种论证。下面是第一种：

上帝的存在不能从其本质中分离开，正如三角形三角之和等于两直角这种性质不能从三角形中分离开来，或山脉的观念不能从山谷的观念中分离开；因此，设想一个上帝（也就是说，一个至高无上地完满的存在者）竟然缺少存在（也就是说，缺少某种完满性），这和设想一座山而没有谷是同样令人无法接受的。（第204页）

这个论证显然是圣安瑟尔谟的本体论证明的一种形式，笛卡尔没有承认他是这种证明方式的创始人。（为对笛卡尔公平起见，我们可以说，正是笛卡尔的诉诸理性而不是诉诸权威使他成为一个现代思想家。）

下面分四步对第二个论证作一改述。（对其证明的这种精简压缩对笛卡尔来说可能是不公平的。详尽表述的论证可能更令人信服。但笛卡尔用了4页篇幅来展开这一论证！哲学路漫漫，生命何其短。）

（A）我有所怀疑这个事实证明了我是一个不完满的存在。（一个完满的存在应该知道每一事物，因此它不会有任何疑问。）

（B）除非我已理解了"完满"这个观点，否则我无法认识到我是不完满的。

（C）我的完满的观念只能通过完满的东西才能在我的心里产生。（没有什么东西比它自身的原因更加完满，并且在我的实际体验中没有什么东西完满到足以在我的心灵里产生完满的观念。）

（D）因此，一个完满的存在（上帝）是存在的。

请注意，怀疑是思维的一种形式——实际上，在他的方法之下，目前为止它是笛卡尔的主要的思维形式。因此，至此为止，笛卡尔的两种主要的哲学论证可以陈述如下：

1. 我怀疑，所以我存在。
2. 我怀疑，所以上帝存在。

还要注意的是，这两个证明都预设了柏拉图式的存在等级体系，在这个体系中，"最实在的"等同于"最完满的"，反之亦然。

笛卡尔的上帝存在证明如果成立，那么它清除了邪恶精灵。如果存在一个

邪恶精灵的终结（或者，它存在过吗？）

神秘的无所不在的欺骗者并且导致我犯错误，并且上帝没有给予我认识其存在的方法，那么我的错误必定会被归罪于上帝。但是一个完满的存在按照定义是不会犯错的。因此，上帝存在，而邪恶精灵不存在。

笛卡尔发现邪恶精灵在逻辑上是不可能的，因此他把数学重新纳入其体系中（对数学的唯一反驳是邪恶精灵假说）。笛卡尔没有把数学应用到通过感官获知的世界（感官从未完全纳入笛卡尔的体系中），而是应用到其有形实体的天赋观念上。这将其带入不是由颜色、声音、味道、气味和冷热构成的世界（对笛卡尔来说，这些性质只存在于心灵中，它们由物质实体所引起），而是以不同速度在空间中移动的有大小、形状、位置和三维的事物组成的世界。这些观念可以以数学的方式处理，而规定其性质和活动的那些数学法则是可以发现的，实际上（多么令人惊讶），这些就是伽利略所提出的那类数学法则，它们不久将由开普勒、牛顿和其他一批人提出。实在世界并非像通过感官所知道的那样，而是像通过数学、物理学所知道的那样。但是，在笛卡尔的体系中，如果笛卡尔

不把科学建立在自我的确定性(自我等同于灵魂)和上帝存在的基础之上,那么这些结论就都是不可能的。没有上帝,那么就只会有混乱和唯我论;有了上帝,才有科学。笛卡尔成功了!他表明人们可以同时拥有上帝和伽利略。

然而,笛卡尔也的确遗留下了某些问题。首先,他替换了关于自我与世界关系的常识性观点(哲学家称之为朴素实在论),而事实上代之以一种非常迂回曲折的关系;其次,他将全部可以知觉到的属性("红""蓝""甜""暖""动听")归之于人的心灵,而只留给外部世界数学上可衡量的量——一个由运动着的物质组成的无色无气无声无味的冷冰冰的世界。

此外,笛卡尔的世界图景还不可避免地分成了两种以相互排斥的方式被定

朴素实在论:
"你所视即你所得。"

义的实体。在这个极端的二元论体系中,心理世界(非空间的、纯粹精神的领域)如何能对纯粹的物质世界产生作用呢?反之又如何呢?笛卡尔试图对这一问题作出解答。他认为,心灵和身体在大脑中央即松果腺相会。

显然这种解释没什么用。无论心灵与身体在哪里相会,心灵就在这个地方成为身体,因为它这时已具有了位置,而这是物质实体的一种样态。就在此时,笛卡尔在为了向

笛卡尔的实在论:
"你所视并非你所得。"

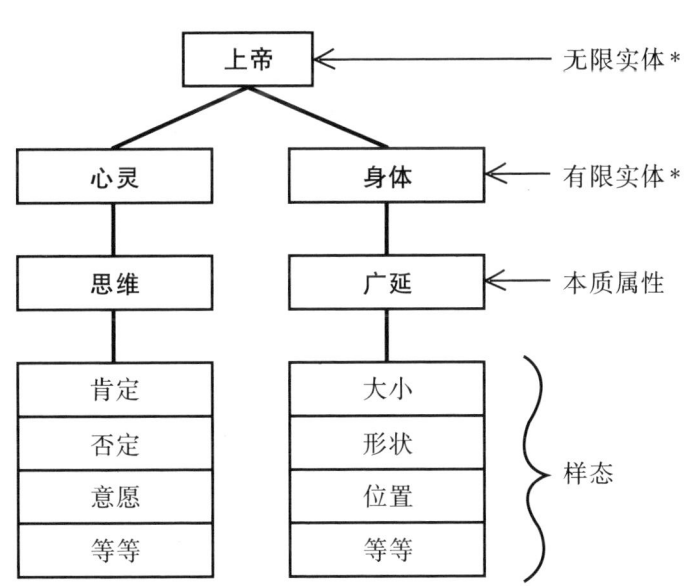

* 实体被定义为"无需任何其他实体的帮助仅凭自身而存在者"。①

---

① 笛卡尔,《反驳与答辩》(*Objections and Replies*),载于《笛卡尔主要著作》,第274页。

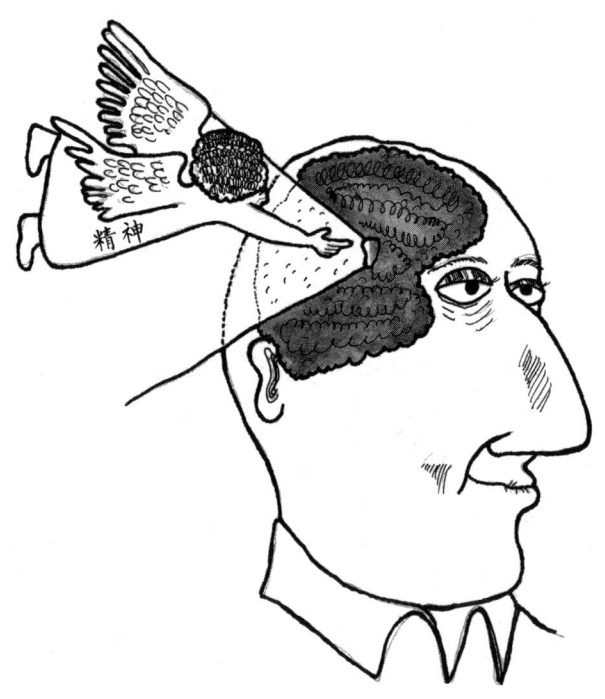

其解释松果腺的作用而谒见瑞典女王克里斯蒂娜的时候"很省事地"死于伤风。所以，他留给后来者的遗产是他的极端二元论。

我已经提到瑞典的克里斯蒂娜女王（1628—1689年），在此我想提请注意一件明显的事情：这一时期的哲学家行列中几乎没有女性。事实上，直至20世纪，女性在思想世界拥有非常少的发言权。然而，她们通常让人们感受到她们的影响——尤其是那些足够富裕、足够独立或者足够优秀的女性，她们能无视针对有思想的女性的社会偏见。克里斯蒂娜女王启发笛卡尔的东西很可能是非常少的，她有强烈的好奇心，但并没有受过正规的教育。但对于波西米亚的伊丽莎白公主（1618—1680年）可不能这么说，笛卡尔在荷兰生活的时候她正在那里寻求政治庇护，她非常仔细地阅读了《沉思集》。她和笛卡尔建立了通信，并寄送关于笛卡尔哲学的方方面面机敏的问题给他。笛卡尔给予她的回答表明她让他意识到了他的论证中的一些缺陷。她提出了在一些批评者看来依然是最关键的问题：如果我们不能用一个身体对另一个身体的因果作用这一类比来解释心灵对身体的作用，那么我们能用什么样的类比来解释它呢？

笛卡尔还和另外一名女性有思想上的交流，她是安娜·玛利亚·范·舒尔曼（1607—1678年），虽然最后笛卡尔声明他鄙视她的心智能力。（根据他的最近的传记家的观点，笛卡尔的态度很可能是被以下事实所刺激出来的，即在一场神学争论中她跟他的对手吉斯波特·沃特站在一边。）范·舒尔曼"参加了沃特在大学里开设的神学讲座课，她躲在窗帘后面听，因为女性不允许在大学注册学习"。[①]

[①] 戴斯蒙德·M. 克拉克，《笛卡尔传》（*Descartes: A Biography*, Cambridge and New York: Cambridge University Press, 2006），第251页。接下来对这本书的引用信息见文中括号里面。

尽管（或者也许正因为）不得不躲在窗帘后面来听大学课程，范·舒尔曼写了一本精妙的小册子，论述女性对教育的需求，册子名为《论女性进行学习和高等研究的才智》，并于1641年将它出版，和笛卡尔《沉思集》的出版同年。

这一时期的其他我们今天会（即便其同时代人没有）称为哲学家的女性包括艾

安娜·玛利亚旁听乌特勒支大学的课堂

米丽·杜·夏特莱（死于1689年）和18世纪的玛丽·沃斯通克拉夫特（1759—1797年），后者嫁给了哲学家威廉·戈德温（William Godwin）。她是写了《弗兰肯斯坦》的玛丽·雪莱的母亲。

斯宾诺莎

回到欧洲大陆，出生在荷兰的犹太哲学家巴鲁赫·斯宾诺莎（1634—1677年）正在沿着笛卡尔所展开的理性主义传统来尝试解决他所遗留下来的困境。理性主义者认为，知识的真正来源是理性，而非感觉，正确的哲学典范必定是先天的，而不是建立在经验性的一般化之上。按照伯特兰·罗素的看法，斯宾诺莎是"最高尚最受人爱戴的伟大哲学家"[①]，因为与其他哲学家不同，斯宾诺莎一生都在实践着他自己的哲学，尽管他意识到这样做会导致他离犹太社会和基督教社会越来越远。斯宾诺莎对他被排除在犹太会堂、天主教会和社会之外毫无怨言。

[①] 伯特兰·罗素，《西方哲学史》（*A History of Western Philosophy*，New York and London: Simon and Schuster, 1972），第569页。

巴鲁赫·斯宾诺莎

他从不追求名望和财富,甚至不谋教授席位,他尽其一生都在进行着哲学思考,并以磨镜片为生。他的哲学赋予他安宁的心态,他将这些看成是他的报酬。他的座右铭是他自己的一句隽语——"一切高贵的事物,其难得正如其稀少。"①

斯宾诺莎试图把几何学方法运用于笛卡尔的形而上学,他的运用甚至比笛卡尔更加严格。与笛卡尔哲学一样,斯宾诺莎哲学也以"实体"的定义为中心,但他在笛卡尔的解释中发现了一个矛盾。笛卡尔曾说过,"通过实体,我们只能理解一种这样存在着的东西,即它的存在不

---

① 巴鲁赫·斯宾诺莎,《〈伦理学〉和〈知性改进论〉》,安德鲁·博伊尔(Andrew Boyle)译(*Ethics and On the Correction of the Understanding*, New York: Dutton/Everyman's Library, 1977),第224页。

需要任何其他的事物。"接着笛卡尔继续说道："实际上只有一种分明不需要任何其他事物的单一实体,即上帝,能够被理解。"①这也就是笛卡尔所谓的"无限实体"。尽管笛卡尔承认,按照定义只有一个绝对独立的存在物存在,但是他(在斯宾诺莎看来,以一种自相矛盾的方法)接着在"无限实体"和"有限实体"之间作出区分——"有限实体"又被称为有形实体(身体)和心理实体(心灵)。这一极端二元论导致了笛卡尔众所周知的身心问题和普遍不被接受的松果腺这种解决方案。

斯宾诺莎避免这一尴尬的方法是,接受笛卡尔的实体定义(作为绝对独立者),并且极其严格地推断出只存在着一个实体。(如果有两个实体,那么双方就会限制彼此的独立性。)

而且,因为有限性会构成一种对上帝绝对独立性的限制,斯宾诺莎认为上帝具有无限的属性。于是,人们再次得出只有一个实体存在的结论,因为除了上帝以外的任何实体所必须具有的属性,都已被认为是属于上帝的。

以下是笛卡尔和斯宾诺莎体系的对比图示:

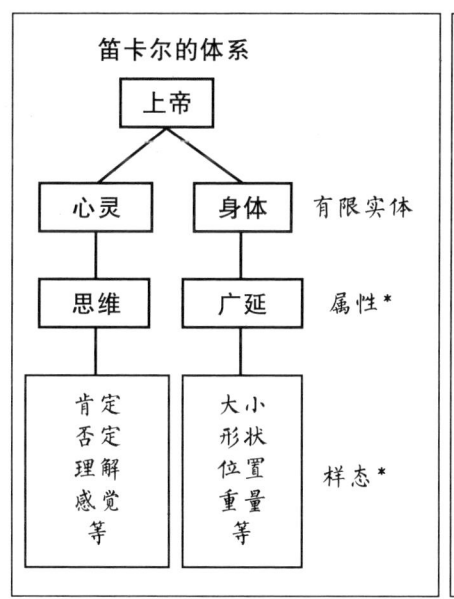 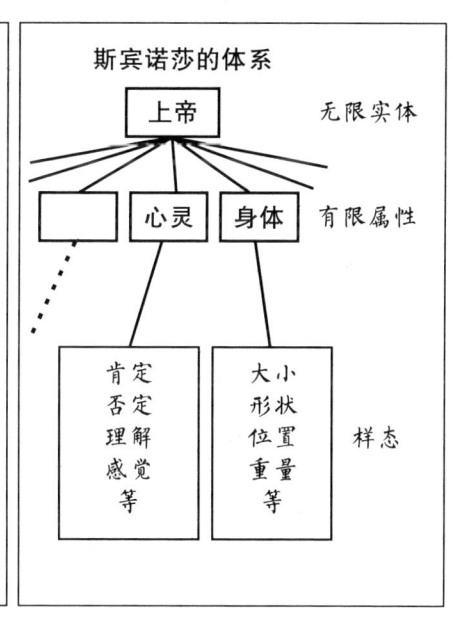

*在笛卡尔看来,属性是一种特性,这种特性是实体的本质(即,本质对实体来说是决定性的)。而在斯宾诺莎看来,属性则是这样一种特性,即它对人类理智来说似乎是一种本质。样态是属性的具体变形(即特性的特性)。

---

① 笛卡尔,《哲学原理》,载于《笛卡尔主要著作》,第323页。

对自然的单相思

和笛卡尔一样,斯宾诺莎将"无限实体"等同于上帝。但是,他还将它等同于自然。"自然等同于上帝"这一等式使他成为一个泛神论者。(也正是这个等式使他陷入与犹太教和基督教神学家们的纠葛之中。)关于实在(即上帝),人类有两种视角:一是通过心灵的属性来看(它导致唯心主义,即认为只有心灵存在的观点);一是通过身体的属性来看(它导致唯物主义,即认为只有物质存在的观点)。从理论上来说,关于实在还有一些数目不定的其他视角,但只有这两种是对人类理智敞开的。对于实在我们可以给出一个自洽的完全唯心主义的或完全唯物主义的解释,但不可能存在自洽的二元论。二元论包含视角的混淆。关于笛卡尔的松果腺就说这么多。

真正的哲学家试图超越单纯人类的视角,以永恒的形式来看待实在,也就是说,从实在本身的视角来看。从这个视角来看,人们就会意识到:人类在宇宙中并没有优越地位,并不比其他事物高贵或卑贱多少。人必须爱一切事物,也就是说，必须爱上帝（因为人要么爱一切事物，要么根本什么都不爱）。爱上帝就等于认识上帝，即从哲学上认识实在。这种难得的对上帝的理智之爱是理性主义的一种形式，与柏拉图主义一样，这种爱被蒙上了一层神秘主义的色彩。就这种对实在的知识使人认识到任何事物的发生都有其必然性而言，它还包含一种斯多葛主义的成分在内。不存在任何随机性或任何意志自由。但是我们认识到不论对上帝还是对人类来说，都没有自由意志这样的东西，这一认识本身就是一种解放性的认识，因为人们因此而从欲望和激情中解放出来，在斯宾诺莎看来这两者都是负面的情感，它们之所以能控制我们只是因为我们没有把握实在的理性结构。有了知识，这些情感就可以被转化成清楚明白的观念，这些观念导向一种福乐和欢愉。斯宾诺莎写道："不可能有太多的欢愉：欢愉永远是好的，而忧郁永远是坏的。"①

莱布尼茨

第三位伟大的大陆理性主义者是德国人戈特弗里德·莱布尼茨（1646—1716年）。他是个公认的天才，他极大地推进了符号逻辑的发展，并曾制定出一套入侵埃及的计划，而这个计划可能在120年后为拿破仑所采用。莱布尼茨还发明了一种可以进行加、减和平方根运算的计算器。此外，他还与伊萨克·牛顿爵士同时发现了微积分（而且，在谁剽窃谁的思想这一问题上，他与牛顿产生了争执）。

与斯宾诺莎一样，莱布尼茨也希望能在不摒弃笛卡尔哲学主体结构的前提下纠

戈特弗里德·莱布尼茨

"莱布尼茨是所有时代最顶尖的智慧之人，但作为一个人，他却并不令人钦佩。"②
伯特兰·罗素

---

① 斯宾诺莎，前揭，第171页。我擅自将博伊尔对拉丁单词hilaritus的翻译改了一下，博伊尔把它译为"merriment"，我将它改为"joy"。R. H. M. 埃尔维斯所选择的"mirth"这个词在我看来还不如"merriment"更有斯宾诺莎的味道。
② 罗素，前揭，第581页。

正笛卡尔形而上学的错误，但莱布尼茨并不满意斯宾诺莎的泛神论式一元论，也不满于其自然主义（也就是他的这一观点：万物皆自然，人类在实在中并没有特殊的地位）。莱布尼茨想要回到一个拥有众多真实的个体和一个超验上帝的笛卡尔体系，超验的上帝和斯宾诺莎的内在的上帝相对。莱布尼茨在其《单子论》和《神义论》中所阐述的体系可以概括为三条原理：同一律、充足理由律以及预定和谐律。

按照同一律，莱布尼茨将所有命题分为两类，这两类命题后来的哲学家称为分析命题和综合命题。①看看如下图表：

分析的	综合的
A.按照定义为真（它们单凭句子中语词的意义就为真）。	A.并不按照定义为真（它们的真伪不依赖于意义，而依赖于世界中的事实）。
B.必然的（它们的反题是自相矛盾的，它们不可能为假）。	B.并不必然；相反，是偶然的（如果事实有所不同，那么它们就可能为假）。
C.先天的（不依赖于观察而认识其为真）。	C.后天的（通过观察而认识其为真或为假）。

以下是分析句的例子：

  A. 所有单身汉都是男人

  B. 2+3=5

  C. A 或非 A

这一范畴包括定义和定义成分（例A）、算术以及逻辑原理（例B和例C）。莱布尼茨认为，分析命题是建立在同一律之上的，针对的是同一律对应于不矛盾律（不矛盾律说的是同时A并且非A是不可能的）的肯定表达；因为按照不矛盾律，每一分析命题的否定都是一个自相矛盾（例如，"并非所有单身汉都是男人"

---

① 莱布尼茨把他的两类命题简单地称为"必然"判断和"偶然"判断，但伊曼努尔·康德于1781年给了它们如今所称的名字。谓词包含在主词之中而且可以从主词中"分析出来"的命题是分析命题。（在"单身汉是男性"这个句子中，主词"单身汉"已经包含了谓词"男性"。）谓词并没有包含在主词之中的命题是综合命题，综合的意思原本是"拉到一起"。（在"猫在垫子上"这个句子中，主词"猫"并不包含谓词"在垫子上"，所以这个句子把主词和谓词拉到了一起。）

蕴涵着矛盾命题"有些男人不是男人",因为"单身汉"的定义就是"未婚男人")。

以下是综合句的一些例子:

A. 猫在垫子上。
B. 恺撒在公元前49年越过了卢比孔河。

在作出了这一很多哲学家认为非常重要的区分之后,莱布尼茨作出了一个令人吃惊的举动,他宣称所有的综合句实际上都是分析的。以永恒的形式看,也就是说,从上帝的观点看,所有真句子都是必然为真的,尽管在人类看来未必是这么回事。在莱布尼茨看来,加菲这只猫"在时间T位于垫子上"这一特性是这只具体的猫的必然特性,正如"猫科动物"是这只猫的必然特性。

这一推理思路将我们引入了他的充足理由律。在莱布尼茨看来,对任何存在着的事物来说,都有它为何存在以及为何恰好如此存在的理由。莱布尼茨宣称这第二条原理是理性的主要原理,任何否认这条原理的人都是非理性的。如果这只猫在垫子上,那么一定总会有猫为何存在的理由,以及它为什么在垫子上而不是在水槽里的理由。这两种理由都是对人类的科学探究敞开的,尽管也许只有上帝可以知道为何这只猫必然存在,以及为何必然在垫子上。

莱布尼茨认为,对那只猫来说真的东西对整个宇宙来说也是真的。必定存在一个宇宙为何存在的理由,而这个理由对于人类的理性探究来说应该是敞开的。按照莱布尼茨的观点，最深的问题是："为何有东西存在而不是什么都不存在呢？"①和圣托马斯一样，他得出结论说唯一可能的答案是由于一个没有原因的原因，即一个其存在本身是必然的全然完满的上帝。所以，如果莱布尼茨是对的，我们就可以从单纯的理性观念加上存在某物而不是无物存在这一自明的命题推得上帝存在的证明。

这个结论将我们带到预定和谐律。如果有一个上帝，上帝必定既是理性的又是善的。莱布尼茨告诉我们，这样一位神明，必定欲求并且有能力创造可能的最大量的存在（"形而上学上的完满"）和可能的最大量的活动（"道德上的完满"）。因而，上帝在造物时考虑到了所有的可能性。它只将那些能够确保形而上学和道德上完满的最大量的可能性化为现实。例如，上帝在将恺撒现实化（即创造出来）之前，上帝不只是考虑"恺撒"这个个体，而不考虑恺撒的各种作为（写下《高卢战记》、在公元前49年越过卢比孔河，死于3月15日）。上帝或许考虑在恺撒的位置上现实化（即创造出）"该撒"或"克雷撒"，后二者作为潜在的现实化，在所有方面都与恺撒相同，只是该撒在公元前49年越过的不是卢比孔河而是特拉华河，克雷撒越过的则是拉夫运河。上帝看到，只有恺撒与其所将实现的可能性是相容的，所以便将恺撒而非别人现实化。对于上帝创造布鲁图（或许与"布劳图"或"布鲁特"相对），也可以做相似的思想实验。因此，恺撒和布鲁图的关系不是一种因果关系，而是一种预定和谐关系。所有实体之间的关系都是如此。上帝只创造出那些必然能与其他实体达到最大程度和谐的实体，这就解释了为何所有真句子都是分析句。如果加菲是晚上8点在垫子上，那是因为这只猫必定于晚上8点在垫子上（否则它就不是加菲，而是另外一只猫了）。这也解释了他众所周知的观点：这是所有可能世界中最好的世界。他的原话是："因此这个世界不仅是最巧妙的机器，而且就其是由诸心灵构成的而言，它也是最好的共和国，在这个共和国中，诸心灵被赋予可能的最大幸福和欢愉。"②这个世界对你来说可能显得很不完满，但是如果你知道了曾经的另一种可能，你将会对上帝万分感激。（正是莱布尼茨哲学中的这一点在伏尔泰的《老实人》中

---

① 戈特弗里德·威廉·冯·莱布尼茨，《〈单子论〉及其他哲学论著》（*Monadology and Other Philosophical Essays*），保罗·施莱克尔（Paul Schrecker）和安妮·马丁·施莱克尔（Anne Martin Schrecker）译（New York: Bobbs-Merrill, 1965），第87页。
② 莱布尼茨，前揭，第90—91页。

> 这是一切可能世界中最好的世界，……这是一切可能世界中最好的世界……

老实人所看到的1755年地震后的里斯本废墟

受到了冷嘲热讽。）

在笛卡尔《沉思集》出版之后的250年间，每位哲学家都从实体的角度来构想实在。莱布尼茨将这些实体称为单子，他将之定义为灵魂之力的单元。单子是"实体"，因为它们是能够彼此独立存在的最单纯而实在的"事物"。然而，它们不是物质实体，就像德谟克利特的"原子"以及笛卡尔的"有形存在"那样，因为物质性并不是不可还原的基质，而是一种质性，这种质性是某些单子之间关系的产物，就如液体是一定的氢分子和氧分子关系的产物，尽管氢和氧

---

① 戈特弗里德·威廉·冯·莱布尼茨，《〈单子论〉及其他哲学论著》（*Monadology and Other Philosophical Essays*），保罗·施莱克尔（Paul Schrecker）和安妮·马丁·施莱克尔（Anne Martin Schrecker）译（New York: Bobbs-Merrill, 1965），第151页。

单子没有窗户

本身并不是液体。单子是单纯的（即它们没有部分），每个单子都"孕育"①着它们未来的所有状态。每个单子都是全宇宙的一面镜子（上帝只实现那些将会反映宇宙其他部分的单子），但是这些单子只将实在看成单子自身的内部状态。"单子没有窗户。"① 每个单子都有灵魂性生命，但是有些单子的灵魂生命比另一些的高级。那些等级高的单子（或者聚集在一个"统治性单子"周围的单子群）是有意识的。一些有意识的单子丛还是自由的，它们就是人类。当然，在莱布尼茨的理论中，正如在圣奥古斯丁的理论中一样，上帝已然知晓人类会怎样利用其自由。

或许可以说，莱布尼茨哲学解决了笛卡尔的二元论问题，但他这么做的代价是否定常识，并且似乎和笛卡尔的理论有着一样多的问题，这一理论所呈现在我们眼前的是与常识相去甚远的异想天开。

霍布斯

与此同时，在海峡对岸，托马斯·霍布斯（1588—1679年）正在研究与其同时代的笛卡尔所提出的相似问题。霍布斯是个无所不涉而生性好辩的怪老头。（他根据自己的数学实验，宣称可以把圆形弄成正方形，把球体弄成正方体。）有一段时期，他竟然引起了英国所有党派的敌意，而不得不逃亡到法国去。

霍布斯单纯通过分解二元论解决了笛卡尔的二元论困境。他极力宣扬使我们联想起德谟克利特的原子论的一种机械唯物论，从而否定了笛卡尔图表的左

---

① 戈特弗里德·威廉·冯·莱布尼茨，《〈单子论〉及其他哲学论著》（*Monadology and Other Philosophical Essays*），保罗·施莱克尔（Paul Schrecker）和安妮·马丁·施莱克尔（Anne Martin Schrecker）译（New York: Bobbs-Merrill, 1965），第148页。

半部分；同时他简单伪装过的无神论还否定了笛卡尔的"无限实体"。对霍布斯来说，现实中唯一的存在物就是运动中的物体。尽管他宣称"只有物体无处不在"，但他实际上并不否认思维的存在。霍布斯只是认为思维是"影像"（phantasms），是大脑活动的投影，是对物质世界没有实际作用的单纯的附带现象（epiphenomena）。与之类似，尽管他是一个决定论者，但他与斯多葛派和圣奥古斯丁一样是个"温和决定论者"。（温和决定论者认为自由和决定论二者相容。）只要一个人认为自由就是"不受阻碍的运动"，那他大可以谈论自由。（水必然而又自由地沿着水渠往下流。）

霍布斯的心理学具有极其强烈的悲观主义色彩。每个有生命的有机体都要服从个体的生存法则，因而，人类的全部行为都是由自身利益和权力欲所驱动的。利他主义不仅是一种坏思想，而且是不可能的。利己主义远非不道德，它是我们所能见到的唯一景象："任何人的意愿行为，目的都是为了某种对自己的好处。"①

在我看来，霍布斯心理学的利己主义之所以如此悲观，是因为如果它是真的，那么个人只有在他们认为这么做符合他们的利益时，才会采取行动。任何声称其行

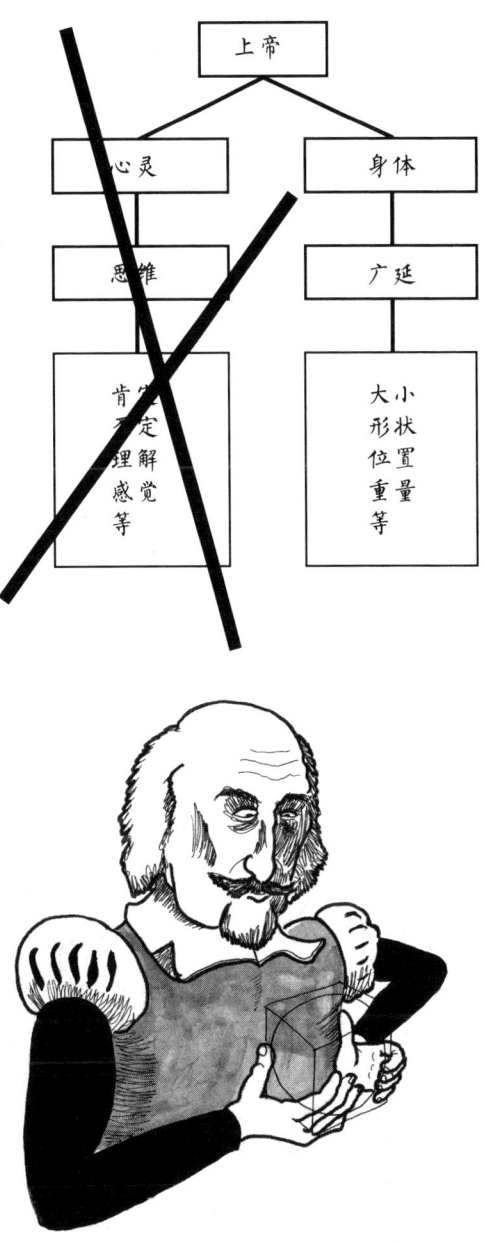

托马斯·霍布斯

---

① 托马斯·霍布斯，《利维坦：论教会国家和公民国家的实质、形式和权力》（*Leviathan: On the Matter, Forme and Power of a Commonwealth Ecclesiastical and Civil*, New York and London: Oxford University Press, 1998），第88页。

动与此相反的人要么是在说谎，要么是自欺欺人、无知或愚蠢。

霍布斯最广为人知的是其政治哲学，它深受其利己主义的动机理论影响。他认为国家是一个人造的怪兽（"利维坦"），它对自然中本就少得可怜的自由加以限制并向个人展现其权力，但霍布斯通过将国家与众所周知的"自然状态"进行比较而证明了政治状态的合理性，"自然状态"被匮乏和恐惧所笼罩，在其中"每一个人都是另一人的敌人"，生命是"孤独、贫穷、艰险、野蛮并且

短暂的"。①在自然状态中,没有法律,没有道德,没有财产,只有一种"自然权利"——随心所欲地使用一切手段来保护自己的权利,包括暴力和屠杀。如果有两个人在荒岛上,那儿没有足够的椰果吃,那么没有一个人敢背过身去或是去睡觉,因为他们会怕对方为了得到所有的椰果而用石头猛击自己。然而,如

---

① 托马斯·霍布斯,《利维坦:论教会国家和公民国家的实质、形式和权力》(*Leviathan: On the Matter, Forme and Power of a Commonwealth Ecclesiastical and Civil*, New York and London: Oxford University Press, 1998),第84页。

主权者

果两人都是理性的,那么他们就会意识到,最可能的生存方式就是彼此同意发誓放弃暴力和分享椰果。问题是,考虑到霍布斯认为我们所有人都有自私自利的本性,如果他或她能够想到有一种方式可以撕毁这个协定而不受惩罚,那么对任何一方来说根本不会有任何理由去遵守协定。于是,他们完全有理由互不信任。尽管他们有"协定",但是没有人能够哪怕只是打一个盹。解决办法要求找到一个第三方。前两方把所有(或许是一大堆)石头给予第三方,并且放弃使用暴力的权利。作为交换,第三方承诺利用其手中的绝对权力保证前两方执行彼此达成的协定。("她"既可以是一个君主,也可以是一个议会——不论是哪种情况,她都是一切权威的源泉。)

这就是霍布斯著名的"社会契约"。他认识到,没有什么东西可以阻止新的最高统治者去滥用权力(的确,考虑到"她"的利己本性和与生俱来的权力欲,她滥用权力几乎是不可避免的)。但霍布斯认为,国家(即使它必定滥用权力)也要比另一种选择——"自然状态"下无政府的恐怖状态要好。

(应该提到的是:不出所料,霍布斯的政治理论在英国没有人喜欢。议会派因为它所暗含的绝对主义而不喜欢它,国王因为它否认君主的神圣权力而不喜欢它。)

洛 克

约翰·洛克(1632—1704年)是英国古典经验主义者的第一人。(经验论者认为,所有知识都来源于经验。这类哲学家反对唯理论形而上学,尤其反对其不加约束地运用思辨、它的宏大主张以及建立在天赋观念上的认识论。)洛克在《人类理解论》一书中,运用奥卡姆剃刀,对笛卡尔的"天赋观念"形成威胁,从而开始了对笛卡尔的"天赋观念"的攻击。回忆一下,奥卡姆剃刀是源自奥卡姆的一种简单化原则。这个原则警告说:"如无必要,勿增实体"。如果有两种理论,它们都能对全部观察材料作出充分解释,那么其中较为简单的那种理论才是正确的。如果洛克无需提到天赋观念就可以对全部人类知识作出解释,那么他的理论就比笛卡尔的更为简单,从而也就更好。洛克写道:"让我们断定心灵像我们所说的那样,是一张白纸,上面没有任何记号,没有任何观念;心灵是怎样得到那些观念的呢?……我用一句话来答复这个问题:从'经验'得来。"①因此,心灵在诞生之初只是一块白板,仅仅通过"经验"来获取信息,即仅仅通过感觉经验和反思行为来获取信息。洛克根据这个理论形成一种认识论,它始于这样两种区分:其中一个是简单观念和复杂观念的区分,另一个是第一性的质和第二性的质之间的区分。

约翰·洛克

简单观念来源于某一种感觉(尽管其中有些简单观念,比如"运动",既可以源于视觉,又可以源于触觉)。简单观念之所以称为简单,就在于它们无法被进一步分割成更简单的实体。如果一个人不理解"黄色"的观念,那么你就无法对这个观念作出解释。你所能做的只是指着一个样本说:"黄色。"这些简单观念就是洛克的首要材料,亦即其心理学意义上的原子。所有知识都是以这种或那种方式得以形成的。

以复杂观念为例,它们就是简单观念的复合。它们产生了我们对具体事物(例

---

① 约翰·洛克,《人类理解论》(*An Essay Concerning Human Understanding*, Cleveland and New York: Meridian Books, 1964),第89页。

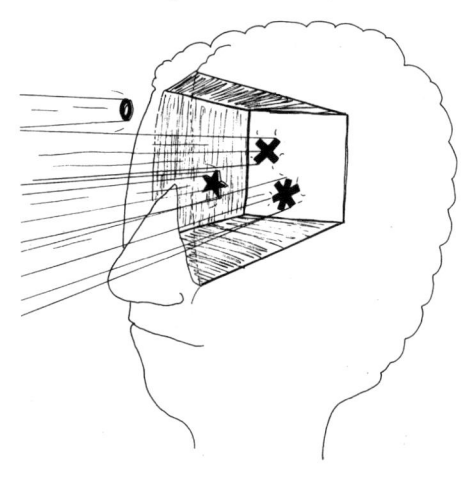

标记经验的白板

如,"苹果"——源于"红色"、"球状"、"甜"这些简单观念)、比较(例如"比……更暗")、关系("在……北面")以及抽象事物("感激之情")的知识。即使是抽象事物,或一般观念,也仍然是代表着一组观念的具体观念。这个学说使洛克接近中世纪的"唯名论"。所有的经验论者都与唯名论者一样持这一反柏拉图主义的论点,即只有具体事物存在着。

洛克对第一性的质和第二性的质所作的区分来自笛卡尔和伽利略,而他们的观点则来自于德谟克利特。第一性的质是外部物体的特征。这些特征确实必定在本质上属于那些物体。(广延、大小、形状以及位置都是第一性的质。)第二性的质是这样的特征,它们虽然经常被我们归为外部物体的特征,但实际上只存在于心灵之中,而从外部物体的真实特性中产生。(第

问题:由简单观念构造知识

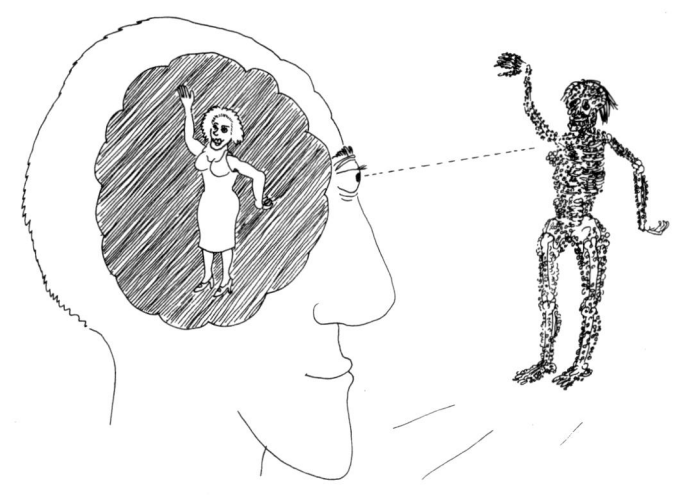

外面看起来存在的东西　　　　外面实际上存在的东西

二性的质有颜色、声音和味道等。)对心灵的这种看法就成为后来所谓的表象实在论。表象实在论认为心灵再现而不是复制了外部世界。(朴素实在论则认为心灵确实是对外部实在的复制,本章前面已对此作过讨论。)心灵有点像一张照片,照片准确地再现了世界(如,一张标准的三人照片准确无误地描摹了这样一个事实,即有三个人,其中每个人都有两只眼睛、一个鼻子和一张嘴),而心灵则不仅具有一张照片准确再现世界的那些特征,而且还具有只属于照片本身的那些特征(照片的光泽、二维性及照片内容周围的白边)。所以,在洛克的体系里,正如在笛卡尔的体系里一样,在外部存在着一个真实的世界,而这个世界则具有某些真实的质——第一性的质。那么,这种第一性的质——它们到底属于谁呢?在对这个问题的回答上,洛克始终没有摒弃笛卡尔实体形而上学的基本思想。

一种真实的质一定属于一个真实的事物,而真实的事物就是实体。(这一观点又一次出现,即世界上的所有事物要么是一个实体,要么是实体的一个特征。)那么,实体这一中心观念在洛克的理论中到底是什么样的呢?回忆一下,笛卡尔曾宣称:一个人无法从观察中得出实体的观念,这正是因为知觉只产生性质。而正是由于这个原因,将实体这个观念设定为天赋观念是必要的。但是洛克却表达出对天赋观念的拒斥,并且表达了这样的主张,即一切知识都来源于感觉。那么他又是如何理解实体这一观念的呢?令人吃惊的是,他这样说道:

> 因此,如果有人愿意考察一下自己关于一般的纯粹实体的概念,他就会发现他根本没有什么别的观念,只不过有一个假设,认为有一种他不知道

是什么的东西在支撑那些能在我们心中产生简单观念的性质。①

于是,洛克在宣称他能够纯粹按照经验对所有知识作出解释,并且到达了这个在上几代人的哲学中占据统治地位的概念之后,宣告这是一个谜,甚至拿它开玩笑。他将那些试图对实体作出解释的哲学家们比作印度人,他们把世界解释为是由一头巨象支撑着的,而这头巨象又是由一只乌龟支撑着,而支撑这只乌龟的则是"某个他不知道是什么的东西"。洛克的结论多少有些令人困窘,它要么是经验主义的预兆不祥的起点,要么是实体形而上学终结的肇始。(我们很快就会看到是后者。)

洛克不仅关心认识论,而且同样也关心政治学。在其于《政府论两篇》所展开的理论中,洛克和霍布斯一样,也对"自然状态"与"政治状态"作出了区分。然而,洛克通过"自然状态"所表达的意思却迥异于霍布斯。和这样一种没有正义与不义、没有正确与错误、"没有明确的'我的'和'你的'的状态"不同,②洛克的"自然状态"是一种道德状态——在这种状态中,我们全都生而为人,并且全都被赋予了某种天赋的自然权利,"生命、健康、自由和财产"

---

① 约翰·洛克,《人类理解论》(*An Essay Concerning Human Understanding*, Cleveland and New York: Meridian Books, 1964),第185页。
② 霍布斯,前揭,第102页。

权利。①回忆一下，在霍布斯看来，只有一种自然权利，即极力维护个人生命的权利。霍布斯似乎认为生存本能为这种权利提供了根据。而洛克的理论则包含了好几种自然权利，所有这些权利都比本能的权利要合乎道德，而且它们的根据全都源于上帝。霍布斯有意将上帝排除在他的理论之外，因为他一直试图摆脱中世纪特征——所有的哲学体系都以上帝的存在为前提。霍布斯尤其强调并不存在所谓"自然财产权"这种东西，因为在自然界里根本就没有财产，而只有对财产的占有（"只有这个东西属于每个人，他才能够得到；只有得到，他才能够保有它"）。②与之相反，洛克则认为，我们对自然的无论哪一部分都拥有自然权利，只要我们"把我们的劳动与之结合起来"。③所以，如果我开垦出一块田地，或是砍倒了一棵树并且用它建了一所房子，那么这块园圃和这所房子就是我的（如果将它们传给我的孩子们，那它们就是我的孩子们的）。洛克的确使这种自然财产权取得了资

霍布斯所认为的自然状态

洛克所认为的自然状态

---

① 约翰·洛克，《政府论下篇》，载于《政府论两篇》（*The Second Treatise of Civil Government*, New York: Hafner, 1964），第124页。
② 霍布斯，前揭，第85页。
③ 洛克，《政府论下篇》，第134页。

格。一个人尽可能多地积累起他所能够运用的"自然财产",只要:

A. 在积累中财产没有被损坏。
B. 有足够的财产留给他人。
C. 财产积累对他人无害。

洛克富有的朋友们可能很高兴听到"如果无害于他人,金子和银子可以被贮藏起来"。①

值得注意的是,洛克的理论实际上以丰足状态为前提,就像霍布斯的理论以贫乏状态为前提一样。这一点可能是真的,即人性在这两种极不相似的状态下会表现得很不相同。

根据洛克的观点,对一个政权的评价,取决于这个政权对生活在其中的个人的自然权利的保护。好的政权就是对这些权利予以保障并使之最大化的政权;坏的政权就是无法保障这些权利的政权;而邪恶政权则是政权本身对自然权利进行侵犯的政权。洛克版本的"社会契约"是所有公民一致同意被一个经多数人选举出来的政府来统治,只要该政府对自然权利进行保护。但是专制政府是不合法的,应该被推翻。注意,与霍布斯不同,洛克在合法政府与不合法政府之间作出了区分,而且,他还提供了一种正当革命理论。显然,"国父们"正是运用了洛克的理论来为美国革命进行辩护,并且将他的思想吸收进了我们的《独立宣言》和《宪法》之中。也许,美国体制中最

---

① 洛克,《政府论下篇》,第144页。

好的部分就来源于洛克理论中最好的部分，而某些社会评论家也指出，美国体制中最糟糕的部分也同样来源于洛克理论体系中最糟糕的部分。美国可以看作是一个伟大的洛克主义的试验。

贝克莱

英国第二位经验主义者是爱尔兰人乔治·贝克莱（George Berkeley，1685—1753年），都柏林三一学院的一位教师，后来成为克罗因地区的主教。作为一位哲学家，贝克莱受到洛克著作很深的影响，他想要纠正他所认为的著作中的错误和矛盾，同时保持对经验主义基本纲领的忠实（"白板"说、心理原子论、唯名论，以及对"奥卡姆剃刀"的认同）。事实上，对于物质实体的观念，贝克莱的态度如此谨慎，以至于运用奥卡姆剃刀将之清除了出去，而余下的只是一种主观唯心主义——这种观点认为只有心灵与观念才存在。

早在他的《人类知识原理》一书中，贝克莱就抨击了洛克对第一性的质和第二性的质所作的区分。回忆一下，第一性的质被认为是独立于心灵而存在的物质实体所固有的，而第二性的质则只存在于心灵中（或者，正如贝克莱所说的那样，它们的"存在"就是"被知觉"）。贝克莱指出，我们了解所谓的第一

乔治·贝克莱

性的质的唯一途径就是通过第二性的质。我们认识一个物体的大小、形状、位置或维度的唯一方式就是通过触摸它或观察它（即通过触觉或视觉的第二性的质）。贝克莱的结论是：对第一性的质的描述实际上只不过是对第二性的质的解释——谈论颜色、声音、味道、气味和触觉的不同方式。因而，第一性的质也只是存在于心灵之中。他们的存在也是被知觉。

为了解释将第二性的质转换成第一性的质何以可能，贝克莱对直接知觉和间接知觉作了区分。直接（或无中介的）知觉是对基本的感觉材料（洛克的第二性的质和简单观念）的被动接受；间接（或有中介的）知觉是对这些感觉材料所进行的解释。试想一下学习阅读的过程。小孩面对一张写满字的纸，他只看到了白色背景上的黑色"波形曲线"（这就是直接知觉）。经过一个文化适应的过程，这个孩子最终学会了将这些印记看作是承载着意义的语词（这就是间接知觉）。一个有趣的事实是，一旦我们学会了阅读，再想恢复孩子"单纯的眼睛"并把词仅仅看作是波形曲线就很困难。贝克莱通过区分直接知觉和间接知觉，解释了我们成人为何把世界知觉为一组组的事物而不是感觉材料。然而，贝克

莱宣称，我们在所谓的外部世界中看到的事物的确只是观念的集合，我们在哲学上可以将之分解为构成这些观念的感觉材料。贝克莱认为：

> 由于这些［感觉材料］中的一些在观念中一同出现，我们就用一个名称来标记它们，并且因而就把它们认为是一个东西。因此，例如某种颜色、味道、气味、形状和硬度，如果常在一块儿出现，我们便会把这些观念当作一个单独的事物来看待，并用"苹果"这个名称来表示它；另外一些观念的集合，则构成一块石头、一棵树、一本书和其他类似的可以感觉的事物。①

对于一块石头的组成部分来说是真实的东西，对于全部石头来说也是真实的。它的存在就是被感知。

注意，物质实体的观念（洛克的"我不知道是什么的东西"）在贝克莱的体系中已经完全消失了。我们把世界认知为一系列相互联系的实物，理性主义者的实体这个天赋观念对此作出了解释，但实体的这种作用已经被语言所取代。我们教我们的孩子认识语词，这些语词在他们的心灵中把观念组织成"事物"。

---

① 乔治·贝克莱，《人类知识原理》，载于《原理、对话及哲学通信》（*Principles*, *Dialogues*, *and Philosophical Correspondence*），科林·穆瑞·图尔班（Colin Murray Turbane）编，（Indianapolis and New York: Bobbs-Merrill，1965），第22页。

贝克莱的主观唯心主义认为：我们每个人都生活在他或她本人的主观世界中，这个主观世界由五种感觉的感觉材料所构成。我们还是婴儿时所进入的就是这样一个共同的世界。但是我们已学会了语言，也就是说，我们学会了"阅读"感觉材料。语言还是主体间的纽带。通过共同使用约定俗成的符号，我能够在我的个人世界和你的个人世界的鸿沟间架起桥梁。如果没有语言，我将会陷入唯我论，困在自我心灵的回声室内。

贝克莱确信，他可以用这两个范畴（感觉材料和语言）来解释所有可能的人类知识——关于上帝的知识除外。（贝克莱毕竟是一位主教，所以理所当然，上帝在他的哲学中起着关键作用，即使上帝的存在无法被知觉对他来说有点尴尬。）上帝的存在可以从感觉材料的规律性和可预知性中推断出来。如果所谓的物质世界的"存在"即是"被知觉"，从而依赖于心灵，那么，为什么当我回到我早先所离开的空房间时，一切还都如我离开时一模一样？为什么当我不再知

为什么我们离开时房间没有消失？

觉它时，这个房间并没有消失？这是因为当我不在时，上帝在知觉它。上帝是自然规律的担保者。《圣经》上说，上帝创造了世界，其中的意思就是，他创造了感觉材料以及用来感觉这些材料的心灵（精神、自我）。上帝并没有使那些无

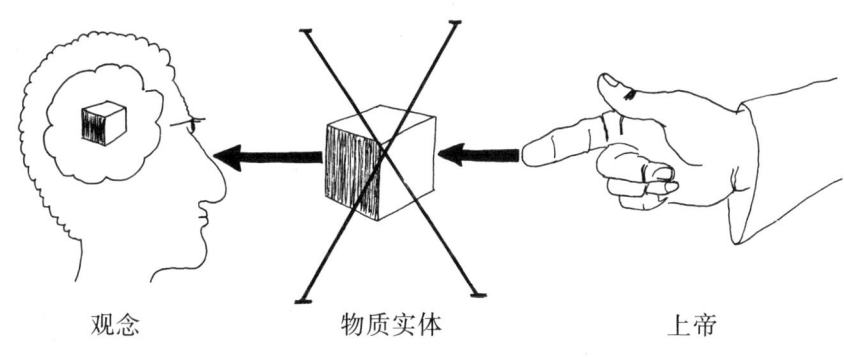

观念　　　　物质实体　　　　上帝

贝克莱消除了中介者

法被知觉的、神秘的东西——"物质实体"产生出来，更别说这类东西转而产生出了观念。洛克表象实在论的错误就在于他确信这样一种"东西"的存在，他没有看到表象就是实在。贝克莱只是消除了"中介者"。他的理论解释了洛克的理论作出解释的所有东西，但他的理论比洛克要更经济些；因而，根据奥卡姆剃刀，他的理论要优于洛克的。贝克莱本人也是这么认为的。

休 谟

英国经验主义的"圣三一"中的第三位就是那个苏格兰人，大卫·休谟（1711—1776年）。休谟在27岁时就出版了他的第一本书《人性论》，他希望凭借此书名利双收，但根据他自己的估算，它"从印刷机里刚诞生就已死亡"。十年后，他对这本书进行了改写，并作为《人类理解研究》加以出版。这本书相较于其前身要成功得多，也许是因为它更温和一些。如今，休谟被认为是英国经验主义者中最尖锐、也最令人费解的一个。

休谟的哲学始于复兴莱布尼茨对分析–综合的区分，或者用休谟的话来说，对"观念间关系"和"实际的事情"的区分。回想一下，分析命题能够用如下句子加以表达：

  A. 对这类句子的否定会导致自相矛盾，

  B. 它们是先天的，

  C. 它们通过定义为真，因而，

  D. 它们必然为真。

综合命题通过与表达分析命题的句子相对的句子加以表达，即它们是这类句子：

  A. 对这类句子的否定并不导致自相矛盾，

  B. 它们是后天的，

  C. 它们并不通过定义为真，并且，

  D. 当它们为真时，它们并不"必然"为真（它们可能为假）。

大卫·休谟

那么，由于接受这种区分，休谟承认存在着先天必然为真的事物。这样一来，似乎任何承认这种真理的经验主义者，都会因为承认"理性主义者的空想"的合法性而危及到经验主义的纲领。但休谟通过在"观念间关系"已有的特征之上加入一个特征，从而消除了这种状况。他认为"观念间关系"全都是重言式的，也就是说，它们全都是多余的、重复

的、纯粹言辞上的真理，它们没有提供任何与世界有关的新信息，而只是提供了词语意义的信息。因而，在英语的惯用法中，"所有的姐妹都是同胞姐妹"这个句子无疑是正确的，但对于任何一个原先只是称之为姐姐（妹妹）而并不为我们所知的姐姐（妹妹），这个陈述句并没有告诉我们任何东西。同样，任何一个真正理解"五"以及"二"、"三"和"加"的概念的人，都知道二加三等于五。理性主义者梦想着对现实进行完整描述，对现实的完整描述则是一种先天必然真理，但这个梦想只能是空想，因为，根据休谟的观点，先天真理不是对任何事物的描述。只有综合句"实际的事情"——才能够对现实进行正确的描述，而综合句必然是后天的。因此，一切关于世界的真实知识必须建立在观察的基础之上。当然，这就是所有经验主义的中心论题。

休谟的观点是，从根本上说，只有三种情形。任何一个命题，它要么是分析的，要么是综合的，要么毫无意义。休谟说道：

> 如果我们相信这些原则，那么当我们走进图书馆时，我们会弄出什么乱子呢？如果我们在手上持有无论哪一卷书——例如，神学的或者经院形而上学的——那么，让我们问一问，它包含着量或数方面的任何抽象论证（即分析的真理）吗？没有。它包含着实际的事实和存在方面的任何经验上的论证（即综合的真理）吗？没有。那么我们就可以将它付之一炬，因为它所包含的，

大卫·休谟——图书管理员

没有任何东西,只有诡辩和幻想。①(难怪休谟丢掉了图书管理员的工作!)

很显然,有一种进行哲学思辨的"休谟式方法"。人们把任何他想要去检验的断言拿过来,对该断言提出一系列质疑:

1. 它是分析的吗?

(这取决于对表达此断言的句子的否定。如果否定句是自相矛盾的,那么原来的句子就是分析的。)

□是(如果答案是"是",那么该断言为真,但从哲学上来说是无价值的。)

□否(如果答案是"否",那么接着看下一个问题。)

2. 它是综合的吗?

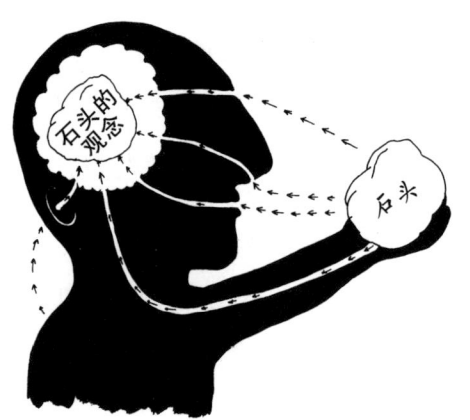

这个问题是休谟通过以下这种方式提出的:"当我们抱有某种怀疑,认为我们所使用的哲学术语不包含任何意义和观念(这太常见了)时,我们只需要询问一下,这种被假定的观念是来源于哪种印象?如果不可能提出任何印象,那么这将足以证实我们的怀疑。②

换句话说,只有追溯到其观念的感觉材料("印象")是可能的,对问题2的回答才能是肯定的。例如,在"这块石头是重的"这个句子中,所有观念都可以追溯到感觉材料;因此,它合乎经验主义的意义标准。

---

① 大卫·休谟,《人类理解研究》(*An Essay Concerning Human Understanding*, Indianapolis: Hackett, 1993),第114页。
② 休谟,《人类理解研究》,第13页。

☑是

但是,如果在一个特定情况下,对问题2的回答是否定的,那么又会是怎样呢?

☑否

也就是说,如果一个特定观念无法被追溯到感觉材料,那么会是怎样呢?休谟认为,在这种情况下,我们所论述的一定是空无内容的观念,也就是说,是无意义的。

现在,在掌握了休谟的方法之后,如果我们转向一些传统的哲学论题,例如:上帝、世界以及自我,那么我们会得出一些相当惊人的结论。让我们先从"上帝存在"这个句子开始:

1.它是分析命题吗?

也就是说,对它的否定("上帝不存在")是自相矛盾的吗?大多数人会回答说"不是"。当然,也有一些人——即"上帝存在的本体论证明"的那些捍卫者(如安瑟尔谟、笛卡尔、斯宾诺莎)——会回答说"是";但休谟会这样回应他们:如果"上帝存在"这个句子是分析的,那么它是重言式,它并没有告诉我们任何关于实在的东西。"一个它的存在是必然的存在者,它必然存在"这个真句子,始终没有告诉我们是否存在着一个必然的存在者。

☑否

因而，如果我们假定"上帝存在"不是分析句，那么接下来的问题就是：

2.它是综合命题吗？

休谟认为，不可能把上帝的观念追溯到感觉材料。他说道："我们的观念超不出我们的经验：我们没有神的属性和活动的经验，我不必作出我的推论。你自己就可以作出推论。"①因此，尽管休谟实际上并没有这么说，但是他的方法看起来却暗含着这种意思：上帝的观念是空无内容的，有关上帝的陈述确实是无意义的。

关于休谟哲学体系中的上帝就说这么多。那么世界又是怎样的呢？贝克莱已经用奥卡姆剃刀将"物质实体"从经验论中剔除出去了。物质实体是哲学家过去用来解释世界的关键概念之一。现在休谟则转向了另一个关键概念——即因果性，运用这个概念的不仅有哲学家，而且还有科学家和具有常识的普通人。

让我们来看"X是Y的原因"这个句子，在这个句子中，X和Y都是事件。（我们将采用休谟所用过的例子：X是指这样一个事件，即弹子A撞击弹子B；Y是这样一个事件，即弹子B在受撞击后发生运动。）

1.句子"X是Y的原因"是分析的吗？

（也就是说，句子"X不是Y的原因"是自相矛盾的吗？显然不是，因为完全可以设想A撞击B而B并不运动。）

☑否

2.句子"X是Y的原因"是综合的吗？

现在看来回答似乎是肯定的，因为我们可以毫无困难地把"原因"这个观念追溯到感觉材料。但是休谟发现了一个困难。在他对"原因"这个概念进行分析时，他把它分成三个部分：（a）在先，（b）接触，（c）必然联系。在先（X在Y的前面这个事实）可以追溯到感觉材料。接触（X与Y接触这个事实）也可以追溯到感觉材料。但是无论休谟对弹子A撞击弹子B观察多少次，他都无法发现任何必然联系（如果X发生那么Y也必定发生这个事实），然而需要去发现的正是因果性这个概念是否是可感知的。

---

① 大卫·休谟，《自然宗教对话录》，载于《聚焦〈自然宗教对话录〉》，(*Focus on "Dialogus Concerning Natural Religion"*)，斯坦利·特威曼（Stanley Tweyman）编，London and New York: Routledge, 1991, 第108页。

休谟在观察因果性

这样,"因果性"这个概念就被证明与"物质实体"和"上帝"具有一样的地位。这个麻烦具有意义深远的后果。它意味着:无论什么时候我们说到事件 A 是事件 B 产生的原因,我们的确都只是在表达我们自己的预期,预期在将来 B 会紧随 A 之后。这个陈述表达的是一个关于我们的心理学事实,而不是一个关于世界的事实。但是,如果我们试图展示我们这个预期的理性基础,那么我们是做不到的。即使 B 过去曾无数次地跟随在 A 之后发生,它也不能证明我们的这一观点是对的,即这种情况在将来还会发生。然而,休谟并未得出世界上并不存在任何因果性的结论。他从未怀疑过物体和事件处于彼此的因果关系中,但他确实怀疑是否可以对因果性作出一个充分的哲学解释。

休谟的这一发现后来被称为归纳问题。是什么使我们如此确信未来还会像过去那样发生呢?如果我们回答"因为过去总是这样发生的",那么我们是在回避这个问题,因为真正的问题是:"仅仅因为过去始终是这样发生的,未来就一定这样发生吗?"我们也无法诉诸"自然规律",因为如果这样做,那么问题就会变成:"是什么保证自然规律明天依旧存在呢?"不存在任何对自然规律的分析或综合的保证。因果性概念是用来理解世界的关键概念之一。休谟得出结论,理性和经验都无法证明"必然联系"这个概念的正确性,而这一概念正是因果

休谟发现了自我——正如其所是

大卫·休谟——牧羊人

性观念的主要成分。

"休谟的区分"（分析–综合的区分）对于"自我"这个概念也有着同样的灾难性后果。自我这个概念也没有可以追溯到的感觉材料。自我远不是像笛卡尔所认为的那样是一个简单的、不可怀疑的、绝对确定的永恒灵魂。休谟根据他的方法发现："根本不存在""自我"这样的一种观念。所谓的自我实际上是"一束或一堆不同的知觉（冷和热，光与影，爱与恨，痛苦与快乐……），这些知觉以不可思议的速度前后相继，并且处于永久的流变和运动之中"。①

大卫·休谟始终一贯地严格遵循经验主义的纲领，直至其逻辑结论。其后果对于哲学事业来说是灾难性的。人们发现理性的范围的确非常之小，被削减到只限于言辞上的真理以及对感觉材料的描述；然而，几乎每个引起哲学家或非哲学家注意的事物，都超出了这两个界限。休谟认为他已经指出了，人类的生活与理性是不相一致的，人类的活动总是超出哲学证明之外。（在理性上，我永远也无法知道昨天供给我营养的那块面包今天是否还会

---

① 大卫休谟，《人性论》（*A Treatise of Human Nature*, Oxford: Clarendon Press, 1941），第252—253页。

继续供给我营养,因而,我也永远不会在理性上受到驱动去吃东西。)但休谟完全明白人类不可能依靠哲学的干瘪果实来维持生计。甚至还在他写作其哲学手稿的时候,他就知道,一旦他搁下笔,他就也将回到人类通常的、虚幻的信念上来——即相信自我、世界以及因果性(如果不相信上帝的话)。他甚至建议,可能带着挖苦的意味,或许我们应该抛弃哲学去照看绵羊。

康 德

如果休谟的观点取得了胜利,那么哲学的历史就已经结束了,这么说大概是不无道理的。为了在休谟的进攻中得以生存,哲学需要一种强有力的、精妙的、有创见的心灵来为之提供防御。它在德国就找到了这样一位保护人——伊曼努尔·康德(Immanuel Kant,1724—1804年)。康德的一生都在位于普鲁士东北部的原汉萨同盟的哥尼斯堡(如今俄罗斯的加里宁格勒)度过,在那里,至少在其五十岁之前,他怡然自得地过着受人尊敬的大学教授的中产阶级生活。这位老单身汉的个人生活极为有条不紊,以至于他的邻居通常根据他下午散步的时间来调对钟表。他受到了克里斯蒂安·冯·沃尔夫的理性主义形而上学的教育。沃尔夫是莱布尼茨的一位平庸的门徒,而康德则始终未曾发现有任何理由可以怀疑沃尔夫的原则——直到他中年后期的某一天,有一本休谟的《人类理解研究》放在他的书桌上。正如康德后来所说的那样,对这本书的阅读"使他从独断论的迷梦中惊醒"。康德意识到,休谟的有力论证动摇了他信奉的所

伊曼努尔·康德教授的日常散步

有理论的基础，而只有驳倒休谟的怀疑论观点，哲学才有可能取得真正的进步。

康德对休谟作出回应，并试图把他所认为的休谟最好的哲学思想，与休谟全面直接攻击理性主义之后所剩下来的理性主义综合起来，这些都体现在《纯粹理性批判》这本书中。在这本书中，康德接受了休谟对分析–综合的区分，并把它当作哲学分析的主要工具。康德同意休谟的观点，认为所有的分析命题都是先天的，而所有后天命题都是综合的。但是休谟宣称所有的综合命题都是后天的，而所有的先天命题都是分析的（因而也就是重言式），这一点康德不认同。也就是说，康德认为存在着先天综合真理这样一种东西。这是对无需依赖观察即可认识其真理性的实在作出的一个有意义的表述。

康德认为，只有通过证明先天综合真理的存在，才能够驳倒休谟，而哲学、科学以及常识（也许还有宗教）才能再次成为值得尊重的东西。可以这样来完成这个证明，即表明休谟说的知识实际上是以先天综合真理为基础的，而这与休谟所搜集来反对这类知识观的论据是一样的。康德一开始把心灵分为三种"能力"——直观（即感性）[①]、知性和理性，然后他对每一种能力进行他所谓的"先验的"分析。

康德首先分析直观能力。在这里，康德最初所涉及的问题既不是"何为知觉"，也不是"感性是可能的吗"，而是"感性如何可能"。也就是说，康德以我们的确在知觉着世界这种常识性观点为起点，并且追问为了使我们知觉世界成为可能，必须具备什么样的条件。例如，他想知道，如果经验论者认为我们从来就无法知觉空间而只能知觉感觉材料的这种观点是正确的话，那么我们能够对马特洪峰的高度作出正确判断又是如何可能的呢？他还想知道，如果经验主义者认为我们从来就无法知觉到时间而只能知觉感觉材料的观点是正确的话，那么我们能够对到达柏林要用多少时间作出正确判断又是如何可能的呢？康德的解决办法是去证明空间和时间是感性能力的先天综合基础。如"猫在席子上"这样的后天判断以"物体存在于时空之中"这个判断的真理性为先决条件。康德认为，我们有时只知道第一个判断是真实的，然而却不知道除非第二个判断是真实的，否则第一个判断将不可能是真实的。后者既不是分析的，也不是后天

[①] 此处英文原文为perception，按理应该译成"知觉"，但作者这里实际是指康德原文的Sinnlichheit，英语学界一般译为sensibility，中译感性。故此处酌情译作感性。——译者注

的（不存在任何关于时空的感觉材料——在这一点上休谟是正确的），因而它必定是一个先天综合真理。

康德称这种分析方法为"先验演绎"，因为这种方法超越了直接的观察，或更准确地说，它达到观察之后和之下，去发

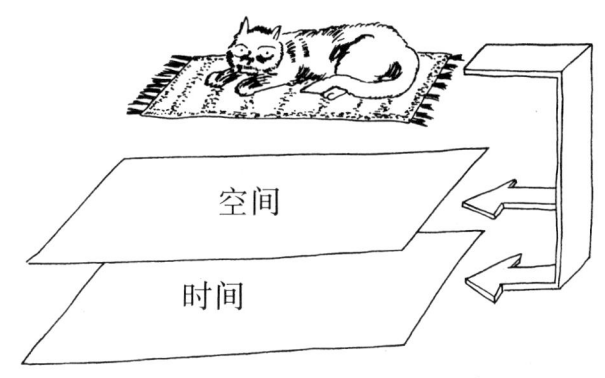

现其必要条件。这一分析使康德得出这一结论，即时空并不是外部实在的特征。他们是心灵结构的特征。人类心灵分析其通过时空所接收到的材料。时间和空间是"无法摘除的有色眼镜"，我们通过它们来知觉这个世界。它们并不像是棋盘上的一颗颗棋子（世界中的事物）；它们更像是我们下棋的规则，如果没有这些规则，棋子也就不存在了。

在发现直观能力的先天综合基础之后，康德接着转向知性能力。这种能力使我们能够认知世界的客观事实（如，惠特尼山比死亡谷高、猫在席子上）。同样，康德仍不从"关于世界的认识能否存在"这个问题开始；而是从我们的确具有这种知识这样一种常识性设想开始，并且追问这种知识何以可能。他认为这种知识建立在知性的先天综合基础之上，他把知性的先天综合基础称为"知性

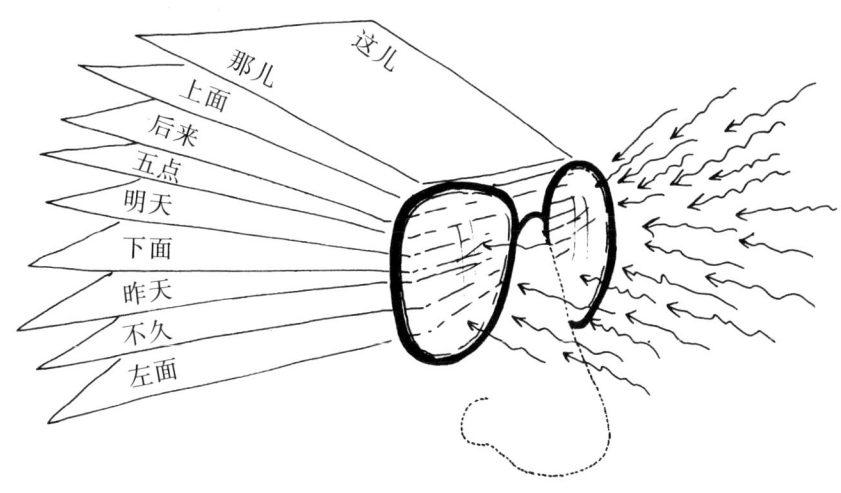

无法摘除的有色眼镜

范畴"。这些范畴包括单一性/多样性/全体性，因果性，实体性。这些概念并不是心灵从实在中演绎出来的，相反，是心灵将它们带入实在。这就是当休谟寻找这些概念时无法在"外界"发现它们的原因。例如"每个事件都是有原因的"（这个判断在休谟看来，既不是通过经验为真，也不是通过定义为真）这个判断，依据康德的观点，它是一个先天综合真理。

康德还认为数学也属于先天综合的范畴。首先，由于我们的数学知识独立于观察，所以它是先天的。（你一年级时的老师格林小姐［你记得她吧！］，她会指着两堆粉笔说："两根粉笔加三根粉笔等于五根粉笔，因此，二加三等于五。"并非如此，即使从来没有造出过粉笔，二加三也会等于五。）此外，数学也是综合的。它告诉我们关于这个世界的一些事情。一个数学命题不像那些定义一样纯然是空洞的重言。

显然，康德的先天综合理论让人回忆起了柏拉图-笛卡尔的天赋观念学说，但是它们之间有很大的不同。康德并不认为我们生下来就拥有一组观念，而是认为：心灵按照一套具体的先天综合规则对其材料进行分析，这些规则就像电脑中的固定程序，当感觉将信息输入时它们就产生观念。如果你是一个人，那么你就是按照诸如时间/空间/实体性/因果性这样的概念来理解世界。心灵必须按照"物性"来组织世界，尽管在"外界"并没有任何与我们的实体观念相对应的东西。心灵必须按照因果链来理解世界，即使外界并没有与我们有关事件原

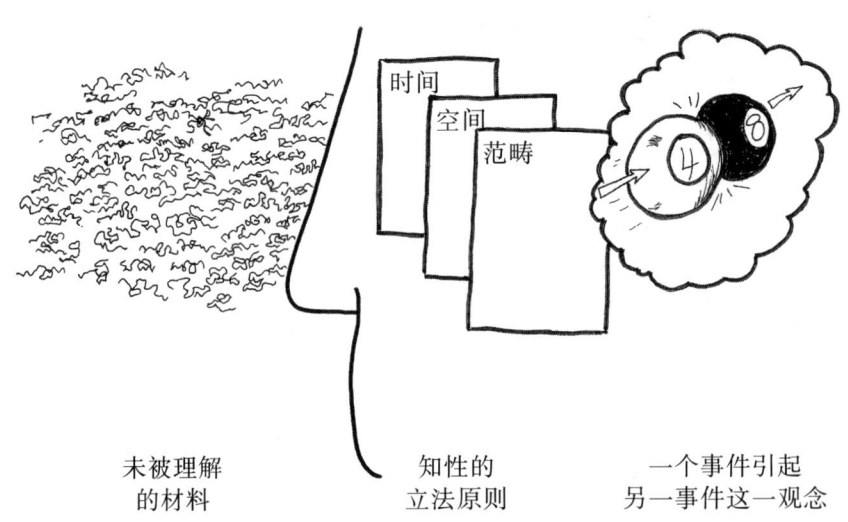

未被理解　　　　　　知性的　　　　　一个事件引起
的材料　　　　　　　立法原则　　　　另一事件这一观念

康德透过现象世界的帘幕凝视,但他一无所见

因的观念相对应的东西。

康德的立场本意是在争斗不休的理性主义者和经验主义者之间采取折中立场。他的著名论断"思想无内容则空,直观无概念则盲"①意在向理性主义者承认仅有感觉材料无法提供知识,同时也向经验主义者承认没有感觉的共相也不会有任何知识。对很多哲学家来说,康德的解决办法似乎是成功的;然而这也导致了康德处于一个窘迫的境地,即承认确实存在着某种终极实在(他称之为本体世界,或"物自体"),但是人类心灵无法认识它。本体世界(意为"显现出来的事物",与"现象"相对,后者意为"一个事物的显象")是显象背后的实在,我们能够知道这样一种实在确实存在,这是因为显象必定是某个事物的显象。但是我们人类势必无法达到这个本体世界;相反,我们被限定在康德所谓的"现象世界"——这个被人类心灵所感知、构想、想象、解释、分析和理论思考的世界——的知识。这就是说,我们只能认识一个经过人类心灵的世界,一个

---

① 伊曼努尔·康德,诺曼·康普·斯密(Norman Kemp Smith)译,《纯粹理性批判》(Critique of Pure Reason, New York: Humanities Press, 1950),第93页。

经过时空坐标和知性范畴的世界。与休谟的结论相反，康德的结论是：常识和科学只有在如其所说的那样是关于现象世界的这个层面上才是有效的。但是，关于终极实在，除了说它存在，任何对它的述说都是没有把握的。康德将本体世界的概念称之为限制性概念。我们可以说存在一个本体实在，但是却不能说这种存在包含什么内容。这个限制性概念意味着从柏拉图到莱布尼茨等哲学家们所尝试的那类传统形而上学是不可能的。康德从他对理性能力的先验分析中推导出这个结论。

康德认为理性能力能产生诸如"上帝"和"灵魂"之类"纯粹"概念（即没有被感觉所玷污的概念）。这一能力有什么先天综合基础吗？（或者换一种方式提问，我们能期待认识任何关于终极实在的"更高级知识"吗？）康德的尽人皆知的回答是——没有（这个回答令形而上学家和神学家们极为反感）！传统形而上学是不可能的，因为它始终是不合法地将空间、时间以及因果关系等概念应用在本体世界中所得出的结果，而事实上这些概念只能被应用于可观察的世界。因而，所有对上帝存在的证明，与所有按照神秘的"实体"范畴去描述终极实在的企图一起，必定都是无效的。因此，我们人类必定对认识上帝、正义、不朽或自由不抱任何希望，因为所有这些理念都超出了人类的认识能力。

如果康德在这个地方结束其《纯粹理性批判》，那么他已经达到对形而上学和神学的休谟式批评的标准，同时也能使常识和科学的辩护者们感到满意，但

《纯粹理性批判》之前和之后的形而上学大厦

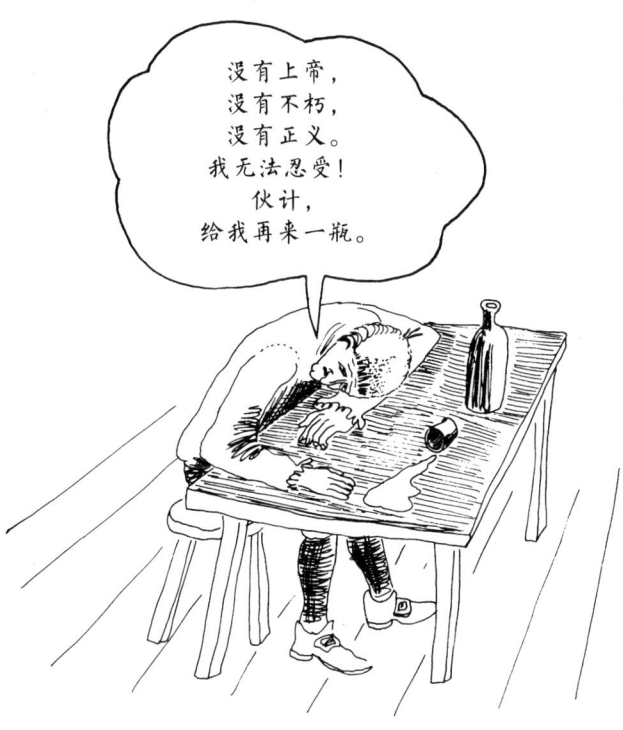

是他将无法令人类心中趋向更高级观点的那种冲动得到满足。康德《批判》的剩余部分是写给这些活跃之人的。他在其中宣称：按照上帝、不朽、正义和自由去构想世界是没有逻辑上的必然性的（正如按照时间、空间和因果性去构想世界是有逻辑上的必然性一样）；尽管如此，如果没有这些鼓舞人心的概念，很多人会失去他们对生活的热情。例如，如果一个人无法相信人类灵魂是自由的以及正义终将取得胜利，那么他很可能会失去在日常生活中生存所需要的动机。因此，康德认为，一个人有权利相信（但不是宣称知道）存在着上帝、灵魂、不朽、正义和自由，不是作为形而上学上的必要之物，而是作为实践上的（也即道德上的）必要之物。我们有权把这些论题当作就像它们是先天综合真理那样来对待，如果这么做可以使我们成为更好更成功的人类的话。

康德试图区分知识和信仰，同时将信仰建立在道德必要性上，这种努力对于很多人来说是可以接受的，这些人厌倦了形而上学家和神学家们所提出的言过其实的论点，同时也在为信仰在现代世界寻求一个合法的位置。然而，康德的批评者却指责他只是"把上帝从前门踢出去以便让他从后门再进来"而已。

在《纯粹理性批判》之后，康德写了许多其他著名的著作。其中包括《实践理性批判》以及《道德形而上学基础》，这两本著作都是专门为伦理学问题而写。在对意图和责任的强调上，康德的理论体现了基督教对他的影响，而他的理论试图建立在理性基础之上，这一点又表明他是一个启蒙思想家。通过把自由设想为似乎也是建立在先天综合真理基础上的（因为如果没有自由，道德行为将不可能存在），一个人可以从自由的理性基础上推导出一种道德准则。作为一种由规则引导的活动，推理本身也是以对规则和法则的尊重为基础的。康德从这一尊重中推导出了一个道德命令，他称之为绝对命令："总是按照这样的准则行动，你可以同时意愿它成为普遍的法则。"① 所有道德行为都以那些可以普遍化的无矛盾的准则为模型。康德认为，作为理性的造物，我们责无旁贷地要服从这些原则，或"准则"，正像他称呼它们的那样。它们意味着行为的主观规则——在这个意义上是主观的，即我们必须选择让我们自己去服从这些规则。在此，我打算把这个观点略微简化一下，来看看康德在说些什么。

让我们假定你欠一个朋友五块钱，并且令你懊恼的是，他逼着你还债。于是你暗自思忖："如果我把他杀了，我就不必还债了。"但是作为一名真正的康德主义者，你首先会检查一下是否能把支配这一计划的行为的规则普遍化。你问自己，如果每个人都通过杀人来达到他的目的，那将会是怎样？是否可能存在着一个这样的普遍法律，它规定"每个人都应该去杀人"？这会是一条不可能的法律，因为如果人人都遵守它，那么人类将不复存在，更何谈遵守。因此，我们理所当然地不能以杀人作为解决问题的方式。那么，如果你向你的朋友撒谎，告诉他你已经还过他钱了，又会是怎样呢？这个计划背后的原则可以被普遍化吗？可不可能存在着这样一条一般性法律，它规定"每个人都应该撒谎"？显然不可能，因为即使是陈述这条法律而同时不违反它都是不可能的。而且，如果人人都始终在撒谎，那么也就不会存在谎言这种东西了，或者说谎言也就成了真理。（因为同样的原因，如果所有的钱都是伪造的，那么也就不存在伪钞这种东西了。假币也就成了真币。）这条法律是自相矛盾的。因而，我们理所当然地不能撒谎。那么，如果你先还了这五块钱，然后再把它们偷回来，又会怎样呢？这个行为背后的原则可以被普遍化吗？想象有这样一条法律，它规定"每个人始终都应该去行窃"。

这同样也是一条不可能的法律，因为偷窃的概念和所有权的概念是相互依存的。如果每个人都始终去行窃，那么所有权也就不存在了；只能存在着临时占有，也就是说，东西从一个人手中传到另一个人手中。所以，我们理所应当要避免去行窃。（如果你是一名真正的康德主义者，那么你开始意识到你似乎不得不

---

① 伊曼努尔·康德，刘易斯·贝克·怀特（Lewis Beck White）译，《道德形而上学基础》（*Foundations of the Metaphysics of Morals*, Indianapolis: Bobbs-Merrill, 1976），第39页。

偿还你的债务了！）

你可能已经注意到了康德的绝对命令和耶稣的黄金法则之间的相似性："像你希望他人待你的那样去对待他们。"二者都意在迫使个人注意要以非自我中心主义的方式去行动。但二者间也存在一些有趣的差别。耶稣的法则似乎诉诸感觉和欲求，而康德——一个不相信感觉和欲求的人——则宣称

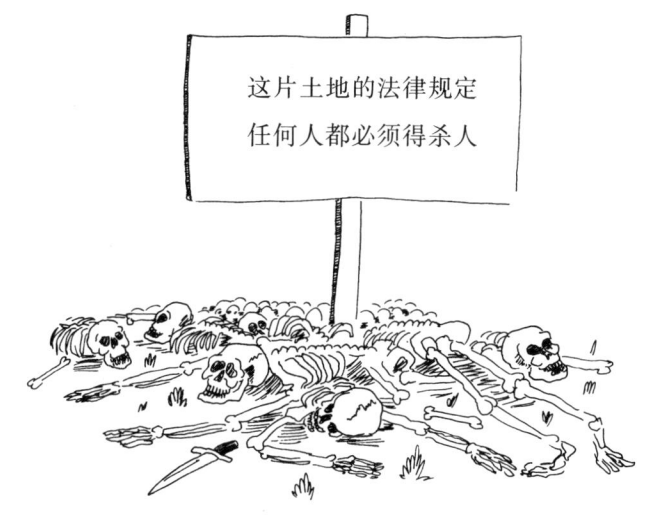

只诉诸理性。耶稣的意图（以及一代又一代的父母的意图，这些人对他们的坏小孩要求道："如果有人那样对你，你们怎么会喜欢？"）可以被那些变态的受虐狂们所挫败，这些人可能专以受羞辱、被侮辱为乐。绝对命令则不给他们留下这种余地。

康德以多种方式来表达绝对命令，而不只是以可普遍化这一原则。其中一种表达是："你的行动，要把人性，不管是你人格中的人性，还是任何他人人格

这片土地上的法律规定可行窃

中的人性,永远当做目的看待,而决不仅仅当做手段使用。"当康德说我们应该把人当做目的而不仅仅是手段来看待,他当然是在告诫我们切勿把别人当做实现我们自身目的的手段来使用。康德认为道德蕴涵着对人之为人的人格的尊严的承认。如果世界上没有人格,而只有事物,那么也就不会有价值,也就没有什么事物会比任何其他事物更有价值或更少价值。但世界上存在着人格——即个体存在者,这些存在者不仅有欲望(因为动物也有欲望),而且有理性和自由。因此,作为价值的源泉,人类具有尊严,康德将之界定为其价值没有任何东西可以超越的东西。为了表明我们具有人类的身份——也就是说,表明我们具有尊严——我们必须最为珍视那些可以给予尊严与人性的东西,即理性、自由和自律。我们不仅必须珍视我们自身的这些品质,而且还必须珍视他人的这些神圣的品质。或者,用康德的话来说,我们必须把他人当做目的而不是手段来看待。绝对命令背后普遍化了的原则使之成为我们作为理性存在者的义务。康德伦理学的这个方面为诸如性关系、歧视、知情同意以及有尊严的死亡之类的议题提供了广泛的实践意义。

如果我们只看绝对命令的第一种表达(它以可普遍化为基础),那么康德的伦理学可能显得相当冷血;而第二种表达则为他的道德学说增加了些许温情。尽管如此,在其观点的核心之处还是存在着一丝冷酷。康德太执意于把道德弄成一个责任问题,以至于拒绝赋予感情倾向以任何价值。按照康德的理论,如果一个人受到对人性的同情之感驱使而给予一个无助的贫困者以帮助,那么和一个实际上厌恶人性但纯粹受到责任感的驱使而行动的人所作出的同样的行为相比，他的行为要更少道德价值。

　　康德的伦理学结论，就像他的形而上学结论一样，在本质上是保守的。他的理论将其新教徒教养所颂扬的德性理性化了。（新教徒一直认为人与上帝的关系是信仰关系，而不是认识关系；而且他们一直认为他们理所应当不去谋杀、撒谎或偷窃。）尽管如此，康德是从理性而不是从神圣的戒律中推导出他的原则，这一点依然是异乎寻常的。在这里，他更多的是一个启蒙人物，而非基督教徒。并且有很多哲学家认为，当康德说某些类型的形而上学思辨是浪费时间时，他揭示了关于人类理性界限的一些实质性的东西；当他说道德要求那些不是从自身利益的角度来看待的行为时，他揭示了关于伦理学的一些实质性的东西。

本章主要哲学思想

Ⅰ．概述：17、18 世纪欧洲出现很多哲学上的创新。尤其是理性主义学派和经验主义学派的主张和辩护。
Ⅱ．各自的看法主要是知识论的，但带有本体论的意涵。
Ⅲ．大陆理性主义者们，勒内·笛卡尔、巴鲁赫·斯宾诺莎和戈特弗里德·莱布尼茨及其追随者们主张知识的基础是理性：
　　ⅰ．心灵在数学和逻辑学的天赋观念上进行的活动。
　　ⅱ．因此，最主要的知识是先天的。
　　ⅲ．一个神圣的存在，每一人类心灵都内在地具有关于这个存在的观念，这个存在在理性主义哲学里发挥着重要的作用。

勒内·笛卡尔

Ⅰ．寻找绝对确定知识的基础。
Ⅱ．方法：彻底怀疑（深挖）。
　　ⅰ．对感觉的怀疑主义；睡梦问题；"邪恶精灵"问题。
　　ⅱ．确定性的发现："我思，故我在。"
　　ⅲ．解决（对知识基础的发现）：意识、自我、灵魂的确定性。
Ⅳ．知识之屋的建设（逐步建立）：
　　ⅰ．上帝存在的（本体论）证明。

ⅱ. 恢复数学。

ⅲ. 物质世界存在的证明。

Ⅴ. 只有数学科学，而不是感觉，能解释物质世界的性质。

Ⅵ. 为新科学（如伽利略的科学）辩护。

Ⅶ. 但科学无法解释意识和自我的性质。

Ⅷ. 为新科学辩护，使之免受宗教上的干扰。

Ⅸ. 为意识（灵魂）辩护，避免科学上的还原主义。

Ⅹ. 笛卡尔的遗产：一种无法成立的极端二元论。

巴鲁赫·斯宾诺莎

Ⅰ. 在笛卡尔那里发现了一个逻辑错误，一旦纠正这个错误，就能解决二元论问题，代之以某种形式的泛神论。

Ⅱ. 笛卡尔的错误：将实体界定为"绝对独立的"，并主张存在两个实体。

Ⅲ. 斯宾诺莎的纠正：只有一个实体即上帝（等于自然，等于泛神论）。

Ⅳ. 斯宾诺莎的解决几乎没有为他赢得朋友，但给他带来了很多古人曾经寻求的那种宁静的极乐。

戈特弗里德·莱布尼茨

Ⅰ. 和斯宾诺莎一样，莱布尼茨批评笛卡尔的二元论，他运用三个逻辑原理来进行。

Ⅱ. 同一律（A=A）

ⅰ. 每个命题,不论分析的还是综合的,最终（即从上帝的角度看）都是"A=A"的一种形式。

ⅱ. 因此，每个真命题都是先天的，必然为真。

ⅲ. 因此，每个事实都是必然地与其他每个事实相联系的，并且每一件发生的事情都是必然地如此发生的。

ⅳ. 继而，实在必定是由作为绝对实体的单子所组成的，单子的内部包含其过去与未来的所有状态。

Ⅲ. 充足理由律：每一个存在的事物，都有这一事物何以存在以及为何如此存在的理由。

ⅰ. 如果我们问"为什么有一个宇宙",唯一可能的理由将会是:一个全知全能的存在者创造了这个宇宙。

ⅱ. 因此上帝存在。

　1. 预定和谐原理:
　2. 如果有这样一个上帝,那么他必定是全善的。
　3. 这样一个神圣的造物者必定创造了最好的可能宇宙。
　4. 因此,我们的世界是"所有可能世界中最好的"。
　5. 这似乎留给我们一种无视自由意志的决定论。

这一时期的不列颠诸岛的哲学由笛卡尔的同时代人托马斯·霍布斯所代表,在他之后的代表是经验主义者们:约翰·洛克、乔治·贝克莱以及大卫·休谟。

托马斯·霍布斯

Ⅰ. 霍布斯的哲学既不是理性主义,也不是经验主义,但比起前者来说更接近于后者。

Ⅱ. 用一元论代替笛卡尔的二元论:既是一种深受理想主义者厌恶的彻底的唯物主义,又是一种甚至比莱布尼茨的更为严格的"温和决定论"。

Ⅲ. 道德理论:心理自我主义(利己主义)是所有个别行为的动机。

Ⅳ. 政治理论:还是假定心理自我主义是唯一的政治动机。

　ⅰ. 将"自然状态"与公民社会相比较。

　ⅱ. 在自然状态中,生活是"孤独的、贫苦的、艰险的、野兽般的、短暂的"。

　ⅲ. 任何形式的公民社会都要比"自然状态"好。

　ⅳ. 一个人通过"社会契约"来摆脱"自然状态"。

　ⅴ. 每个公民都同意放弃其自我保护的"自然权利"(使用暴力的权利),如果所有其他人也同意。

　ⅵ. 每个公民都同意将其使用暴力的权利让渡给"主权者"(君主或议会)。

　ⅶ. 主权者建立警力/军队来执行社会契约。

　ⅷ. 主权者很有可能滥用其权力,但即便存在这种权力滥用,契约约束下的社会依然要比"自然状态"好。

英国经验主义者们:他们"利用奥卡姆剃刀",拒绝理性主义的天赋观念及其笼统的形而上学思辨,将经验(对感觉材料的接收)设定为知识的基础。

约翰·洛克

Ⅰ. 知识论(表象实在论):用第一性的质(例如大小、形状、位置)和第二性的质(由第一性的质的影响而在心灵里产生的感觉,例如黄色、硬的、甜的)来解释知识。

Ⅱ. 本体论:第二性的质只存在于心灵之中,而第一性的质则是物质实体的实在的特征。(在洛克哲学中"实体"最后成了一个神秘的概念。)

Ⅲ. 政治理论:和霍布斯一样,建立在"自然状态"基础上的一种政治哲学。

　ⅰ. 和霍布斯的"一切人对一切人的战争"不同,洛克的"自然状态"是一个道德状态,其中有上帝赋予的对于"生命、自由和财产"的自然权利。

　ⅱ. 美国的《独立宣言》和《宪法》以洛克哲学为模型,但将"生命、自由和财产"改作"生命、自由和追求幸福"。

乔治·贝克莱

Ⅰ. 用奥卡姆剃刀消除了洛克的物质实体观念。

Ⅱ. 用感觉材料和语言结构解释全部的人类知识,用感觉材料之间的内在联系代替"物质实体"(奥卡姆剃刀)。

Ⅲ. 所谓物质对象就是"观念的集合"。

Ⅳ. 只有上帝超出感觉材料:其存在不是被知觉。

大卫·休谟

Ⅰ. 在其经验主义原理(关于心灵的白板理论、唯名论、应用奥卡姆剃刀,以及将感觉材料作为所有知识的基础)之外,休谟加上了莱布尼茨在分析命题和综合命题之间作出的区分。

Ⅱ. 和莱布尼茨不同(莱布尼茨认为先天分析命题提供了最主要的真理),休谟认为分析命题是真的但又是重言式的。

Ⅲ. 仅当它们能直接或间接地从感觉材料导源而出,综合命题才是有意义的。所有其他命题都是无意义的。

Ⅳ. 诸如上帝、灵魂和不朽之类的概念是无意义的,而自我、因果性("必然联系"）、时间、空间之类的概念也是无意义的。
Ⅴ. 不仅宗教信仰失去了基础，而且我们对于科学和常识的信念也失去了基础。
Ⅵ. 休谟的彻底经验主义几乎没有留给我们任何可以称为确定知识的东西。

伊曼努尔·康德

Ⅰ. 对理性主义和经验主义的一种德国式综合？
Ⅱ. 知识论：
  ⅰ. 康德通过阅读休谟而"从他的独断论迷梦中惊醒"，他试图保留经验主义和理性主义各自最好的东西。
  ⅱ. 关键：证明"先天综合真理"（即并不来自感觉材料的关于实在的真理）。
  ⅲ. 先天综合真理是人类心灵的普遍的结构性组成部分。
  ⅳ. 时间和空间是所有知觉的先天综合基础（所有知觉都以时间和空间为基础）。
  ⅴ. 因果性是知性的先天综合基础（所有对于事件和行动的理解依据的都是因果性）。
Ⅲ. 由此康德恢复了常识和科学的基础。
Ⅳ. 但他承认上帝、灵魂和不朽之类的概念没有先天综合基础。
Ⅴ. 然而，以灵魂健康和道德健康之名，个体有权利设定这些概念作为信念的对象。
Ⅵ. 本体论：
  ⅰ. 康德的解决之道为我们留下了两个世界：
    1. 现象世界：人类心灵认识的世界；
    2. 本体世界：人类心灵无法洞悉的世界。
Ⅶ. 如果存在上帝、自由、不朽灵魂，以及永恒正义，这些必定存在于本体世界，不可能在今生被认识，而只能被设定为可能的，只能作为信念的对象，而不能成为认识的对象。
Ⅷ. 伦理学：
  ⅰ. 只有把人类自由假定为就像它确实是一个先天综合真理，康德才能发展出一个复杂的建立在——"绝对命令"基础上的伦理学体系。
  ⅱ. 康德从人类尊严这个概念的逻辑意涵出发，推导出每一个真正的人类行为应该由可普遍化原理所驱动，即"绝对命令"："这样行动，以便你能够意愿你的行为准则成为一个普遍法则。"

iii. 一个行为是可普遍化的，如果在一个想象的世界中所有人类都采取这样一种行为，而并不导致逻辑上的矛盾，也不导致物质上的矛盾。

iv. 这个思想实验从哲学上为我们对诸如撒谎、偷窃和故意杀人之类的传统恶行的谴责提供了论证。

v. 然而康德理论加于我们的那种绝对主义看起来像是道德极端主义，比如当他告诉我们即便为了拯救一个人的性命也不能撒谎的时候。

思考题

1. 讨论一下上帝在笛卡尔哲学中所起的作用。以本章中所提供的证据为基础，对以下观点中的一种进行辩护：

   A. 笛卡尔是个无神论者，他利用上帝的观念，向那些对新兴的机械论科学怀有敌意的宗教权威隐藏了他的理论的真正本性。

   B. 笛卡尔在他的体系中赋予上帝以极大的权力，以至于没有上帝这个体系就会坍塌，这表明笛卡尔既是一位有宗教信仰的哲学家，同时又是一位支持科学的人。

2. 笛卡尔采取的是彻底怀疑的方法，他用之为其哲学建立绝对确定的基础，请对这一方法进行讨论。你认为笛卡尔的方法达到这个目标了吗？如果是，说出你的理由。如果不是，解释一下你认为错在哪里。

3. 解释一下为什么笛卡尔哲学为我们留下来所谓的"身心问题"，并简要说明霍布斯、斯宾诺莎和莱布尼茨分别是怎样处理这个问题的。

4. 描述霍布斯的"心理自我主义"观点，然后试加以辩护或批评。

5. 说明霍布斯如何对政府的合法性以及政府的主权者的绝对权力加以辩护。

6. 用"自然"这个词代替斯宾诺莎哲学中所使用的"上帝"这个词，说说这一改变对他的哲学造成了哪些不同的东西，如果有的话。

7. 莱布尼茨和休谟理论的核心是分析命题与综合命题之间的区分。他们对这两类范畴的处理存在的哪些不同可以解释他们的总体哲学如此相互对立？

8. 说明笛卡尔、斯宾诺莎和莱布尼茨对"实体"观念的不同看法，说说这些不同在他们各自的哲学中造成的结果。

9. 说说"实体"这个观念在洛克和贝克莱哲学中的进一步发展。

10. 比较一下笛卡尔和休谟理论中的"自我"这个观念。

11. 第174页提出了这样的意见：在富足情况下，洛克对于人性的乐观看法可能是正确的；而在匮乏情况下，霍布斯的悲观看法可能是正确的。如果这种意见是正确的，那么"人性"这个观念意味着什么呢？

12. 批判地讨论一下贝克莱的观点：对所谓第一性的质（大小、形状、位置等）的描述实际上只不过是对第二性的质（颜色、声音、味觉等）的解释。

13. 解释一下休谟对因果性的讨论中的"必然联系"这一观念。你认为休谟为什么会认为那种必然联系在真正的因果关系中是必要的。为什么他认为试图描述必然条件的命题既非分析的，也非综合的？

14. 运用本书中的例子，解释一下为什么笛卡尔、斯宾诺莎和莱布尼茨被称为理性主义者，而洛克、贝克莱和休谟则被称为经验主义者？

15. 在你看来，康德的知识理论和理性主义有何共同之处？和经验主义又有何共同之处？

16. 试着建立一个论证，证明下面这个准则最终说来是自相矛盾的，并且意愿它成为一个普遍法则因而是不可能的："每个想逃避艰巨义务的人应该杀死他或她对其负有义务的那个人。"

第六章
康德之后的英国和大陆哲学
（公元19世纪）

如果康德认为他的"批判哲学"意味着思辨哲学的终结，那么他完全错了。甚至在他还在世的时候，就出现了一代哲学家，具有讽刺意味的是，其中有些人运用康德的原理推动其思辨超出康德在其《批判》中所设下的界限。那些自称康德主义者的哲学家们对康德的观念和术语的使用尤其令康德感到困惑，他们创造出一种高度形而上学化的唯心主义，而康德是对此加以批判过的。但是我们也必须要说，他本人对这一转向也负有一定责任。毕竟，他曾把非人类的实在界定为本体界的物自体，然后宣布人类思想无法把握它，结果是人类思想只能达到其自身。正如更早的唯心主义者乔治·贝克莱会指出的，一个无法把握的本体世界并不比根本没有本体世界更好。确实，新一代的德国哲学家的唯心主义源于对康德认为存在着一个不可知的本体世界这一主张的不满。

黑格尔

在德国唯心主义者行列中的主要人物有约翰·戈特利布·费希特（Johann Gottlieb Fichte，1762—1814年）、弗里德里希·威廉·约瑟夫·冯·谢林（Friedrich Wilhelm Joseph von Schelling，1775—1854年），以及乔治·威廉·弗

G.W.F.黑格尔

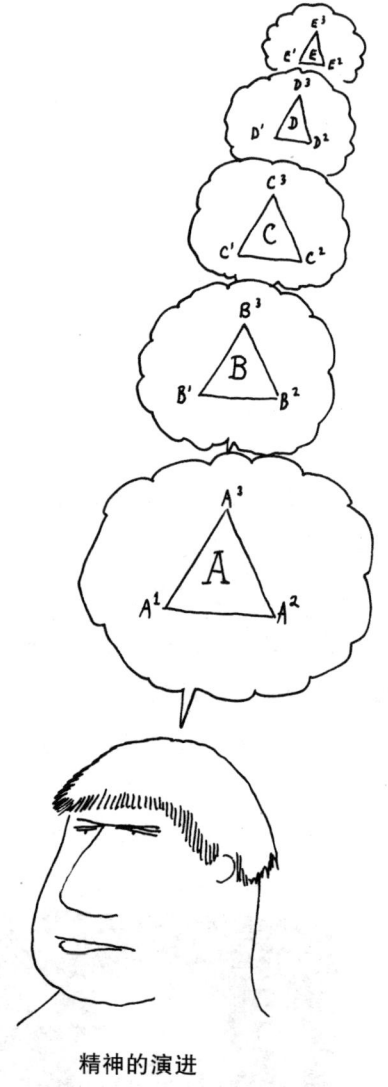

精神的演进

里德里希·黑格尔（George Wilhelm Friedrich Hegel，1770—1831年）。其中黑格尔获得了最高的声望，对我们来说他代表了德国唯心主义。

康德认为终极实在的显象经过人类心灵的处理，由此产生了我们人类得以居于其中的一个世界。黑格尔更进一步，主张心灵不仅建构和规范了实在，而且实际上产生并构成了它。也就是说，实在不过就是心灵或精神①（德语Geist）而已。这个观点使黑格尔留下了他自己称之为"绝对唯心主义"的哲学。之所以称之为绝对唯心主义，不仅是绝对地来说没有任何东西而只有理念②存在，而且是因为黑格尔最终把"精神"和"神圣精神"等同起来。这就意味着，如果精神等于实在，那么实在就等于上帝。这个观点在某些方面和斯宾诺莎很像，使黑格尔接近于泛神论。不仅如此，除了把精神等同于实在和上帝，黑格尔还将其等同于历史。康德已经看到在不同个体、不同文化或不同历史时期，心灵在结构上都是相同的。黑格尔对此观点进行了批判，认为这个观点是静止的、非历史的。黑格尔认为，尽管精神具有一个普遍的抽象结构，它的内容则是从一个时期到另一个时期不断演进。存在一种哲学反省的模式，它揭示了精神的一般结构，还使得我们能够以一种先验的方式重

---

① 作者将心灵（mind）与精神（spirit）等而视之，多数情况下将黑格尔的Geist译为mind，而黑格尔的Geist和英国经验主义哲学中的mind是极为不同的，因此本文在涉及到黑格尔的地方，将英文的mind译为精神，而当其为英国经验主义的概念时，译为心灵。——译者注
② 理念英文原文为idea，与英国经验主义哲学中使用的idea为同一个词，前面译为观念，显然黑格尔的这个概念和英国经验主义哲学中的idea有着根本的不同，因此为作区别，译者将黑格尔的idea译为理念。——译者注

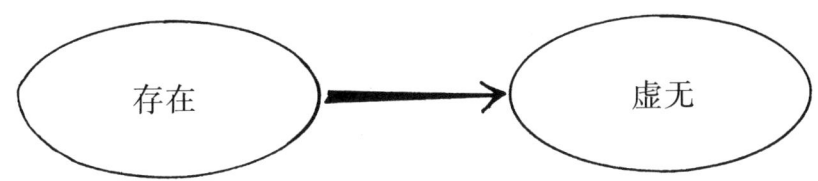

构历史。当我们作为哲学家试图对精神的本性进行研究时,我们就能够重构创世的逻辑的(而不是编年史的)开端。这一过程大致如下:

在其开端,上帝,纯粹精神,因而纯存在,试图思考其自身。但关于纯存在的思想是一个不可能的思想;因而,当上帝试图思考存在时,他思考的是虚无,亦即,他思考的是存在的对立面。

但是记住,在这里所提出的非同寻常的体系中,上帝就是上帝的思想;所以,由于无法对纯存在进行思考,上帝使其自己远离了他自身的本质。这就是黑格尔所称的上帝的自我异化。通过《圣经》中上帝与撒旦之间关系的象征体系,可以理解黑格尔所洞察到的"真理"。撒旦是一个被逐出天堂的天使。他"背离"了神。在黑格尔的思考方式看来,撒旦是自我异化的神。黑格尔"真理"有另外一个《圣经》中的象征,我们可以从上帝对摩西的回答中看到,上帝通过燃烧的荆棘丛对摩西说话。当荆棘丛燃烧起来时,摩西问它:"你是谁?"上帝回答说:"我是我所是。"(或者,用不合语法的希伯来语表达为"我是所是"。)这里我们看到如果上帝不把他的本质分解成主体–客体关系,他就不能说明自身。

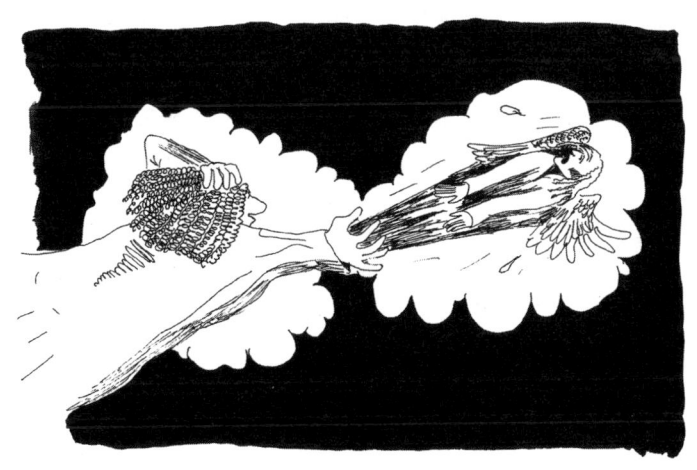

撒旦背弃上帝——神圣的自我异化

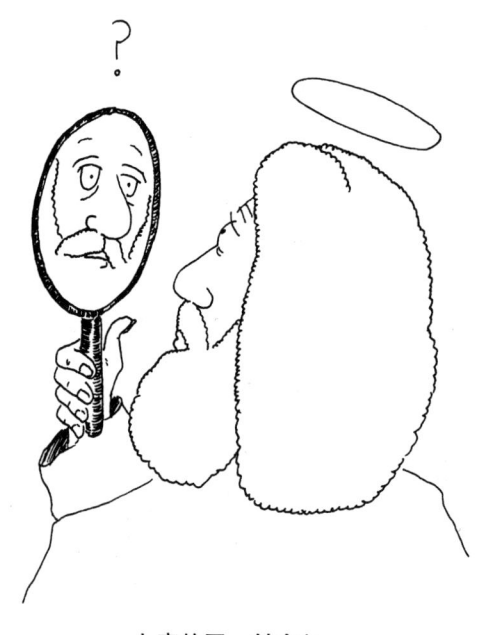

上帝的同一性危机

("我是……"[=主体]→"我所是"[=客体]。如果主体就是客体,那么主体就不能是作为主体的自身。)这样,黑格尔的上帝就处于一种同一性危机之中。但是如果上帝经历了同一性危机,那么人类也是如此,因为人类精神只不过是神的精神的体现。个体精神的历史就像历史本身一样,是自我觉醒和自我再生的过程。

回到存在–虚无的二分法,二者之间可能存在和谐吗?这两种不可能的思想(纯存在和纯虚无都不可能真正被思考)体现了一切思想和实在的绝对局限。也就是说,一切思想和实在必定处于这两个极端之间的某个地方。对发生在这相反的两极之间的任何事物,黑格尔用"生成"这个术语来表示。我们可以称存在为一个正题(肯定,+),虚无为一个反题(否定,–),而生成则是一个合题(肯定与否定+/–的结合)。黑格尔把一切思想和实在的普遍结构称为辩证法。

所以,世界上的任何事物——例如,一张桌子——实际上只是一个把肯定性与否定性综合起来的过程。这是一张桌子,因为它不是一把椅子或是一层楼房。这个过程是思想、语言和实在的本性,这是一个由否定性产生肯定性,又由肯定性产生否定性的体系。每个思想、词语和事物只作为排斥关系之体系的一个部分而存在。再说一遍,一物由其不是它的他者而是其所是,然而正是那"他者性"将其限定为一个存在者。现在,这个事实解释了为什么关于纯存在的思想和关于纯虚无的思想都是不可能的。思想和语言只在一个对立体系中才能发挥作用,但纯存在包含了一切;因而,除了虚无,没有什么东西和它相对立,而虚无就是什么都不是。(你跟得上这令人头晕的"逻辑"吗?)不仅如此,根据这个体系还可以推出这样的结论,即每个综合必定成为一个新的正题,并且由其对立面所限定,这个新的正题又必定产生其反题。所以历史是一个永恒的辩证过程。每个历史环节都是一连串错综复杂纠缠在一起的矛盾——肯定者和否定者之间的张力。这些力量互相反对,但是彼此又互相依赖。最终,正题和反

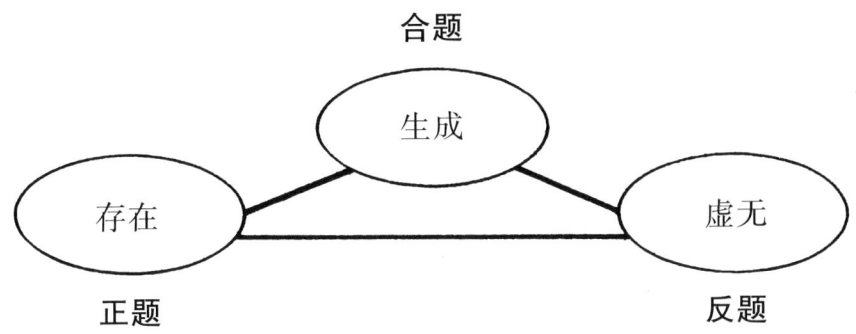

题之间的张力破坏了历史环节,但是从这个被破坏了的历史环节的废墟中又诞生出了新的历史环节,新的历史环节继承了老的历史环节的主要优点。这就是黑格尔的乐观主义:进步是历史所固有的。如果我们这些个人认为我们在历史的特定时代会看到衰退和退步,这是因为我们看不到"理性的狡诈",它用表面上的倒退运动掩盖了进步。这就是理性(即上帝)之自我再生过程的本性。例如,考虑一下希腊-罗马的民主政体。一方面,在希腊和罗马的民主主义者中依然有着对自决、自由和人类尊严的担负(例如,通过伯里克利的"葬礼演说"就可以看到这一点)。另一方面,在其民主时期,希腊和罗马却都是拥有奴隶的帝国主义国家。讨论中的这种社会有两种相互矛盾的本质特征,但具有讽刺意味的是,这两种特征又是彼此相互依赖的。奴隶的存在是为了新兴公民阶层的享受,但是没有奴隶制和劫掠来的战利品,也就不会有这样一个阶层,这个阶层的成员得以从辛苦劳作中解放出来,把他们的时间、技艺和才智投入到民主城邦的创建上来。然而,在自由与不自由——希腊-罗马民主制的两极——之间所存在的观念上的矛盾最终撕裂了这个社会,并为一种新的社会类型,即中世纪的封建制开辟了道路。

现在,封建制在你我看来似乎并

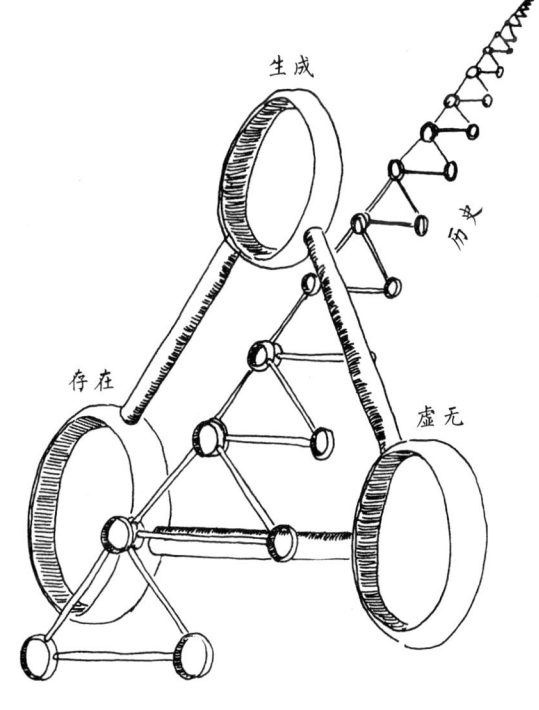

第六章 康德之后的英国和大陆哲学 209

不是较其之前的民主社会更为进步,事实上,它看起来更像是一种倒退。但是从黑格尔的观点来看,中世纪社会在自由方面体现出一种进步,这超过了希腊和罗马,因为在封建制度下不存在奴隶。即使是最卑贱的农奴也有法定的权利。

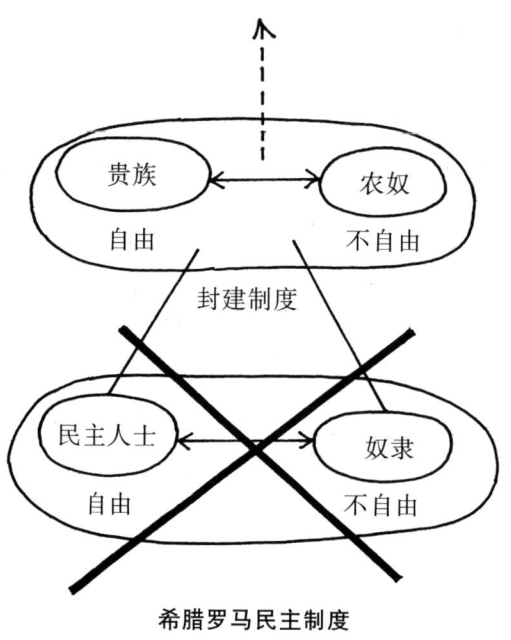

希腊罗马民主制度

在历史上发生的事情同样也发生在个人身上。我们每个人都经历了对自我与自由理解的不同阶段。存在着这个阶段,此时我们认为只有摆脱他人的支配并且支配他人,我们才能是自由的。随后,我们逐渐认识到,在支配他人的同时,我们自己也被支配着,因为我们变得既在物质上又在自我认同上依赖于我们所支配的人了。(我是谁?我是领主。但是只在我被农奴承认为领主时,我才是领主。没有他们的承认,我什么也不是。因而实质是：他才是领主，而我是农奴。）只有承认我们以及我们周围的其他人都是不自由的，我们才能够超越不自由的支配关系，并发现更高形式的自由——即发现通往理性和上帝的道路。

这个黑格尔式思考的范例使我们对黑格尔思想的心理学、社会学、历史学和神学维度得以略知一二。黑格尔将其辩证法体系看成是从分化的个别向更大的、更完整的统一体的运动，而这个运动总是通过对立双方的矛盾而进行的。例如，他把国家看成是经常相互矛盾的所有个人利益、家庭利益和社会利益的最高综合，并将它称为客观精神（主观精神［作为自我意识和内向化了的精神］的反题）的顶点。

很多黑格尔的批评者指出这一点，他们提醒人们注意黑格尔最终对普鲁士这个独裁专制国家的崇拜。有些人甚至主张，他的整个体系都在力图为新复位的普鲁士君主提供政治服务，普鲁士君主是黑格尔的后台老板。①

对黑格尔的客观精神的一个更积极的解释集中在他将拿破仑视为历史终结的标志。② 按照这个解释，历史是主人和奴隶、领主和农奴相互对立的历史。农奴的劳动创造了一个超越自然的文化世界。在法国大革命之前他们的劳动果实是为领主所享用的，而领主最终被证明是无用的。拿破仑的兴起意味着领主统治的终结，一个新的普遍向同质的国家来临，在其中领主不再轻蔑地俯视农奴；相反，这个新的国家是这样一个国家，在其中"一个意识在另一个意识当中认识他自己，并且每个人都知道这种相互承认"③；也就是说，每个人都从其他人的普遍性认识到他们的个体性、也从其个体性认识到他们的普遍性。拿破仑进攻耶拿的战役的火炮彻底终结了主人和奴隶组成的旧世界，而当他匆忙地完成《精神现象学》最后几页时，黑格尔应该听到过其炮声。拿破仑本人是后历史的世界的先驱。但是，卷入这场狂风暴雨中的人们当时并没有理解其意义，

---

① 例如，参考卡尔·波普尔（Karl Popper），《开放社会及其敌人》第二卷《黑格尔和马克思》（*The Open Society and Its Enemies*, vol.2, *Hegel and Marx*, Princeton, N.J.: Princeton University Press, 1966）。
② 例如，参考亚历山大·科耶夫（Alexandre Kojève）《黑格尔导读：〈精神现象学〉讲座》（*Introduction to the Reading of Hegel: Lectures on the "Phenomenology of Spirit"*, trans. James H. Nichols Jr., Ithaca, N.Y., and London: Cornell University Press, 1993）。
③ G. W. F. 黑格尔，《精神现象学》，巴里译（*The Phenomenology of Mind*, trans. J, B, Baillie, New York and Evanston, III: Harper Torchbooks, 1967），第457页。更新一些的译本是A.V.米勒的《精神现象学》（*Phenomenology of Spirit*, trans. A. V. Miller, Oxford and New York: Oxford University Press, 1977）。但我是在阅读巴里的译本中"成长起来"的，我也更喜欢这个译本。

密涅瓦的猫头鹰

这对黑格尔而言，没什么可大惊小怪的，因为历史的终结不可能被那些在历史之中的人所理解。这就是黑格尔的名言的含义："密涅瓦的猫头鹰只在黄昏来临之际伸展双翼。"[①] 但或许在黑格尔的眼中，他自己的哲学比拿破仑更能代表后历史的世界。还需注意的是，黑格尔体系的最高点不是客观精神，而是绝对精神，而绝对精神的顶点——当然，是黑格尔所称的主观精神（内向化的自我意识）和客观精神的综合——不是国家，而是哲学（人们认为，特别是指黑格尔哲学）。

叔本华

亚瑟·叔本华（Arthur Schopenhauer，1788—1860年）是最尖锐的黑格尔批评者之一。他是黑格尔的同时代人，但比黑格尔更年轻，他不愿意被黑格尔的巨大名声所胁迫。作为刚开始在柏林大学工作的哲学教师，叔本华将他的课程安排在与黑格尔开课的时间相同，他完全明白，这种做法必然使他自己只有极少数（如果有的话）学生。这位自大的年轻哲学家对黑格尔的看法是一种不加

[①] 黑格尔，《法哲学原理》，出自《黑格尔：基本著作集》（*The Philosophy of Right*, in *Hegel: The Essential Writings*, ed. Frederick G. Weiss（New York: Harper Torchbooks, 1974），第256页。在罗马神话中密涅瓦即为智慧女神，而猫头鹰则是她的象征。

掩饰的轻蔑,我们可以从以下他对黑格尔毫不奉承的描述中看出这一点:

> 黑格尔,被来自上面的大人物任命为持有证书的"伟大哲学家",是一个愚蠢的、乏味的、令人作呕的、无知的江湖骗子。他胡编乱写、粗制滥造些故弄玄虚的荒谬废话,其无耻大胆已然登峰造极。①

阿瑟·叔本华

事实上,叔本华只对两位哲学家——柏拉图和康德——表现出深深的敬意。他也赞赏印度的哲学传统。对叔本华而言,纵观历史,所有其他哲学家都不过是"饶舌之人"而已。叔本华开始其工作时要求回到康德,而事实上,叔本华的主要著作《作为意志和表象的世界》的第一部分根本上来说是对康德思想的复述。叔本华赞同康德的观点,认为人类心灵无法认识终极实在,我们能够通过理智把握的唯一实在是穿过了时空之网和知性范畴的实在。叔本华写道:

哲学史是饶舌者的历史

---

① 转引自波普尔,第32—33页。

第六章 康德之后的英国和大陆哲学

"世界是我的表象":这是一个真理,是对任何一个活着并认识着的事物都有效的,尽管只有人能够将它带入反思的抽象意识。要是人真的这么做了,那他已经达到了哲学智慧。继而对他来说变得清楚而确定的是他所认识的不是什么太阳或地球,而是一双看见太阳的眼睛,一只感触着地球的手;那个围绕着他的世界只是作为一个表象存在着。[1]

回想一下,当康德提到本体世界的时候,他主张我们无法认识它,尽管基于某些实践上的需要,我们有权对之持有各种信念。我们看到,对于康德来说这些信念是极其乐观主义的:对于上帝的信仰,对自由的信仰,对不朽的信仰,以及对永恒正义的信仰。而且,康德还指出某些人类经验,我们的某些直观,康德希望这些可能是关于不可知的本体世界之本性的超理性线索。举个例子,当我们在一个晴朗的夏日晚上遥望夜空,我们所体验到的那种崇高感是存在的。同样让康德深受启发的是我们在某些危急关头所体验到的道德责任感。正如康德所指出的,"有两个东西不断地在心灵中引起越来越强烈的景仰和敬畏……头顶的星空和心中的道德律。"[2]

同样,叔本华也认为存在某些应该留心的直观经验,因为这类经验很可能会给我们提供一种对终极实在的超理性洞见。但叔本华所举的这类例子实际上与康德的迥然不同。

比如,叔本华想知道何以当某个人被告知一个熟人的死讯时,他首先经验到的刺激是咧嘴而笑的冲动——当然,这是必须得到抑制的冲动。叔本华还想知道,一个可能经过积年累月不知疲倦的工作才最终取得成功和权力的受人尊敬的商人或者政府官员,为什么会愿意用所有这一切冒险,只为与一个被禁止(与其发生关系)的伴侣那片刻床笫之欢。这些以及类似的人类经验导致叔本华对终极实在的本性持有比康德悲观得多的直觉。叔本华的阴郁疑虑很快成为他体系中的"真理"。(这些非认识论真理的奇特地位没有逃脱叔本华批评者们的双眼。)叔本华曾说:"'世界是我的意志'这个真理对每个人来说如果不是可怕的,也必定是非

---

[1] 阿瑟·叔本华,《作为意志和表象的世界》第一卷(*The World as Will and Idea*, vol. 1, trans. R. B. Haldane and J. Kemp, London: Routledge and Kegan Paul, 1964),第3页。
[2] 伊曼努尔·康德,《实践理性批判》(*Critique of Practical Reason*, trans. Lewis White Beck, Chicago: University of Chicago Press, 1949),第258页。

在葬礼上窃笑可不好

常严重而令人印象深刻的,它是一个人可以说出来、也必须说出来的真理。"①

叔本华的可怕真理实际上是这样的:在显象背后,在现象之幕背后,确实存在着一个本体实在;但它远不是康德所希望能在其中找到上帝、不朽和正义的良善之地,叔本华在此所发现的是野蛮的、火热的、无情的、无意义的力量,他称之为"意志"。这个力量在其永不满足的对"更多"的要求中创造一切,又毁灭一切。(它不知道要更多的什么东西——它只知道它想要更多。)

理解叔本华的意志概念最好的现象界的意象就是性和暴力。不仅在自然界中,而且甚至在人类领域中,每个事件都是一个产生和毁灭的行为。我们的行为,无论是有意还是无意,不论我们意识到还是没意识到其动机,事实上都是以某种方式服务于产生和毁灭的行为。如果你熟悉弗洛伊德的理论,那么你现在就能知道他的"本我"观念是从何而来的了。甚至"本我"这个名字(id这个拉丁文意思是"它")也和叔本华的"意志"一样表示着本体的不确定性。弗洛伊德本人曾在1920年说过:"我们已经不知不觉地驶入叔本华哲学的港湾。"②

---

① 叔本华,第4—5页。
② 西格蒙德·弗洛伊德,《超越快乐原则》(*Beyond the Pleasure Principle*, trans. James Stachey, New York: Bantam Books, 1963),第88页。

叔本华透过现象世界的帘幕凝视

叔本华认为,现象世界的每一事物都只是这种强硬意志的显示,或者用他的话来说,一种"意志的对象化"(也就是说,穿过了范畴和时空之网的意志)。

叔本华"意志"的各种意象尽管愚蠢而粗暴,但他也将意志设想为极度狡诈的。意志能够向其自身的"实验"隐藏它的残忍意图,这些"实验"可能会冒犯或甚至会报复意志。换句话说,人类的心灵就是这样被构造出来的,即便在其世界观上也自我欺骗。意志穿过时空网格和范畴时改变了性质。然而,如果我们可以清除我们本性中的乐观主义——这种乐观主义本身就是意志的狡计的产物,那么我们就能够看透自然,并且明白除了赤裸裸的生殖需要,它丝毫不关心任何造物的幸福与安康。叔本华通过对南太平洋的巨型海龟的描述来阐述他的观点。巨型海龟在交配期竭力爬到海滩上以便把它们的卵产在沙中,据说,在暴风雨中,数以百计的这种海龟会在岩石海岸边摔得粉身碎骨。叔本华还提醒人们注意一种奇特的蛾类,它们从蛹中一出来就具有完整的生殖和消化系统;但自然却忘了给它一个小零件——一张嘴!所以这种蛾子繁殖后立即去寻找食物，但很快就饥饿而死。但是，自然并不在意，因为这种蛾子已经产下了它的小卵。在叔本华看来，人也跟海龟和蛾子一样。如果你超过了十八岁，那么你的肉体就开始衰退。你的肉体，只不过是生殖系统的脚手架而已，一旦它在适合的位置产下后代并给这些后代一个复制它们自己的机会，就开始死亡。

这个消息确实很可怕。为什么人们没有意识到我们全都处在非理性的、无意义的意志奴役状态之下呢？原因便在于意志的狡计。人类文明本身只不过是意志的一个又一个实验而已，而人类的乐观和希望也只不过是意志给予我们的礼物而已，这个礼物必然使我们继续在关于真实形势方面欺骗自己。艺术、宗教、法律、道德、科学，甚至哲学也只不过是意志的升华而已，而升华也还是为了意志自身的目的。黑格尔对上层文化的称颂也只不过是对意志绝对胜利的证明。

我们的所有希望和志向都会遭遇破灭。幸福是一场不真实的梦幻。任何一个人随便在哪一天只对报纸看上一眼，之后他还能是乐观主义者，那就太荒谬了。泥石流吞没了整个村庄，一个疯狂刺客的一颗子弹将一个民族的希望击得粉碎。一个有三

表面上的情况

真实的情况

个孩子的单身母亲死于一场痛苦的疾病。战鼓从未停止过敲动,不光彩的死亡在等待着所有人。确实,只有愚人才能在直面这样的真理时还依旧保持乐观。

哲学无疑从来没有像在叔本华这里那样如此沮丧,又令人沮丧。但是,在他看来,他的悲观主义是一种理性的悲观主义,而他为这种"理性"的悲观主义寻求一种理性的解决之道。当然,也曾有过其他明白这个真理并为之寻求理性回答的人。在叔本华看来,耶稣和佛陀都曾是悲观主义者,但是他们的解决之道都是空想,并且依然服务于意志。(除此之外,他们的学说还被意志的狡计所篡改,这一点表现在他们教徒的乐观主义上,信徒们将其先师的悲观主义消息作为"福音"提出来。)柏拉图也曾经提出一种"近乎"成功的解决之道,但是他的永恒"理念"仍然是表象世界的一部分,因而只是意志的一部分。

似乎叔本华哲学所能提出的唯一劝告应该就是自杀了。但事实上,叔本华却劝告人们反对自杀,他的理由是,自杀是意志最后的孤注一掷,因而仍然是意志的显示(也就是说,没有什么行为像自杀一样要求如此多的意志的集中;因而,自杀不可能是对意志的否定)。

切勿绝望!还有一种叔本华式的解决之道。尽管所有文明都只不过是性和暴力的升华,因而只是意志的实验,但文明世界可以达到一个精妙的程度,在

柏拉图的解决方法

这里它可以与它自己的无意识的起源断绝关系，并建立起一个独立的领域，事实上，这个领域是反自然并且因而是反意志的领域。这种摆脱了意志的自治出现在艺术世界的一个特定角落——即音乐的角落。但并不是所有音乐。流行音乐肯定不行，它所做的正是唤起现象世界的想象和情感。大部分古典音乐也达不到。比如，在贝多芬的作品中，想象依然太过强烈；因而它与意志的联系也就太过明显。（当我们聆听《田园》时，我们看到草地上的牛群、嫩绿的青草和野花，还有朵朵白云飘过蓝天。）这样不行，对意志的摆脱只能在对纯形式的音乐的冥想中才能实现，这种音乐没有歌词，也没有想象。有一种巴洛克音乐符合

猫王的解决方法

这个标准——一种纯粹数学式的形式主义：主题、复调、主题。一个人有可能尽其一生不计私利地沉思这类音乐。叔本华恰恰提出这种沉思来作为他认为的"涅槃"——从现世脱离，逃入纯粹形式之中，因而战胜了意志。这就是柏拉图和佛陀笨拙地努力想要达到的目标。

叔本华哲学在德语世界的知识分子中有着深远的影响。要是没有叔本华，那么弗里德里希·尼采、西格蒙德·弗洛伊德、托马斯·曼的作品几乎是不可设想的。然而，似乎没有什么人认真地看待叔本华的解决之道。再明显不过的是，正如尼采将要指出的那样，巴洛克音乐是所有音乐中最感性的，而且欲求将自己沉浸于其中，这说到底还是一个欲望，因而还是意志的作用。

叔本华的解决方法

克尔凯郭尔

  叔本华对待黑格尔的方法是先对他大骂一通，然后转头不顾。但紧随其后的那一代大陆哲学家却不得不直面黑格尔，到19世纪30年代，黑格尔的影响已经非常巨大。在这一代哲学家中，最重要的是丹麦人索伦·克尔凯郭尔（Soren Kierkegaard，1813—1855年）。克尔凯郭尔现在通常被认为是存在主义之父，但他首先将自己视为一位宗教作者和一名反哲学家。实际上，他并不反对一般而言的哲学，而是反对黑格尔哲学。尽管如此，克尔凯郭尔跟其他同辈人一样，曾深陷于黑格尔的魔力，远远超过他所愿意承认的。

  克尔凯郭尔指责黑格尔，很大程度上是因为，黑格尔导致了整整一代人思想生活的非人性化。这种非人性化是黑格尔"纠正"亚里士多德的逻辑学所产生的结果。我们知道亚里士多德定下过三条基本的逻辑原理：

1. 同一律（A=A）
2. 不矛盾律（非［A并且非A］）

3. 排中律（A 或者非 A）

黑格尔认为这些原理是错误的。他新的辩证逻辑颠覆了这些原理。根据他的辩证法，从某种意义上说，任何事物都是它自身的对立面，因而，A=A 并不有效，因为 A= 非 A。（希腊民主制从某种意义上相当于希腊奴隶制，因为，它是它自身的对立面。）如果同一律是站不住脚的，那么不矛盾律和排中律也就崩溃了。克尔凯郭尔对黑格尔傲慢的看法表示气愤。他用下面这类短文嘲笑这种看法：

索伦·克尔凯郭尔

> 如果你结婚,你会为此感到后悔;如果你不结婚,你还是会为此感到后悔;……不管你结婚还是不结婚,你对二者都会感到后悔。嘲笑世上的荒唐事,你会为此感到后悔;悲叹世上的荒唐事,你也会为此感到后悔;嘲笑世上的荒唐事或者悲叹它们,你对二者都会感到后悔……信任一个女人,你会为此感到后悔;不信任她,你也会为此感到后悔;信任一个女人或者不信任她,你对二者都会感到后悔……吊死你自己,你会为此感到后悔;不吊死你自己,你也会为此感到后悔;吊死你自己或不吊死你自己,你对二者都会感到后悔……先生们,这就是所有哲学的要点和实质。①

克尔凯郭尔所写的并非真是所有哲学的要点和实质。这只是黑格尔哲学的要点和实质，在这种哲学中，所有的对立都被抹杀了，这导致了极端的冷漠和道德败坏，并且由于否定了排中律，从而取消了非此即彼的抉择——因而否定了自由，而在克尔凯郭尔和他的存在主义追随者们看来，自由是人类生存的本质。因而，克尔凯郭尔在他的名为《非此即彼》的书中发表了前述那个"迷离的演说"，

---

① 索伦·克尔凯郭尔，《非此即彼》第一卷（*Either/Or*, vol. 1, trans. David F.Swenson and Lillian Marvin Swenson, Garden City, N.Y.: Doubleday Anchor, 1969），第37页。

这本书的题目本身就是对黑格尔的一种攻击。

黑格尔不仅抹杀了"此"与"彼"之间的区别,而且还取消了认识论与本体论之间的差异,他断称"凡是合理的即是实在的,凡是实在的即是合理的",^①这是存在与思维之同一性的另外一种表达方式。克尔凯郭尔颠覆了黑格尔的论断,他主张存在是一个不能被思考的东西。这个主张具有双重意义:(1)思维和存在不是同一的;(2)对"存在"进行思考是不可能的。

回忆一下,黑格尔的神已经发现自己无法思考纯存在。克尔凯郭尔把这个限制又推进一步,他认为不只是纯存在不可能被思考,任何存在都是不可思考的,因为,从克尔凯郭尔的柏拉图式意义理论来看,思维始终是一种抽象形式。语词是指称概念的能指,而概念则是一般范畴。对克尔凯郭尔来说,在"这只棕色的狗服从它的主人"这个句子中每个语词都表示一个抽象物。语言从经验中

---

① 德语原文是"Was vernünftig ist, das ist wirklich; und was wirklich ist, das ist vernünftig"。我的翻译是一种习惯的译法。但是我应该附带指出现在黑格尔学者们倾向于译为"凡是合理的都是现实的,凡是现实的都是合理的",因为黑格尔将 Wirklichkeit 作为一个技术性术语使用,它意味着本质和存在的一种综合。这一学术性译法避免了以下这种错误印象,即认为黑格尔的观点是:凡是存在的,都是正确的——这将会是对一切邪恶的政治体制的默认。例如,参考黑格尔《法权哲学》(*Philosophy of Right*, trans. T. M. Knox, Oxford: Clarendon Press, 1949),第10页。

语言使人疏远了鲜活的经验

抽象出来并且废除了差异,以便使思想和交流成为可能;因此,(受语言限制的)思维使我们疏远了真正的存在,真正的存在从来就不是抽象的而始终是具体的。

作为黑格尔哲学这种抽象物的对立面,克尔凯郭尔哲学把我们带回到具体的存在。但并不是关注事物的具体存在,而是关注个体的人的具体存在。勒内·笛卡尔曾经正确地把自我作为哲学的起点("我思故我在"),但他又错误地把自我等同于思维,就像后来的黑格尔那样。克尔凯郭尔说道,"思维是一回事,存在则是另一回事。"我可以思维和谈论许多关于我自己的事——"我是一个教师,我是个男人,我是一个美国人,我在恋爱,比起香草味我更喜欢巧克力味。"但是,当我在谈论和思维我自己时,有一个仍然无法被思维的东西——我的存在,它是一个"不尽根"(一个无理余数)。我无法思考它,相反,我必定经历着它。

在克尔凯郭尔看来,我的活生生的存在就是激情、决定和行动。其中没有任何一个范畴可以被思维所穷尽。但克尔凯郭尔并不是在说存在与思维没有关系。事实上,存在与思维必定是相互渗透的。那么,是什么样的思维呢?它是一个"生存性的探索",它"把自己越来越深地献给存在的事业,带着对存在是什么的意识,看透一切幻觉,在行动中重构存在,从而变得越来越具体"。①

为了解释这个观点,我必须对一个区别作出澄清,即克尔凯郭尔在其《结论性的非科学附笔》中作出的"客观思维"和"主观思维"的区别。第一种

---

① 索伦·克尔凯郭尔,《结论性的非科学附笔》(*Concluding Unscientific Postscript*, trans. Walter Lowrie and David F. Swenson, Princeton, N. J.: Princeton University Press, 1960)第315、387页。

思维是这样一种思维，对它来说存在着客观的真理标准，例如在数学、科学和史学中就是这种情况。如果你想要知道"3+2=5"、"f=ma"或"恺撒在公元前49年渡过卢比孔河"是否真实，你可以用公认的标准来判定这些论断是否是真理。那么，客观真理是存在的，但它们与生存漠不相关。也就是说，它们与我的生存没有本质关联。如果我发现它们中的一个是错误的，我也许会很吃惊，但我不会因此而变成另一个不

当所有角色被剥夺之后，剩下的就是我的生存

同的人。因而，克尔凯郭尔并不关心客观真理。

然而，对主观思维来说，不存在客观的真理标准。主观思维存在于例如价值观中，比如伦理观点和宗教观点。如果我告诉你给他人造成不必要的痛苦是不道德的，而你怀疑我的论断，那么最终并不存在任何我可以向之求助的客观标准，因而我无法证明我的观点。（在克尔凯郭尔看来，康德主义不会起作用，因为它预设了对自相一致和不矛盾性观念的重视。但如果你拒绝接受这种重视又如何呢？）同样地，如果我主张"上帝是爱"而你对我表

直面实在之不确定性时的眩晕

示怀疑，我无法求助于任何客观的真理标准来为我的断言进行辩护。

然而，这些主观真理对我的存在来说是至关重要的，而客观真理则无关紧要。我们做什么，基本上我们就是什么，而我们做什么——我们的行动——是各种决定的结果，决定则是我们所选择的价值观的具体体现。然而，这些价值观无法被建立在确定性的基础上，而总是由于信仰，对不确定者的信仰而被接受。

克尔凯郭尔认为，在直面所有事物的不确定性时，对价值观和决断力的需要激发了一种眩晕和根基的丧失，它们揭示了真实的人生境况乃是痛苦而绝望的。黑格尔错了，现实的并非合理的。对人生现实的活生生经历并非出于理性，相反，它是一种令人绝望的虚无，而又渴望成为某种东西。（但是，黑格尔说的难道不也是这个吗？）

除了道德评价和宗教评价，还有其他主观真理。但克尔凯郭尔告诉我们，这些真理只能被间接地传达。它们可以被暗示、影射、夸大、轻描淡写、谎报、取笑、诗化或者忽视。但它们不能被言说——或者至少是，即便它们被说出来，它们也无法被直接理解。"我的死亡"这一真理就是这样的真理。我知道所有的人都有一死，我是人，所以有一天我也会死。通过在历史课和生物课上所做的研究，我对死亡有了很多知识。但这种知识并不意味着我已经把我的死亡作为一个主观真理加以把握了。在《附文》一书中，克尔凯郭尔讲述了一个人的故事，这个人在哥本哈根的街角遇到了一位朋友，这位朋友邀请他去吃饭。被邀请的这个人很热情地答应出席，但就在此时这位未来的客人被一块恰巧从楼顶掉下来的瓦片给砸死了。克尔凯郭尔嘲笑这个死者，他说人们碰到这种情况会把自己给笑死。这个例子中一个人对未来作出绝对的承诺，但他的存在却被一阵风给拂了去。在对这个故事所带的讽刺暗笑了一会儿之后，克尔凯郭尔自问是否对这个小伙子太过严酷了。我们当然不会预期这个客人答复邀请时这么说:"你可以算上我,我一定会去。但我必须把这一偶然情况排除在外,即一片瓦片恰好从楼顶吹下来把我给砸死了,因为发生这种情况我就来不了了。"①但是《附文》的读者会认识到那恰恰是克尔凯郭尔所想要的回答。当我们理解到在我们所作出的每一个关于未来的陈述后面,我们都可以正确地附加一句"但是,我可能下一刻就死了,这样的话我就参加不了了",这时我们才把握了关于我们的死亡的主观真理。

克尔凯郭尔这个故事的意图并不是要激起一种病态感。在他看来,对作为

---

① 索伦·克尔凯郭尔,《结论性的非科学附笔》(*Concluding Unscientific Postscript*, trans. Walter Lowrie and David F. Swenson, Princeton, N.J.: Princeton University Press, 1960),第315、387页。

站在永恒那大口洞开的深渊面前的个人

主观真理的人之死亡的发现成为另一个发现的由头,即发现"人的生存"是一个主观真理。只有面对永恒那大口洞开的无限深渊,存在的直接性和脆弱性才能得到理解。

大多数人根本遗忘了虚无就在近旁,他们把自己的生命用在琐碎的思维和无意义的事情上。("我的袜子破了洞吗?要是我系一条脏领带,人们对我会有什么想法呢?")但是,对我们的主观真理的发现具体化并强化了我们的生存。它有助于我们安排我们优先考虑的事,澄清我们的价值观,并且还有助于使自我从它在社会角色、物质财富和语言抽象的异化中恢复过来。它揭示了(同时也创造了)对自我来说一直隐而不显的自我。

对克尔凯郭尔来说,自我在本质上就是主观性,主观性由个人对自己主观真理的信奉所构成。在克尔凯郭尔看来,本真的自我,是一种通过自我反思的活动而"自我选择"的自我,这种活动澄清并且创造了各种价值观,并且同时为这些价值观承担全部责任。按照克尔凯郭尔的看法，这个过程恰恰是被黑格尔排除在他的体系之外的，或者，更准确地说，这个过程是任何一个体系都必然会抹杀的过程。因而，克尔凯郭尔是反体系的，并且把他的一本书的书名定为《哲学片段》，这是打在黑格尔脸上的又一记耳光。

克尔凯郭尔认为他的任务并不是发展出一种新的认识论，也不是创建一个新的形而上学体系，而是创造一种全新的人类——能把握自己的自由并且创造自己命运的人。（19世纪另外两位率性的思想家也加入他的这个任务中，这两个人我们也将会研究：卡尔·马克思和弗里德里希·尼采。）克尔凯郭尔把他的新人类称为"信仰骑士"。对克尔凯郭尔来说，这种人具有一种超人的力量和伟大。克尔凯郭尔这样描述信仰骑士的范型：

> 世界上的伟大之人不应该被遗忘。但每个人都曾以其自己的方式而伟大……每个人的伟大都是与其期望成比例的。一个人曾因期望可能之物而变得伟大，另一个人曾因期望永恒之物而变得伟大，而那个期望不可能之物的人比所有的人都伟大。每个人都应被铭记，但每个人的伟大都是和其为之奋斗的东西的伟大成比例的。那与世界斗争的人曾因征服世界而变得伟大，那与自己斗争的人曾因征服自己而变得伟大，而那与上帝斗争的人则比所有的人都伟大。①

这些骑士把握了所有存在的荒谬性和偶然性。大卫·休谟已经对所有事物的无关联性有所思考。但休谟仅仅是对之有所思考而已，而信仰骑士们则本能地感觉它。但是，他们在自己身上找到了统一他们世界的力量，即通过意志的行为来将世界团结在一起，这个力量克尔凯郭尔称之为"信仰"。这些骑士是个体，他们深入地审视人类世界，并且看到在最深的层面上我们是孤独的。我们处于"绝对的隔绝"之中——这是一种造成疯狂或"神圣疯狂"的孤独，因为克尔凯郭尔的英雄们只孤独地和他们的神在一起。事实上，克尔凯郭尔的信仰骑士，他的"新人类"，根本就不新。相反，他们是以克尔凯郭尔对《圣经》中的祖先亚伯拉罕的曲解为基础建立起来的，亚伯拉罕在深夜听到一个声音命令他献出他

---

① 索伦·克尔凯郭尔，《恐惧与颤栗》，出自《〈恐惧与颤栗〉和〈致死的疾病〉》（*Fear and Trembling*, in *Fear and Trembling and The Sickness unto Death*, trans. Walter Lowrie, Garden City, N.Y.: Doubleday Anchor, 1954），第31页。

的儿子作为牺牲。亚伯拉罕对这条消息的意义承担了全部的责任——这是他的意义,他的主观真理,他也对他的行为承担了全部的责任,由此他成为一个克尔凯郭尔式的英雄。克尔凯郭尔这样描述亚伯拉罕:"亚伯拉罕比所有人都伟大,他由于实为软弱的力量而伟大,由于实为愚蠢的智慧而伟大,由于实为疯狂的希望而伟大。"[1]黑格尔曾把人类存在转换成纯粹思想。克尔凯郭尔把"荒谬者"这个新范畴,引入哲学并将之置于他理想的人类内心,以此来反对黑格尔的理性化。

马克思

当然,在他那一代哲学家当中,索伦·克尔凯郭尔并不是唯一一位深受黑格

---

[1] 索伦·克尔凯郭尔,《恐惧与颤栗》,出自《〈恐惧与颤栗〉和〈致死的疾病〉》(*Fear and Trembling*, in *Fear and Trembling and The Sickness unto Death*, trans. Walter Lowrie, Garden City, N. Y.: Doubleday Anchor, 1954),第31页。

尔影响的人。当卡尔·马克思（Karl Marx，1818—1883年）在19世纪30年代中期作为一位学哲学的青年学生来到柏林大学时，黑格尔已经死于霍乱五年了，但是他的精神仍然处于绝对的统治地位。在当时的德国，研究哲学就是研究黑格尔哲学。然而，关于到底是什么构成了"哲学研究"，黑格尔学派中人却毫无共识。事实上，他们已经分裂为两个敌对的阵营，"黑格尔左派"和"黑格尔右派"。右派对黑格尔的解读更为正统，这一派主要由那一代当中年纪较长、较为保守的成员组成。他们主要关注黑格尔关于宗教和道德的思想。左派则由较为年轻的、也更为激进的哲学家所组成。他们有时自称"青年黑格尔派"。他们大部分的兴趣在于发展他们所认为

黑格尔的精神是最高统治

显梦

隐梦

的黑格尔关于社会和政治问题的那些还不成熟的思想。他们认为，黑格尔的那些思想，按其本人所理解的那样是错误的，但其中却隐含着需要加以揭示的真理。"黑格尔左派"对黑格尔著作的态度与弗洛伊德对梦的态度非常相似。存在"显梦"（梦中的各种意象）和"隐梦"（梦的真实意义，它只有通过对显梦进行解析才能被揭示出来）。

有时，正如弗洛伊德对梦的分析一样，对意象的分析会表明意义正是意象表面上看起来的意义的对立面。

无需多言，马克思受到黑格尔左派，而不是右派的影响。黑格尔左派的技艺最出色的实践者是路德维希·费尔巴哈（Ludwig Feuerbach，1804—1872年），他的《基督教的本质》一书成为整整一代德国进步青年的"圣经"。

费尔巴哈的著作意在对宗教进行一种人类学的分析，它包含着对黑格尔主要理念的一种颠倒。黑格尔曾断言："人是自我异化的上帝。"费尔巴哈则把这个命题倒转过来说："上帝是自我异化的人。"也就是说，上帝的观念是人的观念的颠倒。费尔巴哈认为，存在着某种为所有人渴望的（柏拉图式的）普遍价值观。纵贯整个历史的每一种文化都渴求真理、美、正义、力量和纯洁。拥有这些渴求乃是人的本质的一部分。但是，当历史上的民族实现他们这些理想的努力遭受挫败时，这些理想本身就从人异化出来，并被投射到一个"理想存在"上，这就是上帝，他要求将一切都归于其荣耀。费尔巴哈认为，只要我们人类继续把我们的理想异化为某些非人的外部存在，那么我们将永远无法实现我们自身存在的完美。黑格尔只对真理有过隐约一瞥。人就是上帝，上帝就是我们之所是，但我们只能通过一种自我复归的行动才能成为这样的上帝，而这种行动只能通过废除我们传统的宗教观念才会发生。例如，我们可以思考一下费尔巴哈的神圣家族这个概念。

这就是神圣家族。它是世俗家庭的理想化。在这儿,和平、幸福和爱主宰一切。

这就是世俗家庭。沮丧的父亲从小酒馆里醉醺醺地回到家中,在小酒馆里,他把微薄的周薪花掉了大半。他以吓唬他的妻子和孩子来发泄怒气。

按照费尔巴哈的看法,只有通过消除神圣家族的形象,我们才能把和平、幸福和爱带进世俗家族,因为只要我们依然在我们面前持有前者的形象,我们就会把俗世看成只是一个审判和惩罚之地。工人们在星期天会到教堂去,为他们的罪恶忏悔,屈服于不幸,把它当成人类命运,而在下一个发薪日又回到小酒馆,把他们微薄的工资喝个精光。

马克思受到费尔巴哈的直接影响。作为一名学哲学的年轻学生,马克思写道:"每一个从事哲学研究的人都得穿过这条灼热的小溪。"(在德语中,Feuerbach的意思就是"灼热的小溪"。)但马克思很快就摆脱对费尔巴哈的迷恋,而他自己的哲学则始于对他老导师的批判。费尔巴哈以自己摆脱了黑格尔的唯心主义为荣,而宣称自己是一个唯物主义者。但是马克思批评费尔巴哈是一个隐性的唯心主义者,也就是说,一个自以为是唯物主义者的唯心主义者。马克思指出

神圣家族的消失

了费尔巴哈对神圣家族的解释中所暗含的唯心主义。按照费尔巴哈的解释,我们通过改变关于神圣家族的观念就可以改变世俗家族的物质结构。与此相反,马克思认为,所有的改变都必须开始于物质结构的层面。他在其《关于费尔巴哈的提纲》中写道:"自从发现神圣家族的秘密就是世俗家族之后,世俗家族本身就应当被加以理论地批判和实践地彻底改造。"① 抱着这一贯的态度,马克思以这句著名的话作为其反对费尔巴哈的小册子的结尾:"哲学家们只是以各种各样的方式解释世界,但问题在于改变世界。"② 马克思认为,只要家族发生变革(即,只要家族的权力等级序列随着社会权力序列的重建而被重建,因为家族是社会的一个镜像),那么神圣家族的观念自然就会烟消云散。宗教不需要被废除,它会自行消解。与费尔巴哈所认为的相反,宗教之所以会消失,是因为宗教不是异化的原因;相反,它是异化的一个征兆,有时甚至是对异化的抗议。马克思"宗教是大众的鸦片"这一断言经常被剥离语境而遭到误解。马克思实际上说的是:"宗教上的苦难同时既是现实苦难的表现,也是对这种现实苦难的抗议。宗教是被压迫生灵的叹息,是无心世界的心,就像它是非精神形式的精神。它是人民的鸦片。"③ 在这里,"鸦片"这个词是指这种药物有缓和疼痛的力量。

像他之前的费尔巴哈和黑格尔一样,马克思也同样关注对异化的分析(异化是主体被从其自然对象中分离出来的过程)。尽管马克思通过大量的异化现象(自然异化、社会异化、自我异化)都讨论过异化,但或许在其对"异化劳动"的论述中,最具哲学上的原创性。马克思认为人类的本性就是要成为生产

---

① 卡尔·马克思,《关于费尔巴哈的提纲》,出自《马克思和恩格斯:政治学和哲学基本著作集》("Theses on Feuerbach", in *Marx and Engels: Basic Writings on Politics and Philosophy*, ed. Lewis S. Feuer (Garden City, N.Y.: Doubleday Anchor, 1989),第244页。
② 同上。
③ 卡尔·马克思,《黑格尔〈法哲学〉批判》,出自Feuer,第263页。

者。他认为，我们必然要进行创造。与 homo sapiens（认识者人类）相比，马克思更喜欢 homo faber（制作者人类）这个名称，因为我们的认识依赖于我们的行为。马克思认为，很大程度上，我们是我们所制造的东西。我们创造了我们的产品，而我们的产品又造就了我们。我们的精神开始具有了我们所创造出来的对象的特征。如果我们用支离破碎的方式进行创造，那么我们自己就会变得支离破碎。如果我们创造没有用的东西，那么我们自己就会变成没有用的人类。[①]不幸的是，生产过程是受历史力量支配的，而历史力量却并不总是在我们的掌控之中。这些力量通常是社会-政治-经济的力量，当它们在人们与其产品之间造成分裂之时，其结果就是"异化劳动"。如果一个人所从事的工作不是出于创造性的自然需求，而是出于满足其他需求的必要性，比如经济需求或贪婪之心，那么异化劳动就会发生。如果一个工人所创

你是你所创造的

工人面对异化的自我

[①] 马克思写道："对太多有用东西的生产导致了太多无用的人。"见卡尔·马克思，《经济学哲学手稿》，出自《马克思关于人的概念》（Economic and Philosophical Manuscripts, in Marx's Concept of Man, ed. Erich Fromm, New York: Ungar, 1969），第145页。

马克思将黑格尔头足倒置

造的产品是为了他人的利润，并且这个产品进入为了满足贪婪的欲望的经济系统，而不是为了人的真正需要，那么进一步的异化就会发生。如果工人的劳动产品作为一种使其丧失能力的异己力量返回到工人身上，异化劳动便尤其容易发生。（极端的例子：工人生产出香烟，而香烟使工人患上了肺癌。）你听到以下观点应该不会感到惊奇，即：马克思认为，在历史上的所有社会经济体制中，除奴隶制以外，资本主义是促成最严重的异化劳动类型的社会经济体制。异化劳动反过来又造成了自我异化——工人们面对自己就像面对陌生人，就像面对非人类的陌生族类。（这是马克思对黑格尔的神圣同一性危机的说法。）青年卡尔·马克思的共产主义的目标是建立一个这样的社会，在这个社会中所有的异化都将被克服，而人类将重获其所失去的作为homo faber（制作者人类）的本质。

在将黑格尔的唯心主义向一种唯物主义的转化中（从而"将黑格尔头足倒置"），马克思创造了一种历史上独特的哲学理论。当然，我们在前面曾遇到过唯物主义者，德谟克利特和霍布斯就是这类人。但他们每个人在主张万物最终都消解为物质时，都选择在物理学意义上来界定他们的核心范畴。他们的物质实体只是运动的物质而已。但马克思不是从物理学而是从经济学来选择他的核

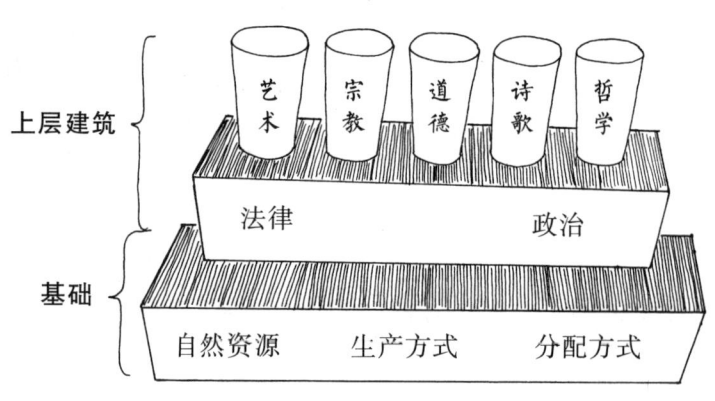

心范畴的。他并不是要解释全部实在,而只是要解释人性的实在。马克思运用了包含基础和上层建筑的分析模型。他认为,社会领域的基础是物质基础:自然资源、生产方式、分配方式以及人们在工作中的关系等等都包括在这个层级之内。建立在这个基础之上的是某些其他社会关系,如法律和政治架构所构成的层级,在这个层级之上又是一个层级,这个层级由高级文化如艺术、宗教、道德、诗歌和哲学这类具有社会性特征的东西所构成。马克思认为:

> 人们在自己生活的社会生产中,会进入到一定的、必然的、不以他们的意志为转移的关系,即同他们的物质生产力的一定发展阶段相适应的生产关系。这些生产关系的总和构成社会的经济结构,是实在的基础,在这个基础上产生了法律和政治的上层建筑,并有一定的社会意识形态与之相适应。物质生活的生产方式制约着社会生活、政治生活和精神生活的整个过程。并非人们的意识决定其社会存在,而是相反,人们的社会存在决定其意识。①

在这一段以及其他类似的段落中,马克思使其基础和上层建筑之间的关系看上去很简单。高级文化,或者他所谓的"意识形态"领域,仅仅是社会经济基础的一个"体现"或"升华"。后来他对此有所修订,承认观念性的上层建筑和物质性的基础彼此相互影响,尽管最终物质基础起着决定作用。社会的观念性内容永远只是意识形态,也就是说,只是基础性经济结构的一个宣传系统。在这个系统之中,经济结构的内部矛盾或被掩盖,或被否认。因此,要知道一个社会的地位象征的真实内容,你只需要问:"谁控制着基础?"知道了谁控制着自然资源、生产方式和分配方式(原材料、工厂、运输线和销售渠道),你就会发现隐藏在任何社会的法律、政治、科学、艺术、道德和宗教背后的秘密。正如古语所言:"谁出钱,谁做主。"马克思的说法则是:"每个时代的统治思想永远是这个时代统治阶级的思想。"②

在马克思的经济基础与上层建筑这一唯物主义模型之上,还要加上他对基础的辩证解释。一个特定集团对社会物质财富的占有自动地产生出了一个阶级体系——基本上分为有产阶级("有产者")和被有产阶级统治的阶级("无产者")。

---

① 卡尔·马克思,《政治经济学批判导言》,出自 Feuer,第43页。
② 卡尔·马克思和弗里德里希·恩格斯,《共产党宣言》,出自 Feuer,第26页。

路易十四的画像
（据海厄辛斯·里格）

法律对贵族特权的确立
（如，反偷猎法）

贵族阶层的财产所有制

作为意识形态的艺术

由于这两个阶级的利益始终处于对立状态，因此他们势必处于长期的斗争中。在《共产党宣言》的第一行，马克思宣称："至今一切社会的历史都是阶级斗争的历史。"[①]这个冲突在史前时代就已经随着工具的发明而出现了，在马克思的时代，它达到了其轮廓被最清晰地勾画了出来的阶段，并且实际上，按照马克思的看法，它也到了其最后的阶段。此时它是资本主义里的有产阶级（资产阶级）与受资本主义剥削的劳动阶级（无产阶级）之间的斗争。马克思在他成熟时期花费大量时间，从所有资本主义内部矛盾来描述资本主义的结构（令人想起黑格尔式的辩证法）。下面是一些实例：资本主义对自由竞争的强调导向了它的对立面，垄断。其结果是以前的一些经济精英集团的成员被驱逐到贫民的行列；

[①] 卡尔·马克思和弗里德里希·恩格斯，《共产党宣言》，出自 Feuer，第26页。

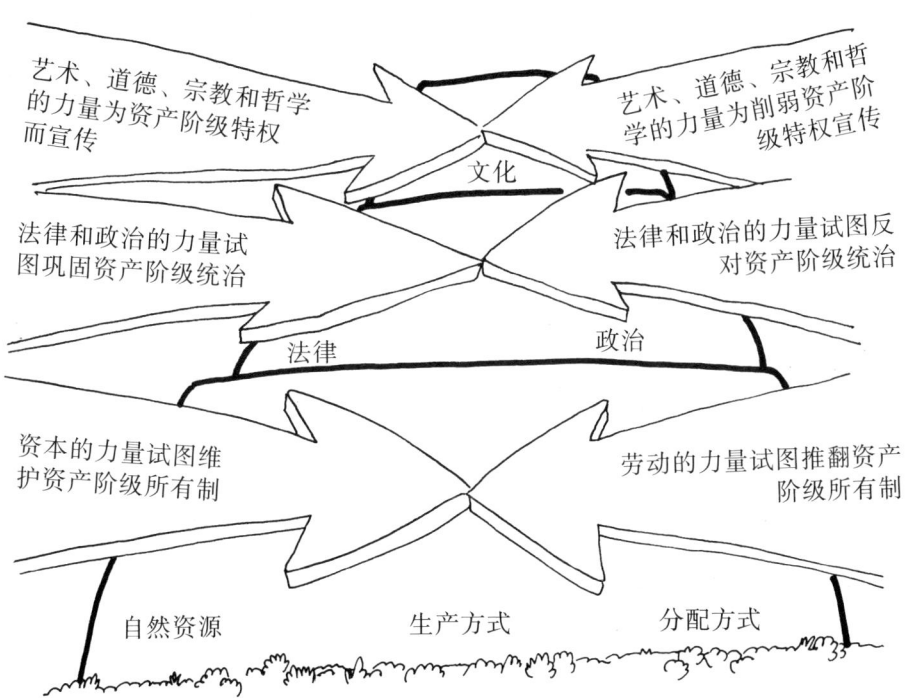

资本主义对新的原料资源、廉价劳动力和产品倾销地的持续需求导致资本主义国家之间帝国主义战争的产生;资本主义需要解决失业问题,为此只能通过把更多的资金注入到资本主义体制中,因而制造出了通货膨胀,而为了解决通货膨胀问题,又需要增加失业。马克思认为,这些内部矛盾,和因被剥夺者持续增长的苦难所引发的大规模动荡一起,必然会引起资本主义内部崩溃的全面爆发,以及工人阶级的革命,这场革命将产生马克思著名的"无产阶级专政",其作用就在于确保取得胜利的无产阶级不去恢复阶级制度。(毕竟,这些获得胜利的街头斗士们自己是在异化状态中成长起来的,因而是在"错误意识"中成长起来的。)① 按照马克思的看法,这个专政一旦完成了其主要任务,就会走下权力的舞台——用马克思的话来说,它将自行"消亡"。马克思的批评者会马上指出:他并没有对其社会主义乌托邦中的权力滥用问题进行论述。也许这个疏忽要归于他从黑格尔那里继承来的哲学上的乐观主义。(不幸的是,正如苏联的斯大林时期所证实的那样,阿克顿勋爵的悲观主义要比马克思的乐观主义更为现实。阿克顿曾说过:"权力导致腐败,绝对的权力导致绝对的腐败。")马克思所预言的无产阶

---

① 弗里德里希·恩格斯,《关于历史唯物主义的通信:恩格斯致弗兰茨·梅林》,出自 Feuer,第408页。

按照马克思的预言,资本主义因其自身的无度而崩溃

级专政放弃统治,并将迎来一个无阶级的社会,这个无阶级社会将终结阶级斗争的辩证运动,从而终结我们所知的历史。(毕竟,马克思把历史定义为"阶级斗争的历史"。)从原始时代以来,人类将第一次生活在最适于生活的状态之下。私有制将被取消,劳动分工也一样(劳动分工是一种专业化形式,在其中一个人终其一生受到其所从事的专业的限制)。我们全都会成为艺术家和哲学家,我们还将"早上狩猎,午后打渔,夜里放牛,晚饭过后品评(诗歌),就像(我们)一直所向往的那样,不再只做猎人,或只做渔夫,或只做羊倌,或只做批评家。"① 此外,马克思的理想世界图景还包括在酒吧里进行社交活动、跳跳舞、看看戏、买买书、谈谈恋爱、做做理论、绘绘画、唱唱歌或甚至击击剑。(击剑?)有时候马克思的真实共产主义社会看起来更像是一幅资产阶级的田园景色,而不是工人阶级的天堂乐园;有时,与克尔凯郭尔的"新人类"一样,马克思的"新人类"似乎也就是"旧人类",尽管它不是来自过去的历史而是来自神秘的黄金时代。

---

① 卡尔·马克思和弗里德里希·恩格斯,《德意志意识形态》,出自Feuer,第254页。

新的黄金时代?

尼 采

弗里德里希·尼采（Friedrich Nietzsche，1844—1900年）是第三位后康德主义者，他对其时代危机的回应不是要求一种新的"理性批判"，而是提倡一种新的人类存在方式。（正如我们已经看到的，另外两位后康德主义者是克尔凯郭尔和马克思。）尼采是一位孤独的思想家，比起学术殿堂，他更喜欢阿尔卑斯山的羊肠小道（他在三十多岁时就已经放弃了学术）。他把一生中的大部分时间花在著书立说上，试图以此来克服对他童年时代产生强烈影响的东西：路德主义，日耳曼民族主义，以及来自他强硬的母亲、祖母、姨母和妹妹的支配。（其中某些方面的努力要比另外一些更为成功。）他的努力所产生的实质性成果是一条规模空前的著作洪流，这些著作是哲学史上最为光怪陆离的著作，其中包括《悲剧的诞生》《善恶的彼岸》《道德的谱系》《查拉图斯特拉如是说》以及他令人吃惊的思想自传，自命不凡地命名为《瞧！这个人》（"瞧，这个人"，是彼拉多将耶

弗里德里希·尼采

稣介绍给众人时说的话），书中有些章节标题为《为何我如此智慧》、《为何我如此聪明》以及《为何我能写出这样的好书》。由于（很可能是因梅毒引发的）精神病的发作，尼采短暂而多产的著述生涯到1888年就结束了。

尼采的认识论构成了对智者时代的一种彻底回归。他的理论通常被称作透视主义，而它则来自于尼采早年所受的语文学方面的训练。语文学家，也就是那些学习古代语言的人们，认为那些被称作《圣经》《吠陀》《奥义书》和《伊利亚特》的书籍都不是直接源自流传下来的单一文献；相反，它们是一堆片段的汇编，这些片段的证据相互矛盾，有着数目惊人的不同来源。语文学家们的梦想就是为历史中的每一部伟大经典找到其源文本。作为语文学家，尼采的结论却是根本不存在源文本。这些著作中的每一部都只是一种"决心"的结果，即决心让某个特定的解释成为最终作品的代表。而事实上这个"最终作品"也只不过是存在于无数残缺不全的文献、记录、历史研究和闲言碎语之间的关系的一个象征。这个理论现在被称为"**差异性重复**"（differential repetition）。①

---

① 参看斯蒂芬·G.尼克尔斯，《书写新中世纪》（*Writing the New Middle Ages*），2005年3月，第422—441页。

尼采将其语文学洞见转化为一种本体论和知识论学说。正如在语文学中不存在源文本一样,在实在和知识中也不存在"纯存在",也不存在"源资料"。没有神,没有柏拉图的理念,没有实体,没有"物自体",甚至没有任何"事物"。只存在着流变和混沌,我们必须把我们的意志施加其上。因此,尼采认为,也就根本没有柏拉图意义上的"认识"这回事。所有"认识"都是虚构,而所有虚构都是撒谎。然而,存在着谎言,并且,存在着的是谎言。非本真的谎言就是自欺。在尼采看来,自欺者是"惯于说谎"的人,也就是说,按照既定传统来撒谎的人,他们没有意识到,这些谎言在他们生命的初期就已持续不断地被强加给他们。

面对这看起来像是对撒谎人生的谴责,尼采的建议是"创造性地撒谎",也就是说,创造性地虚构,或创造性地"认识"。创造性地撒谎就是表达尼采所谓的"权力意志",这个观念借用自叔本华,他同时也颠覆了这个观念。权力意志的表达就是迫使现实听命于人自身的创造力。尼采也把权力意志称为"自由冲动"。我们的所有生物本能通过将自身表现为这种自由欲望而消耗殆尽,尽管在大多数情况下,这些本能受到了规范化力量的抑制(规范化力量本身是权力意志的其他表现方式,或者是渴求他人权力的意志表现)。

不仅我们的生命过程,而且我们的思想和语言也都是权力意志的表现。但是同时,语言和思想却是自欺的主要手段。按照尼采的极端唯名论(使人联想起奥卡姆的威廉的唯名论),语言正是通过撒谎来发挥作用的,亦即通过否认实在的相异性,并捏造虚假的相似性来发挥作用的。例如,我们可以把从树上以及灌木上生长出来的所有形式的叶子都归入"叶子"这个类中,而进行归类的唯一方式就是忽视,实际上是掩盖了没有任何两个此类存在物是相同的这个事实,并断言它们之间具有事实上并不存在的同一性。所以,语言可以是并且通常也确实是存在变得物化和僵化的中介。语言生产出谬误,而这些谬误"作为

强迫实在屈从于人的意志

生活的条件对我们施行暴政"。① 但是,语言必定撒谎这个事实也是语言固有的创造性得以可能的来源。尼采拒绝了对语言的传统看法,也就是以下看法:与文字功能相比,语言的诗性功能是次要的。他觉得所谓的文字功能不过是语言的创造本性下的附属而已。尼采认为,语言是"比喻、转喻和拟人手法的机动部队"。② (注意:比喻是这样一种说话方式,即通过比喻,一种意象取代了另一种意象,在原有的语境中输入了新的意义。例如:"阿喀琉斯是战场上的雄狮。"转喻则是这样

---

① 弗里德里希·尼采,《权力意志》(*The Will to Power*, trans. Walter Kaufman and R. J. Hollingdale, New York: Vintage Books, 1968),第535页。
② 弗里德里希·尼采,《论超道德意义上的真理与谎言》,出自《口袋本尼采》("On Truth and Lie in an Extra-Moral Sense", in *The Portable Nietzsche*, ed. and trans. Walter Kaufman, New York: Viking Press, 1954),第46—47页。

太初有道，道与神同在，道就是神

一种说话方式，即通过转喻，原来的意义被从一个意象转移到一个相连的意象上，这个相连的意象这时负载了两种意象的分量。例如："他太喜欢酒瓶子了。"拟人则是将人类的特性投射到非人类世界上，例如："玫瑰奋力迎接光明。"而拟人通常又是无意识的比喻或转喻。）比喻和转喻的链条整体可以产生对于实在的一种创造性演绎。尼采把这些推理链看作是权力意志的贴切表达。

事实上，正如尼采完全明白的那样，他自己的"权力意志"这一术语就是此类推理的比喻/转喻之链的产物，他的其他一些关键术语，例如"超人""永恒轮回"以及"上帝之死"等等，也是如此。因此，诸如"生命只是权力意志"[1]这样的主张并不是对生命的终极本性的一种哲学洞见，而仅仅是对生命的又一个诗性的解释。（当他面对这样的指责时，尼采回应道："哦，那就更好了！"）[2]

如果确实只存在着解释，那么是否所有的解释都是同样合法有效的呢？尽管尼采持相对主义观点，他也认为并非如此。对他而言，只有那些确认生命的

---

[1] 弗里德里希·尼采，《善恶的彼岸》(*Beyond Good and Evil*, trans. Walter Kaufman, New York: Vintage Books, 1966)，第203页。
[2] 尼采，《善恶的彼岸》，前揭，第30—31页。

语言：隐喻、转喻和拟人的机动部队

谎言才是真正高贵的谎言。所有其他谎言都是虚无主义的，并且站在死亡一边。这个信念就可以解释为什么尼采认为权力意志必定充满了欢笑、舞蹈和确认，也可以解释为什么我们必须谴责柏拉图主义（"对时间的恐惧"）和基督教（"大众的柏拉图主义"），[①]它们因为渴求另一个世界而否认现存的实在（也就是说，它们都拒绝承认实在是混沌和流变，必须在每一个意志的化身中被塑造成形），从而不是渴求存在，而是渴求虚无和死亡。（人们多少可以从中找到些黑格尔的踪迹。）尼采将自己的学说具体化在一个他称之为"超人"的目标之中。超人代表着权力意志的胜利。除了教授欢笑和舞蹈，超人还教授上帝之死和永恒轮回。

[①] 弗里德里希·尼采，《善恶的彼岸》（*Beyond Good and Evil*, trans. Walter Kaufman, New York: Vintage Books, 1966），第3页。

当然，尼采的"上帝之死"到底是什么意思，对这个问题没有唯一的正确答案（正如关于普鲁弗洛克下面这句话到底什么意思这样一个问题一样，他说："我本该是一双尖利的爪子穿过寂静的海底"）。①不过可以肯定的是，尼采的意思至少是想要宣布传统形式的权威——历史的、政治的、宗教的、道德的以及文本的权威——的终结。（为了对尼采"上帝死了"这一表述作一趣味解读，可以试试把"上帝"一词换成"圣诞老人"。为什么"圣诞老人不存在"这一说法不如"圣诞老人死了"这一说法更有悲剧性呢？）

超人？

发生在上帝之死上的，同样也发生在永恒轮回上面。曾经有一股文学大潮试图对永恒轮回这一谜一样的学说作出解释。但无论它的意义是什么，可以肯定的是，它意在断言尼采对于如其所是的实在的忠实。尼采拥护在他看来是与叔本华的悲观主义理想相对立的东西：

> 最精神饱满、生机勃勃、肯定世界之人的理想，他不只是学着向曾经所是且正是着的一切妥协并学着与之相处，而且还想要将曾经所是且正是着的一切复制到全部永恒之中。②

让我们思考一下这个思想的最可怕的形式：如其所是的存在，没有意义，

---

① 选自诗歌"J. 阿尔弗雷德·普鲁弗洛克的情歌"，T.S.艾略特作（1917年），叙述者是一个尼采意义上的反英雄者，一个为其没有做的行为而满腹悔恨的老人。出自《〈荒原〉及其他诗作》（*The Waste Land and Other Poems*, New York and London: Harcourt, Brace, Jovanovich, 1962），第6页。
② 《善恶的彼岸》，前揭，第68页。

圣诞老人之死

没有目标,虚无不可避免地无休止重现:永恒轮回。①

我们可以很轻易地批评尼采的前后不一和逻辑错误。(如果根本不存在生命或意志之类的东西——它们只是对解释的解释,那么我们如何按照生命本来所是的那样去意愿它?如果每个事物都是一个谎言,那么"每个事物都是一个谎言"这个主张本身不也是个谎言吗?)但是这个批评没有领会尼采的意思。他所要教导的既不是自相一致,也不是逻辑,而是一种全新的颠覆性的主体性,它将破坏以前的所有思想和存在形式的基础。然而,他也要为这种颠覆性付出代价。一个人可能会拥有他并

最可怕的思想形式:永恒轮回

---

① 尼采,《权力意志》,第35页。

不期望拥有的门徒。而实际上很多形形色色的团体都曾宣称继承了尼采的遗产，其中包括纳粹、精神分析学家、存在主义者，以及更晚近的被称为"解构主义者"的团体，有些人视其为新的解放者，而另外一些人则视其为新的虚无主义者。

功利主义

让我们放下尼采那种过度狂热的错乱心灵，而转向不列颠群岛上同时代人的井然有序而又踌躇满志的心灵（尼采轻蔑地称这些人为"榆木脑袋"）。尽管休谟戏谑地主张要把哲学全盘抛弃，但哲学上的经验主义却依然生机勃勃，并在19世纪中叶的英国兴旺繁荣。功利主义源于休谟思想的一个方面，我们在本书中并没有对这方面加以考察，而且它也很难与休谟的彻底怀疑论思想相一致。尽管休谟否认关于因果关系、自我和外部世界等的真实知识的可能性，但他却认为，关于这些领域的被公认为"知识"的那些东西的确是一套合理的看法，因为它们是建立在经验基础之上的，所以它们是有根有据的。源于休谟更加讲究实际这一面的传统为一批被称为功利主义者的哲学家们所继承，其中位居前列的是杰里米·边沁（Jeremy Bentham，1748—1832年）和他的率性不羁的追随者约翰·斯图亚特·密尔（John Stuart Mill，1808—1873年），他们注重把经验主义原则运用到道德问题和社会问题上。

边　沁

举止古怪的杰里米·边沁（他那被做成了木乃伊的衣冠整齐的尸体现在还主持着伦敦大学学院的董事会会议，因为他把他的财产留给了董事会，而条件是他要出席董事会的所有会议）得出了

尼采所认为的功利主义者们聚会的场景

约翰·斯图亚特·密尔和杰里米·边沁的木乃伊脑袋

这样的结论：所有理论，其中包括道德理论和政治理论，必定都以经验事实为根据。他认为，在人文科学里这个事实必定是快乐原则占据首位。也就是说，所有对人类行为的分析以及所有对改变行为的提议都必须开始于这个事实，即人类行为的动机是趋乐避苦。当然，从这方面看，边沁与霍布斯并无不同，尽管边沁的结论更具自由主义色彩。

认为唯有快乐才（或应）有价值的学说被称为快乐主义，之前我们已经见过这种哲学，不仅在霍布斯那里见过，也在伊壁鸠鲁和卡里克勒斯那里见过。边沁的创新在于他认为快乐主义并不一定是利己主义的；它可以是社会的。也就是说，一个人做事的动机不仅是为了自己的快乐，也可以（并且应该）为了其他人的快乐。他的社会快乐主义反映在他最著名的格言里："最大多数人的最大幸福才是衡量正确与错误的标准。"[①]（这里的"幸福"是按照快乐来定义的。）这个原则和"一人一票"原则（即，每个人都有他或她自己对幸福的理解）相结合，赋予边沁的功利主义思想以明显的民主色彩。而且，它还意味着，一个行为的道德价值唯一地取决于该行为所造成的幸福或不幸的总量。这种观点有时被称为结果论（因为决定一个行为之价值的是该行为所造成的后果），它是康德道德观点的对立面，按照康德的道德观点，一个行为的道德价值取决于行为者的意图，取决于该行为的动机是否履行行为者的义务，以及取决于该行为是否与理性法则相一致。

康德和边沁二人为我们提供了西方伦理学所运用的两种主要的道德学说模式。不幸的是，从这两种模式所得出的结论有时彼此矛盾，在运用到一些具体事例中时，功利主义有时看起来要比康德的观点合理很多；而在其他事例中，康

---

① 杰里米·边沁，《政府片论》，出自《边沁读本》（"A Fragment on Government", in *A Bentham Reader*, ed. Mary Peter Mack, New York: Pegasus, 1969），第45页。

德的观点似乎比功利主义更好。比如，康德伦理学告诉我们我们理所应当永不撒谎。但是，如果一个拿着武器、满嘴唾沫的人问我们比尔·琼斯在哪里，我们怎么办？如果我们非常清楚地知道，要是我们告知实情的话可能会导致琼斯的死亡，我们还有义务这么做吗？在这种情况下，边沁的原则显得更好一些：如果通过说谎我们可以阻止严重的伤害，那么说谎的行为就不是不道德的。但是，我们再思考一下另外一个著名的例子：假定你去医院探望一个朋友，而一个功利主义的医生选择牺牲你以把维持生命所必需的器官移植给另外五个病人，如果他们不能立刻接受器官移植就会死亡，那么情况又会是怎样呢？这个医生的行为是以"最大多数人的最大幸福"原理为依据的，并且或许甚至还是以"一人一票"原理为依据的。但我们绝大多数人在此例子中可能都会认为康德是正确的，他认为这种牺牲是不道德的。

正如我们所看到的那样，边沁认为幸福可以按照快乐来定义，并且他认为对快乐的研究可以经过完善而成为一门科学。可以按照以下七个因素来体验快乐。这些因素可以根据相应的七个问题来说明：

1. 强度（快乐有多强烈？）
2. 延续时间（快乐会持续多久？）
3. 确定性（快乐有多真实？）
4. 临近性（多长时间才会体验到这种快乐？）
5. 繁殖性（一种行为的快乐会带来多少其他的快乐？）
6. 纯洁性（这个快乐多大程度上免于痛苦？）
7. 广度（有多少人会体验到这个快乐？［正是这个因素使得边沁的快乐主义被称为一种社会快乐主义。］）

无论考虑什么样的行为，人们都应该按照这个行为所产生的这七个因素所带来的快乐对它进行分析，边沁称之为"快乐计算法"。

边沁认为，经过一定的练习，人们可以学会相当直觉化地运用这种计算法，但在此之前，人们还是应该尽可能经常地实际上算出各项数据。（确实，据说边

海滩上的内疚

沁本人曾用快乐计算法来选择继续保持单身还是跟人结婚。[他结婚了！]）试试在这样一个决定上运用"计算法"：是为了准备化学课的期中考试而学习，还是和几个朋友去海滩。显然，海滩聚会在有些因素上会比较强（1、3、4、6），而在其他一些因素上会弱一些（2、5）。学习在大部分因素上都比较弱，但在少数因素上比较强（2和5，如果有人对你在大学里取得成功感兴趣的话，那么7也包括在内）。面对诱惑你到海滩去的这种乐趣，学习有胜过其坏处的足够多的好处吗？（当然，你在海滩上将会体验到的内疚感也必须考虑在内。）按照"一人一票"的原则，每一个人都必须为自己作出选择。

密　尔

约翰·斯图亚特·密尔从小所受的教育是严格遵守边沁的信条，在二十一岁那年经历了一场精神崩溃之后，他对这些观点产生了某些疑虑。除了关心其他问题，他还为海滩/化学之类的选择而焦虑，或许更为六箱啤酒/莎士比亚的十四行诗之类的选择而焦虑。如果让一个普通人来选择阅读文艺复兴时期的诗歌，还是一边在电视上看49人队（美国著名橄榄球队——译者注）一边狂饮啤酒……是的，你不能强迫人们去阅读诗歌或看橄榄球赛，如果他们并不觉得这有趣的话。但是在民主制度里，在"一人一票"原则下，如果你让人们选择，是为在大学教授莎士比亚提供公共支出，还是接受一笔退税，结果会怎样呢？密尔担心最糟糕的情况，并认为它对文明进步来说是一个不祥之兆。如果我们让自己接受快乐计算法的指导，那么或许会证明猪是正确的：在泥浆里打滚可能比研究哲学排名更高。

密尔对这个问题的解决是，指出只有那些有资格为这两种相竞争的体验充当裁判的人才能"投票"支持其中一方或另一方。（你只有既懂啤酒又懂莎士比

醉醺醺的男子躲在他的房间里不戴头盔骑摩托车

亚或者既打过滚又读过柏拉图,你才有投票的资格。)密尔的结论是"有些种类的快乐比其他种类的快乐更可欲,也更可贵"。①我们认为他心里想的是阅读莎士比亚和柏拉图。

密尔认为他之放弃快乐计算法,是因为他要直截了当地在质上而不只是在量上对快乐加以界定。然而,他的批评者们则指责说,在密尔断言有些快乐要比别的快乐更好的时候,他就完全抛弃了"功利原则"(即快乐原则)。他们还指责他搞精英主义,并且破坏了边沁曾赋予功利主义的那个民主基础。无论如何,密尔的确为我们留下了一些有待思考的问题:在民主制度下,"一人一票"原则必须要应用到所有层面的选择上吗?如果真是这样,那么民主制度和高级文化是相容的吗?

在他最著名的作品《论自由》一书中,密尔概述了他的laissez-faire(放任主义)学说。在某些领域,政府无权干涉公民的生活。密尔的自由主义原则规定:"只有当其唯一目的在于防止对他人造成损害时,才能够对一个文明共同体的成员违背其意志地施加权力而仍不失为正当。"②换句话说,密尔反对国家的家长制,在家长制下,由国家来告诉公民为了他或她的利益而应该去做什么。对密尔而言,

---

① 约翰·斯图亚特·密尔,《功利主义》(*Utilitarianism*, New York: E. P. Dutton, 1951),第10页。
② 约翰·斯图亚特·密尔,《论自由》,出自《〈功利主义〉、〈论自由〉以及〈代议制政府〉》(*On Liberty, in Utilitarianism, Liberty, and Representative Government*, New York: E.P. Dutton, 1950),第95—96页。

无教养的人不可能是教养的合格裁判

不存在所谓"无受害人的罪行"这类东西。如果一名男子选择躲在他自己房间里私下不戴头盔骑他的哈雷摩托,躲在自己房间里私下狂饮劣质酒或疯狂吸毒、嫖妓或自己变成一名男妓,那都是他自己的事,与政府无关。(这是密尔规定个人权利的尝试,而很多批评者认为功利主义中缺乏这些个人权利。)

出于道德的原因,我们或许应该尽量说服这名男子放弃自己的错误行为方式,但是只要他对他人没有造成伤害,我们就无权通过法律来防止他对自己的伤害。(当代评论家指出,与我们的时代相比,密尔的时代很可能更容易作出这种区别。在当今世界,几乎没有纯粹私人的行为了。如果你因为骑摩托车受伤而住进医院,那么我交的税款将不得不为你提供护理直至你恢复健康。)

密尔还信奉市场放任主义,他说:"放任主义……应当成为普遍原则:除非出于某种重大利益的必然要求,否则对放任主义的一切背离都是某种罪恶。"[1]

---

[1] 约翰·斯图亚特·密尔,《政治经济学原理》,出自《约翰·斯图亚特·密尔著作全集》第三卷(*Principles of Political Economy*, ed. J. M. Robson, in *Collected Works: John Stuart Mill*, vol. 3, Toronto: University of Toronto Press/Routledge and Kegan Paul, 1965),第945页。

他认为，在大部分情况下，政府不应该干涉商品交换，应该由供求规律来决定产品的种类和质量。

尽管密尔在当时被认为是一名自由主义者，但从很多方面来看，他的观点在我们听起来都更像是我们如今将之视为政治保守主义的那些观点。但他对放任主义加以诸多限制，这又表明他不是一个纯粹的供给学派理论家。他把购买者没有能力判断的所有产品和"其质量与社会有着重大关系的所有产品"都排除在应用放任主义政策的范围之外。密尔说道：

> 有……一些东西其价值是绝不能用市场需求来检验的，……最需要这些东西的人反而最不想得到它们。那些主要用来提高人类素质的东西尤其如此。无教养的人不可能是教养的合格裁判。[①]

本章主要哲学思想

G.W.F. 黑格尔

Ⅰ. 黑格尔的目标：将理性等同于神，并将人类文明史视为理性在时间中的展开，这个展开过程是一个辩证的过程，在这个过程中，各种对立思想彼此对抗，消解于折中之物，在折中之物中最好的东西被继承下来。（对人类境况的乐观主义。）

Ⅱ. 概述：黑格尔宏大的系统性形而上学思辨恰恰是康德《纯粹理性批判》所执意严防的。

Ⅲ. 黑格尔的主要概念：

　ⅰ. 绝对唯心主义：世界历史是理念的历史。

　ⅱ. 辩证法：正题—反题—合题。

　　1. 辩证法的应用：

　　　a. 形而上学的例子：世界的历史开始于存在和虚无综合于生成这一上帝的辩证思想。

---

① 约翰·斯图亚特·密尔，《政治经济学原理》，出自《约翰·斯图亚特·密尔著作全集》第三卷（*Principles of Political Economy*, ed. J. M. Robson, in *Collected Works: John Stuart Mill*, vol. 3, Toronto: University of Toronto Press/Routledge and Kegan Paul, 1965），第947页。

b. 历史学的例子：奴隶对主人；领主和农奴；拿破仑是历史的终结，处于全新的同质的普遍国家，在其中每个人在其他人中认识他自己。
   c. 理性的"狡计"。
   d. 为何"密涅瓦的猫头鹰"只在黄昏时分起飞。
Ⅳ. 叔本华对黑格尔的批评：对其后台老板专制的普鲁士政府极尽赞美的"饶舌者"。

阿瑟·叔本华

Ⅰ. 叔本华的目标：回到康德（或者颠覆康德；拒绝黑格尔的乐观主义）。
Ⅱ. 叔本华的主要概念：
   ⅰ. "作为表象的世界"：我们不能直接认识终极实在；我们只能认识通过时间、空间和因果性等范畴而呈现给诸感官的世界（康德）。
   ⅱ. "作为意志的世界"：表象世界中的线索表明终极实在（本体世界）是生殖力和破坏力的一个漠然的、沸腾的非理性力量，这些力量至死方尽。
Ⅲ. 人类文明（法律、风俗、道德、宗教、科学、艺术、传统哲学）只不过是意志的升华。
Ⅳ. 叔本华的哲学是对意志的一种摆脱。

索伦·克尔凯郭尔

Ⅰ. 克尔凯郭尔的目标：通过描绘关于真正献身于一种宗教生活将会要求的严酷苛刻这一庄严图景，攻击他那个时代浅薄自大、俯拾皆是、索然无味的基督教徒。
Ⅱ. 克尔凯郭尔的主要思想：
   ⅰ. "存在"不是一个概念；它不可能成为思想的对象——它只能被经历。
   ⅱ. 一个人的存在必须被选择和决心所规定。
   ⅲ. 思想和语言以抽象为基础；存在从来不抽象，而永远是具体的。
   ⅳ. 客观真理（科学、数学、历史等等）和主观真理（关乎一个人之主体性的真理）之间的区分。
   ⅴ. 克尔凯郭尔的宗教哲学："荒谬者"；"信仰骑士"。
Ⅲ. 因其对决断、自由、责任和自我创造的强调，如今克尔凯郭尔被视为存在主义之父。

卡尔·马克思

Ⅰ. 马克思的目标：不是对世界进行哲学解释，而是要改造它。

Ⅱ. 马克思的主要思想：

　　ⅰ. "青年黑格尔派"（又称"黑格尔左派"）将黑格尔本末倒置，运用黑格尔的方法来把"辩证唯心主义"改造成"辩证唯物主义"。

　　ⅱ. 路德维希·费尔巴哈的"唯物主义"被表明只是隐性唯心主义。

　　ⅲ. 青年马克思将人类视为 homo faber（制作者人类），在工业主义和资本主义之下与其本质相异化了，成为一个客体而不是一个主体。

　　ⅳ. 马克思将社会分析为基础和上层建筑。

　　ⅴ. 无论谁只要控制了基础就控制了社会（统治阶级）。

　　ⅵ. 上层建筑是由"意识形态"所发动的。

　　ⅶ. 辩证唯物主义：资产阶级（正题）对无产阶级（合题）。

　　ⅷ. 社会史就是阶级斗争史；无阶级社会是历史的终结。

　　ⅸ. 历史终结处的马克思式的乌托邦。

弗里德里希·尼采

Ⅰ. 尼采的目标：教导一种全新的颠覆性的主体性形式，这种主体性将会破坏以前的所有思想和语言形式。

Ⅱ. 尼采的主要思想：

　　ⅰ. 尼采的（关于源文本的）"差异性重复"从语文学转变成一种知识论观点（没有知识基础）和一种本体论观点（没有终极实在——只存在显象的显象）。

　　ⅱ. "权力意志"：一切活动都是权力意志，无论是身体活动还是语言活动（语言作为谎言：一支由比喻、转喻和拟人组成的机动部队：极端唯名论）。

　　ⅲ. 超人：权力意志的胜利。

　　ⅳ. 上帝之死：新型人类解除了所有传统的权威形式的束缚，因而解除了所有形式的心理和情感暴政的束缚。

　　ⅴ. 永恒轮回：高兴地选择自己的命运；如其所是地爱世间万物；如此度过自

己的一生，以便自己可以意愿重活一生的每一分钟。

功利主义：边沁和密尔

Ⅰ．目标：把伦理学建立在一个稳固、客观的经验基础之上。

杰里米·边沁

Ⅰ．边沁的主要思想：
  ⅰ．伦理学的目标是人类的幸福："最大多数人的最大幸福"（此处"幸福"是由快乐加以界定的：快乐主义）。
  ⅱ．"一人一票"原则：每个个人都有权决定对他或她自己来说什么是幸福。
  ⅲ．"快乐计算法"和它的七个要素。

约翰·斯图亚特·密尔

Ⅰ．密尔的主要思想：
  ⅰ．他试图把边沁的功利主义做得更加周密，因而用对快乐的质量分析代替快乐计算法（有些快乐比其他快乐更好）。
  ⅱ．为对"一人一票"原则加以限制，他只允许那些对两种形式的快乐都有专业能力的人来对这两种快乐作出裁决（比如，品尝啤酒和阅读诗歌）。
  ⅲ．放任主义：
    1. 私人生活中的放任主义：政府只能为了防止对他人的伤害而干涉私人生活。
    2. 市场中的放任主义：应该成为普遍准则，政府只准在一些例外情况下干涉，例如在涉及公众的普遍重大利益的时候。

思考题

1. 黑格尔的哲学是目的论式的。历史被揭示为渐进地朝向一个目标。试着解释一下在他的体系中进步是如何发生的，以及按照黑格尔的看法，为什么这种进步也会作为倒退出现。

2. 运用黑格尔动态的主/奴关系解释传统社会中夫妻、父（母）子、师生或劳资双方的关系。

3. 论述叔本华哲学中那些与康德哲学相一致的地方，以及那些与康德哲学不一致的地方。

4. 论述克尔凯郭尔的主观真理这个概念，并说明为什么它只能间接地加以传达。

5. 对黑格尔、费尔巴哈和马克思关于异化的思想进行比较和对照。

6. 选出一件艺术品作为例子，分析它何以能够用来支持马克思的大多数艺术都是意识形态的主张。

7. 尼采劝告我们创造性地撒谎，解释一下你认为他这么说的意思。

8. 有人说克尔凯郭尔、马克思和尼采并不是要求一种新的理性批判，而是要求一种全新类型的人类。解释一下这个说法是什么意思。

9. 回顾一下康德对绝对命令的论述（第193—197页），然后将康德的道德观念与边沁的最大幸福原则作一对比；你认为这两个道德体系各自最有力和最薄弱的地方是什么？

10. 密尔既声称快乐是价值的终极标准，又声称某些快乐比其他快乐更有价值，你认为他这样是自相矛盾的吗？对他的观点进行辩护或攻击。

第七章
现象学传统及其余续
（公元19世纪晚期和20世纪，及其在21世纪的余续）

现象学和存在主义

胡塞尔

在19世纪，很多欧洲思想家依然继续在笛卡尔所开创的大陆哲学传统之内很好地进行着工作。埃德蒙·胡塞尔（Edmund Husserl，1859—1938年）便是这些思想家中最重要的一位。他是其称之为"现象学"（来自希腊语phainomenon，这个词意思是"显象"，因而，现象学就是对显象的研究）的一种哲学的奠基人。和笛卡尔一样，胡塞尔将意识置于哲学思考的中心，但胡塞尔从康德那里认识到，关于意识的理论必须既关注意识的形式，又关心意识的内容（笛卡尔并没有认识到这一点），所以他发展出了一种方法，既展示心灵的结构，也展示其内容。这个方法将会是纯粹描述性的，而不是理论性的。也就是说，它将不借助任何来自其他哲学、科学或社会传统的理论建制，而是通过世界实际上向意识显示其自身的方式来描述世界。这种方法将胡塞尔称之为"自然态度"的世界揭示出来，这个世界就是人们不受理论观点和历史观点覆盖阻碍所经验到的日常世界。关于"自然态度"，胡塞尔在《纯粹现象学和现象学哲学的观念：纯粹现象学通论》中这样写道：

> 我意识到一个在空间中无限伸展的世界，它在时间中无限地生成和变化着。我意识到它，这首先意味着，我直接地、直观地发现它，我经验到它。通过我的视、触、听等等……有形体的事物……就直接对我存在，……"在场"，无论我是否特别去注意它们。[①]

[①] 胡塞尔，《观念：纯粹现象学通论》（*Ideas: General Introduction to Pure Phenomenology*, trans. W. R. Boyce Gibson, London: Collier-Macmillan, 1969），第91页。

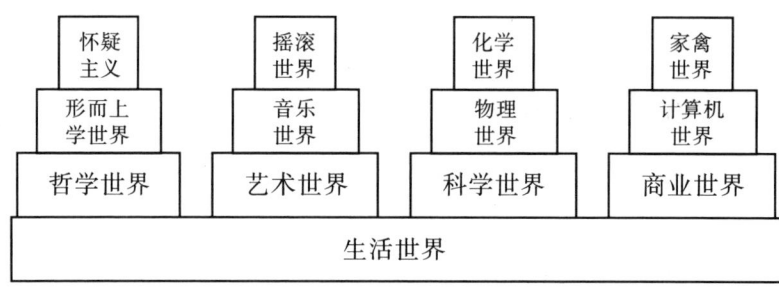

重重世界

自然态度的世界是一切哲学和科学的绝对起点。它就是实际上生活着的世界。其他诸世界可以建立在生活世界之上，但永远不可能取代它或损害它。对人类而言，最终只有这样一个自然态度的生活世界才存在。但是胡塞尔想要走到自然态度内容的背后来揭示它的结构。为了达到这个目的，他运用了一个类似于笛卡尔彻底怀疑的方法，这个方法即胡塞尔所谓的"现象学还原"（或epochê［悬搁］，这是个希腊词，意思是"悬搁信念"，正如我们在第三章对古代怀疑主义的研究中所看到的那样）。这个方法将任何经验都放到括号里，把通常关于这个经验所做的一切假定和预设都悬搁起来，以对它进行描述。比如，把看到咖啡杯这一经验放到括号里，就要求把"杯子是用来盛咖啡的，而它的把手是用来把握的"这样的信念悬搁起来。杯子会将其自身作为许多可能结构呈现给意识，而加括号揭示了其中呈现的方式。（我既不能同时看到正面和背面，也不能同时看到顶部和底部，在任何一个给定的时刻，我都无法同时看到它超过一面的可能展示。）

如果我们把悬搁应用于一个更具有哲学意义的例子，即对时间的经验，那么我们就必须把所有对时钟、对列车时刻表以及对日历的信念都悬搁起来。然后，我们就会发现生活时间总是被经验为一个永恒的现在，现在则被对早先的现在（过去的当下）的记忆所调和，而又总是冲入半可经验但最终来说不可经验的未来的当下。从现象学意义上来

胡塞尔教授对咖啡杯进行悬搁

说，时间总是"现在"。做任何事情都是现在去做。你永远不可能在（过去或将来的某个）那时去做。

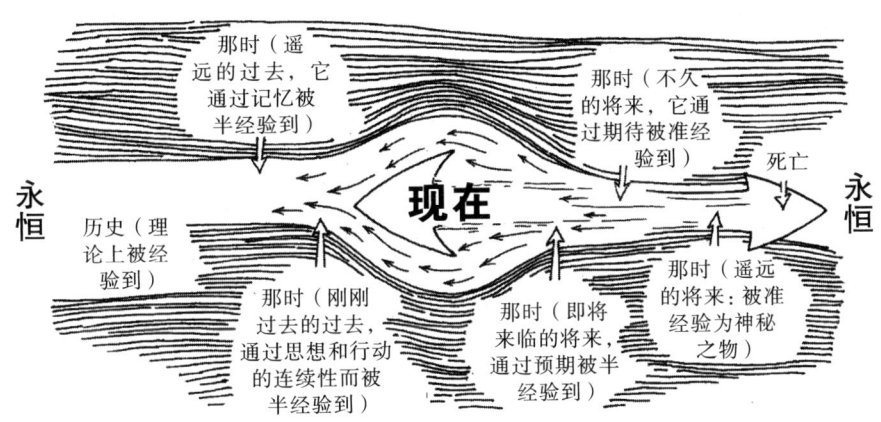

与此类似，对空间经验的现象学还原也显示了生活空间与地图空间的不同。生活空间总是按照这儿-那儿的二分法被经验，在生活空间中我总是在这儿，而所有其他事物总是在不同程度的那儿。（让-保罗·萨特，胡塞尔的一个偏离师门的学生，后来从这个发现中得出了非常悲观的结论。）因此，对此时此地的经验就是时间和空间经验的原点。从某种意义上来说，它也是自我的所在地。

胡塞尔的一个主要洞见（实际上来源于他的老师弗兰茨·冯·布伦塔诺）是他对所有意识的意向性（即意识的指涉性）的处理，这个洞见被后来的现象学传统以及在某些情况下被分析传统所吸收。[①]胡塞尔在这儿的格言是"一切意识都是关于……的意识"。这个格言意味着不存在像自我封闭的思想这样的东西；人们总是思考着某物。你不可能只是意识着——你必定是意识到某物，害怕某物，关注某物。不存在不及物的心理状态，即使是克尔凯郭尔的"恐惧"——对绝对虚无的恐惧。它依然是对虚无的恐惧。正是这个意向性（或指涉性）将意识与宇宙中的所有其他事物区别开来。

胡塞尔认为现象学悬搁可以运用在意向性的对象（比如咖啡杯）或意识本身的活动上。因此，他认为从通常意识返回到一种纯粹意识是可能的，这种纯

---

① 分析哲学家论述意向性的一个不错的例子是约翰·塞尔（John Searle），见《意向性：论心灵哲学》（*Intentionality: An Essay in the Philosophy of Mind*，New York: Cambridge University Press，1983）。

  从自然态度来看   从悬搁态度来看

粹意识是先验自我,是自我背后的自我,像笛卡尔的"我在"(但具有更深的实在性),会成为所有知识的起点。这儿胡塞尔的思想变得非常复杂,而他的学生也几乎没有人跟随他进入这些虚无缥缈之境。

  如今,胡塞尔因其方法而备受推崇。这个方法有着一些杰出的追随者,其中包括马丁·海德格尔、莫里斯·梅洛-庞蒂以及萨特。我们将简要概述海德格尔

自我背后的自我(但是,在自我背后的自我背后,还有一个自我吗?)

和萨特的哲学，他们是胡塞尔最为知名，也是最率性不羁的学生。我们认为，他们代表着从现象学向存在主义的演变所带来的结果。

海德格尔

马丁·海德格尔（Martin Heidegger, 1889—1976年）是胡塞尔早期的同事，也是他现象学方面的学生，但很快就变得很清楚的是，他的哲学关注和胡塞尔颇为不同。胡塞尔的现象学还原旨在发现像咖啡杯和火柴盒之类对象的某些本质性特征，以便为我们对这类存在者的知识提供说明。

但是，海德格尔的兴趣却在于将这个方法应用在一个更深刻的问题——存在本身的问题之上。他并不关注单个"存在者"的特性问题（他称这些问题为"存在者状态"的问题）；相反，他的兴趣是存在者的存在——个体事物毕竟存在这一事实（他称之为"存在论"的问题）。我们已经看到戈特弗里德·莱布尼茨早在17世纪就提出过这个首要的存在论问题："为什么有物存在而不是无物存在？"但他提出这个问题只是把它当作一个为了证明上帝的存在而（需要）提出的神学式疑问。此外，海德格尔认为，莱布尼茨那个时代才正确地提出这个问题已然为时太晚，因为在西方传统中，存在已经被上千种哲学和科学误解

马丁·海德格尔

一个前苏格拉底哲学家发现了他自己拇指的"存在"（并且留下了深刻的印象！）

存在在言说

给遮蔽了。但事情并非一直如此。前苏格拉底哲学家们就曾惊异于存在的在场，并提出过真正具有存在论意义的问题。

但是，柏拉图紧随在这些真正的思想家们（在海德格尔看来，思想家要比单纯的哲学家更高）之后，把思维从存在转移到一个人为的唯心主义理念世界；再之后是亚里士多德，他专注于"存在者"，并引发出技术传统，在这个传统中，存在本身将会被遗忘。海德格尔想要"呼吁我们回到对存在的记忆"——让我们回到对存在之在场的原初的惊异。我们必须回到存在之家——处于存在的在场之中并且与存在建立起一种融洽的和谐关系，而不仅仅是对它加以知性思考。

阻碍我们回到存在之家的是我们借以回家的语言。语言已经被毁灭了的碎片和尘埃层层包裹，倘若我们想要它成为一条通向存在的可行之路，就必须对之清理和净化。幸运的是（如果你跟海德格尔一样是德国人，就很方便了），在现代语言中，德语是最接近真理的，因为与其他语言相比，它较少受到谎言的玷污，也更有力量，更具精神性——尽管古希腊语，即前苏格拉底思想家们自

海德格尔开采语言矿藏

己的语言,依旧是最有力量的。最早的那些思想家所使用的希腊语流传至今,他们在那个时代借助这种语言而使之成为存在的见证。

海德格尔对希腊语进行了挖掘,直抵其词源学的最深处。例如,他发现,"存在"一词的希腊语形式Parousia指称某种"牢牢地依自身而立并因此自我显示和自我昭示"①的东西;他发现,"真理"一词的希腊语形式aletheia意思是"无蔽"。②但是,仅仅研究希腊语或会说德语是不够的。我们必须找到一个新起点,它具有彻底的革新性,并同时能让我们返归原初。为此,海德格尔创造了大量技术性词汇,有

---

① 马丁·海德格尔,转引自乔治·斯泰纳尔(George Steiner)的《马丁·海德格尔》(New York: Viking, 1979),第46页。
② 马丁·海德格尔,《存在与时间》(*Being and Time*, trans. John Macquarrie and Edward Robinson, New York: Harper and Brothers, 1962),第265页。

些人对此感到欣然,另一些人则感到烦恼。

例如,看一下他对"操心"这个词的意义所作的一种刻画:"先行于自身的-已经在世界中的-作为寓于世内来照面的存在者(ahead-of-itself-Being-already-in-(the-world) as Being-alongside entities encountered within-the-world)。"[1](其中已经有十个连字号了!)如果说这些笨拙的新词(neologisms)能恢复语词遗忘的含义,或者说海德格尔的人造语言比日常生活的语言更接近存在的真理,这还真不太容易看出来。

人类对存在者抱有一定态度,在这方面,我们和其他动物一样。但和其他动物不同的是,人类还对存在本身抱有一种态度。我们使自身与其"相合"。我们之所以独一无二,不只是因为我们能追问存在,而且还在于,当我们追问存在的时候,我们也将自身的存在置于疑问之中。只有我们才是这种存在者,其存在本身对其自身来说是一个问题。因而,我们的存在与众不同。海德格尔说其他存在者存在着,而我们生存着,或者"走出去-生存"(绽出)[2],他以此指示出其中的区别。他把人的生存命名为此在(Dasein,在那里)。和其他存在者只是存在在世界之内不同,此在拥有一个世界。海德格尔拒绝了大多数哲学家的理智主义,这些哲学家认为世界主要是人类认识的对象。对他来说,认识只是在世界中存在的一种方式。而且,认识本身并不只是一个理智活动。

"理解"某物就是在其使用的语境中去理解它,即将它理解为有用之物或危险之物。事物并不只是"现成在手之物";它们不只是冷漠的科学研究的对象;它们是"应手之物"。我们此在之此充满了为我们而存在的事物,充满了应手之物。我们对它们有所操心或关注。这个"操心"(Sorge)是人类生存的主要特征之一;我们操心我们的周遭世界,这个世界既包括自然界,也包括人类世界。当我们不是仅仅为存在者而操心,而且也为存在本身而操心时,我们就是我们作为人的最本真的自己。

在世界之中存在蕴含着与他人共在。此在之此不仅栖居着为我们所用的事物,而且还栖居着他人的此在。我们同他人的关系既不是与"现成在手之物"

---

[1] 马丁·海德格尔,《存在与时间》(*Being and Time*, trans. John Macquarrie and Edward Robinson, New York: Harper and Brothers, 1962),第237页。
[2] "绽出"(ek-sistence)是海德格尔对"生存"(existence)一词的写法,意在强调其希腊语语源的站出去的意思,以及将生存与绽出("ek-stasy",从自己走出去)关联起来。

我们已跌进了他者的世界

人类的存在就是向死而在

的关系,也不是与"应手之物"的关系,因为我们必须承认他人也向我们提出了要求,这个要求与我们向他们提出的要求是一样的。然而,对他们的要求让步太多是一件危险的事情。我们可能"不再是我们自己"。我们可能被他人之第三方的常人性(the thirdperson theyness of others)①所吞没。我们在这种非本真的生存状态中活着,就是活在"匿名的常人"的意见和欲望中,这是一种产生空无所有的怕。"沉沦"是海德格尔的一个术语,它指对这种怕的屈服。不幸的是,沉沦不只是错误选择的副作用。它是人类生存的本质。我们已经"沉沦"在他人的世界之中了。但是,通过操心,我们是可能走出这种非本真的状态的,操心包括为存在操心,为存在者操心,为将来操心,为过去操心,以及为共同体操心。

我们还可以通过 Angst(畏)来摆脱非本真状态。我们在对死亡的识认中经验到畏。这种畏和单纯的对死亡的害怕不同。畏是认知性的。它产生出我们将会死亡这一认识。它向我们揭示出此在是向死存在。我们发现,我们作为此在存在的意义在于不再是此在这一可能性中,即,在死亡中。也是这个发现向我们揭示了我们本己的自由,因为面对迫近的毁灭,我们必须选择一种能证实自身价值的生活,尽管这种生活必将终结。

---

① 作者书中所引英译将海德格尔《存在与时间》中的概念 das Man 译为 they,陈嘉映、王庆节的中译为"常人",意指人之被抹去了本真性的平均状态。此处从中译,译为"常人"。——译者注

一条死胡同？

这些观点的绝大部分在海德格尔的主要著作《存在与时间》里得到了发挥，它出版于1927年。它包含两个部分，并以一系列问题结尾，海德格尔曾许诺要在第三部分中对这些问题进行回答。但是第三部分却始终没有写成。有一位批评家说海德格尔自己感觉通往存在之路已经"走到了一条死胡同"。①

1927年之后，海德格尔没有回到《存在与时间》的未完成章节上来，相反，他写了许多较短的著作，其中一些至今还没有出版英译本。这些著作引发了海德格尔的追随者和批评者们的激烈争论，主要涉及海德格尔是否在1927年之后改变了他在关键哲学问题上的思想。海德格尔的思想似乎至少在着重点上发生了改变，他强调语言（通往存在的新路）几乎遮盖了存在，包括人类的存在，因为语言吞没了个体。"语言是存在之家，人以栖居的方式生存于其中。"②并不

---

① 斯泰纳尔，第114页。
② 马丁·海德格尔，《关于人本主义的通信》，出自《马丁·海德格尔：基本著作集》("Letter on Humanism", trans. Frank A. Capuzzi and J. Glenn Gray, in *Martin Heidegger: Basic Writings*, ed. David Farrell Krell, New York: Harper and Row, 1977)，第213页。

是人在说语言，而是语言通过人来言说自己。他由此得出以下结论，哲学家不是存在的真正守护者，诗人才是——特别是德国诗人弗里德里希·荷尔德林，他恰巧在一个恰当的时刻出现在海德格尔的故乡，但又在一个不巧的时候死在一家精神病院。诗歌的主要特性是一种命名，一种题名，一种使之成为实在这种意义上的"实在化"（realize）活动。和在

尼采那里一样，柏拉图式的等级秩序在此被颠覆了。说出真理的是艺术家而不是科学家。最终，在海德格尔最后的著作中，诗歌语言本身似乎已让位于语词之间诗意的沉默。真理将必然是"对于沉默的沉默"。

尽管海德格尔哲学产生了巨大的影响，但是在他的人生和著作上却有一个阴影。在1933年，身为弗莱堡大学校长的海德格尔加入了纳粹党，并且发表了赞美阿道夫·希特勒的演讲。不到一年他就辞去了这个职位，此后再未发表赞美"元首"的言论。事实上，海德格尔本人也处在纳粹的监视之下。但他从未对他支持过一个很快就犯下种种令人无法想象的暴行的政党而公开道歉，他对纳粹的大屠杀也保持沉默。在他的沉默和说出真理的沉默之间有着什么联系呢？显然没什么联系。他的批评者们认为，海德格尔的沉默掩藏着一个灾难性的真理。他们还声称发现了在以下两个方面之间的联系，一方面是海德格尔夸夸其谈的冒充博学的德语文辞以及他对死亡和土地的痴迷，另一方面是纳粹空洞无物的残忍思想。他的辩护者们则认为，海德格尔是一个在政治上幼稚的哲学天才，他在政治上犯了一个错误，而当他意识到这是个错误时，却没有公开承认他的错误从而又犯下另一个错误。他们认为，这个主要的个人缺点并不能贬低他著作的价值。

萨 特

另一个胡塞尔从前的学生是让-保罗·萨特（Jean-Paul Sartre，1905—1980

让-保罗·萨特（1905-1980年）

年）。他不仅是20世纪最重要的哲学家之一，而且还是一位随笔作家、小说家和剧作家。他早期的哲学思想体现在他的小说《恶心》（*Nausea*，1938年）、专著《自我的超越性》（1936年）和《存在与虚无》（1943年）以及论文《存在主义是一种人道主义》（1946年）之中。在这些著作中，我们不仅能看到胡塞尔的影响，而且也能看到海德格尔和克尔凯郭尔的影响。

首先，让我们来看一下萨特的意识理论。萨特从胡塞尔那里了解到，意识总是有所指涉的，即它总是超出其自身而指向一个对象。"非反思意识"是在反思或理性思考之前的意识。当我读一本小说时，"非反思意识"的对象就是小说里的男主人公；当我跑去乘电车时，非反思意识的对象就是"要去赶上的电车"。在非反思意识中，根本不存在着自我，根本无法发现"我"；只有"我"的对象——如堂吉诃德或者电车——才存在。反思性意识则是对自身进行反思的意识。萨特认为（与笛卡尔相反），自我，或者"我"，只有在"反思性意识"中才可以被发现。自我，或者"我"，不但在反思性意识中被发现，而且部分地是在反思

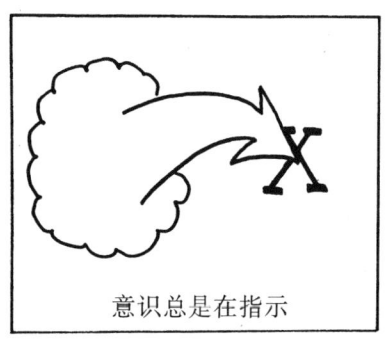

意识总是在指示

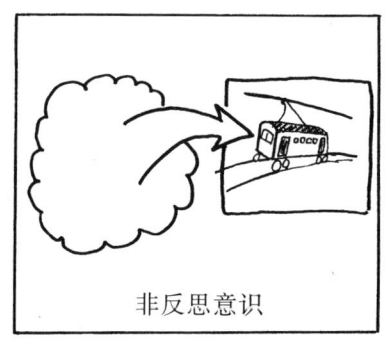

非反思意识

性意识中被创造的。

一旦我们从现象学角度来研究意识（对它进行悬搁，使之成为反思性意识的对象），我们就会发现意识是"一个可怕的……非个人的自发活动"①，在其中，各种思想按照它们的意愿而不是按照我们的意愿来来往往。萨特认为，这种自发活动是一种令人昏乱的自由，并且对它加以沉思将会导致极度的痛苦。我们主动地竭力把秩序强加到这种自由的自发活动之上，而当我们无法做到这一点时，神经官能症和精神错乱就会因此产生。

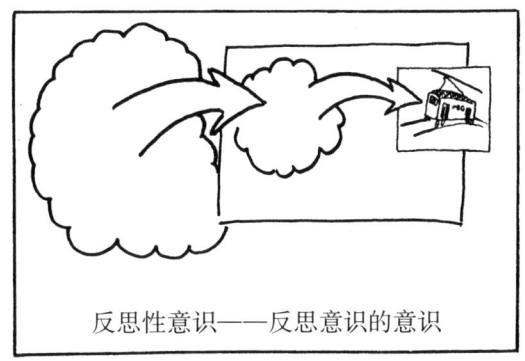

反思性意识——反思意识的意识

---

① 让-保罗·萨特，《自我的超越性》(*The Transcendence of the Ego*, trans. Forrest Williams and Robert Kirpatrick, New York: Noonday Press, 1957)，第98—99页。

萨特曾提到一个妇人的例子,她对她丈夫离家外出工作感到恐惧,因为她害怕他一离开,她就会像一个妓女一样赤身裸体地坐在窗口。因为她知道她可以自由地那么做,所以她害怕她会那么去做。这个主题受到克尔凯郭尔对恐惧所作的解释的启发。当上帝告诉亚当不要去吃苹果时,亚当就知道了他是能够去吃的——他有去吃苹果的自由——而且他知道,如果他能够去吃苹果,那么他就可能去吃。也就是说,他经验到了作为恐惧的自由。

有时候和那个妇人的情况一样,我们强加于意识之上的秩序崩溃了,意识就向我们显示出它原本所是的可怕的自发活动。作为一种哲学思考方式,胡塞尔曾把一切信念和"常识"都悬搁起来,但是萨特发现悬搁可以在我们根本不对它有所预期时就闯进我们之中,它不是作为一种哲学的思考方式,而是作为一种意识的危机,就如我们朝深渊望去时,会突然感觉到纵身跃入其中的冲动。

这种意识危机就发生在萨特的小说《恶心》里的"男主人公"罗康丹身上,当时他正坐在公园的一把长椅上,盯着一棵栗子树缠绕错节的树根看,然后就经验到一次自发的悬搁——这表明胡塞尔是错误的,他假定悬搁只能出于哲学意图人为地造成。

突然之间,一切原有的预设都崩溃了,他所看到的树不再是树,而是一个"乌黑的、多节的、光秃秃的、面团似的、融化了的、松软的、可怕的、裸露的、可憎的、令人害怕的存在"。① 又突然,树的存在将其自身呈现给他。罗康丹发现,那个存在,就像它在意识的危机中自己揭示出来的一样,是纯粹的剩余物,是纯粹的附加物。

理性主义者斯宾诺莎和莱布尼茨都大错特错。存在不仅不是必然的,而且还是荒谬的。存在之存在(the being of Being)远不是有一个"充足理由",根本就没有它存在的任何理由。因此,萨特式的存在主义者发现,他或她自己的生存是一

---

① 让-保罗·萨特,《恶心》(*Nausea*, trans.Lloyd Alexander, New York: New Directions, 1964),第127页。

个荒谬世界中的剩余物。但是人类确实存在着。未经他们自己允许,他们就被抛入了一个无意义的世界之中。人类和这个世界之间有什么关系呢?

这种关系的最重要的形式就是"提问"关系。通过向世界提问,我就把存在中的虚无揭示出来了。当我在咖啡馆里寻找皮埃尔而发现他不在那儿时,我揭示了实在中的虚无。(皮埃尔的不在场是真实的。)

以同样的方式,我发现另一个将我和我自己分离开来的虚无。在我和我的过去(我现在不是过去所是的我)之间以及我和我的将来(我将来之所是不是现在的我)之间有一个虚无。

这种认识再次使我意识到"我在将来等待着我自己,痛苦就是对无法在那里找到我自己的恐惧,对甚至不再希望在那里的恐惧"。①这种痛苦源于我的这一发现,即我发现我的自我不是一个稳定可靠的可以在时间中持存的存在物;相反,它是我必须制造出来并且时时刻刻再造的一个创造物。

---

① 让-保罗·萨特,《存在与虚无》(*Being and Nothingness*,trans. Hazel Barnes,New York: Washington Square Press,1992),第73页。

我在将来等待我自己

我不仅必须创造我自己，而且必须创造我的世界。我通过赋予世界以价值来实现此举。萨特之前的关于自由的看法认为，各种价值是先于我的自由而存在的。我被置于这些价值之间，而我的自由则在于在这些先在的价值之间作出选择的能力。依照萨特的观点，在自由中，我通过选择世界的某些方面而赋予其价值。自由先于各种价值而存在。除了我所赋予它的，生活根本没有任何意义和价值。最终说来，我的价值选择是无法得到辩护的，因为没有永恒的（柏拉图式的）价值，没有（摩西的）律法，也没有《圣经》，可以用来证明我的选择的正当性。归根到底，没有哪套价值比其他任何一套价值客观地具有哪怕更多一点的价值。这一发现导致了更多的痛苦（当然会！）。

我的自由肯定不是绝对的。意识在生存中撞上"事实性"（即那无法改变者）。如果有一块巨石落在了我的路上，它就在那里而且我不能从它中间穿过，这个事实我无法改变。但是我可以自由地对它的"在那里"于我有什么意义作出解释。它可能意味着需要被征服的障碍，也可能意味着我登上山顶的目标遭受挫折，或者我可以把它解释成一个审美鉴赏的对象，或是一个科学标本。萨特把对事实性的解释称为"处境"。对事实性作出解释就是去为我创造出一个世界以供栖居。我永远在"处境"之中并且永远自由地创造着世界。事实上，在这方面，我自由的极度痛苦在于它是价值的基础，但自己却没有基础。

大多数人根据"坏的信念"来创造世界。也就是说，人们不是直面其责任和自由，而是对责任和自由加以否认，或者把它们归于他人，归于命运，或归于"当

关于自由的旧观点

萨特关于自由的观点

权者",从而逃避责任和自由。

但是在好的信念中就没有怨天尤人。我们不能指责对我们的养育,不能指责我们的父母,不能指责我们的贫困(或富裕),也不能指责"艰难岁月",因为我们独自确定这些事物对我们所具有的意义。

我们永远是自由的,因为永远都有备选的选项——终极的备选项是死亡。如果我不朝自己开枪,那么我就选择了死亡之外的其他某个备选项。

我们对自由的经验中有一个主要麻烦,亦即我们必定遇到其他自由的存在者。当他人盯着我看并把我变成他凝视的对象时,我所强加给我意识的那个统一性就顷刻间被粉碎了。只有通过盯着他看并且把他变成我的对象,我才能恢复我的自我。(这和

"我自由的极度痛苦在于它是价值的基础,但它自身却没有基础"[①]

[①] 让-保罗·萨特,《存在与虚无》(*Being and Nothingness*, trans. Hazel Barnes, New York: Washington Square Press, 1992),第76页。

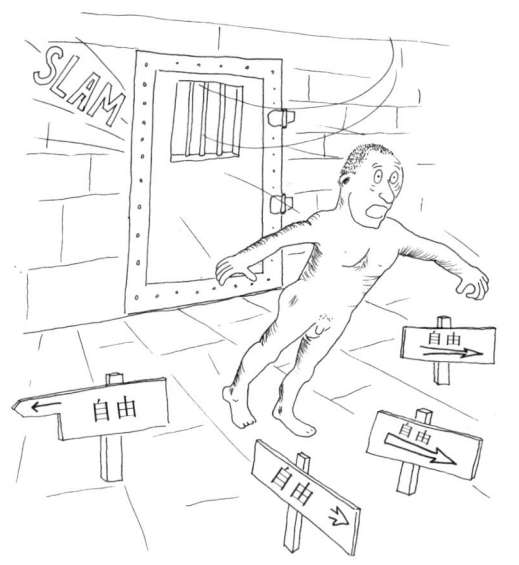 

"……我被判决为是自由的"①

黑格尔的主奴关系类似,不过这里没有任何可能的合题。)萨特说道:"他人就是地狱。"②

萨特哲学以此结束,很多哲学家认为这是一种悲观主义,它反映了现代世界人类的困境。萨特否认他是一个悲观主义者。相反,他使我们每个人都成为英雄。本真的人类知道其一切行为在死亡和生存的荒谬面前最终都是微不足道的,但她依然选择坚持。以一种类似上帝的方式,她创造出一个又一个世界。就像西西弗斯那样,她每天都把她的巨石推上陡峭的斜坡,没有辩解,也没有抱怨。毕竟,那是她的巨石。她创造了它。

---

① 让-保罗·萨特,《存在主义是一种人本主义》,出自《存在主义和人类情感》("*Existentialism Is a Humanism*", trans. Bernard Frechtman, in Existentialism and Human Emotions, New York: Citadel Press, 1990),第23页。

② 让-保罗·萨特,《无路可逃》(*No Exit*, trans. Stuart Gilbert, New York: Alfred A.Knopf, 1948),第61页。

结构主义和后结构主义

从20世纪60年代开始,欧洲对现象学和存在主义的迷恋让位给了对一场名为"结构主义"的新运动的兴趣。这场运动起初是对现象学和存在主义的反动;然而,它的成员又不断回归到由存在主义现象学所提出的那些主题上来。

索绪尔

尽管结构主义对哲学影响很大,但它实际上始于社会科学,其灵感源于瑞士语言学家菲尔迪南·德·索绪尔(Ferdinand de Saussure,1857—1913年)世纪之交的著作。在他死后出版的《普通语言学教程》一书中,索绪尔认为"意义"既非表示固定本质的名称(像在理性主义那里一样),也非表示感觉经验的名称(像在经验主义那里一样),他的这个观点和同时代的实用主义者一致,并且要早于后期维特根斯坦的此种观点。相反,一种语言现象的意义在于它在语言的基础结构中所处位置的功能。这个语言对象不是由某种它所固有的确定特征来界定的,而是由它所处的与系统中其他对象的否定关系来界定的。(既在其声音[音值]方面,又在其意义[义值]方面,语词"bed"[床]都是因其不是"bad"[坏

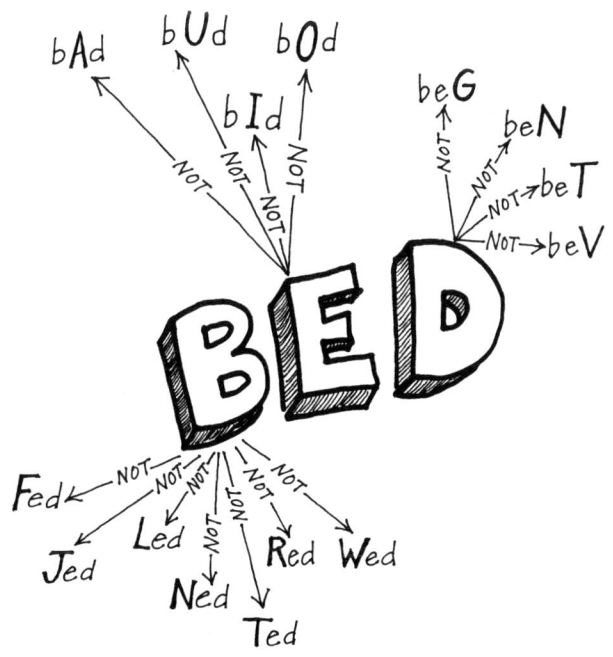

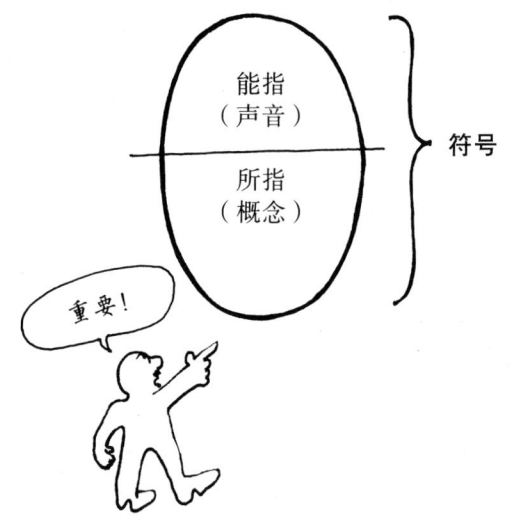

的]、"bid"[投标]、"bod"[老兄]或"bud"[萌芽]而是其所是。）

索绪尔认为，语言是一个符号系统。一个符号是一个声音（或声像）和一个观念（或概念）的结合。前者是"能指"，后者是"所指"。（这个术语上的区分对于所有结构主义思想家来说都是根本性的。）一个声音只有与一个概念相关才能成为一个符号。因此，必定有一个把声音和概念联系起来的规约系统（a system of conventions）。索绪尔的语言学对这种系统进行研究。

索绪尔理论重点强调符号本质的任意性。也就是说，能指和所指之间的联系完全是约定俗成的，而不是基于本质的。"猫"这个声音本来可以表示"狗"这个观念，只不过事实上并不如此罢了。在"猫"这个声音和我们关于那个具体的猫科动物的各种观念之间并不存在本质上的联系。

也有例外——即所谓的拟声词。但即使是例外，它们通常也比其看起来的那样更具任意性。在加利福尼亚，狗的叫声是"Bow-Wow"；但在法国则是"Ouâ-Ouâ"；而在德国则是"Wau-Wau"；在意大利是"Bau-Bau"。

在索绪尔理论的这个方面，有一种反柏拉图主义的哲学意涵。符号的两端都是任意的，即在其中任何一端都不存在绝对之物。能指与所指的演变都和它们声音-概念系统中的其他存在物有关，也和其他此类系统有关，这就意味着不

存在固定不变的普遍概念。在这种情况下,柏拉图的绝对知识的理想就只是个神话。

所以能指和所指都是纯粹关系性的存在物。他们只在与其他存在物相关的程度上存在,而且这种关系主要是一种否定性关系。索绪尔这样谈论符号:"它们最确定的特征在于,它们是其他东西所不是者。"①

正如维特根斯坦后来所做的那样,索绪尔也在语言和象棋之间做了类比。一个棋子的形状是任意的。只要该棋子能和其他棋子区别开来,任何形状都可以。一个棋子(或一个能指,或一个所指,或一个符号)的身份并不依赖于它所具有的某种固有本质,而完全只是它所属系统之内各种差异的某个功能。正如索绪尔所说的:"只有各种差异,而没有肯定性条款。"②

列维-斯特劳斯

在其著作的结尾,索绪尔倡导一门新科学,即"关于符号的一般科学",他称之为符号学。语言学被看成符号学的模型,尽管它只是符号学的一个部分。在符号学中,人类习俗、礼仪和法令都被当作符号(能指与所指的结合)加以研究。这些行为符号将被证明和语言符号一样具有任意性,此外,行为符号与行为系统的其他部分的关系类似于语言符号与语言的关系。

倘若我们认为,索绪尔是结构主义的先导,而法国人类学家克劳德·列维-斯特劳斯(Claude Lévi-Strauss)创造出其具体构架,这并非言过其实。

---

① 菲尔迪南·德·索绪尔,《普通语言学教程》(*Course in General Linguistics*, trans. Wade Baskin, New York: Philosophical Library, 1959),第117页。
② 索绪尔,《普通语言学教程》,前揭,第120页。

克劳德·列维-斯特劳斯

当代人类学更多关心的是具体的社会结构。它往往趋向于和某种人类学的功能主义（functionalism）保持一致，这种功能主义按照社会习俗和社会现象在文化中的实用价值来对其作出解释。（比如，任何变得依靠畜养猪群为生的沙漠游牧部落都将无法生存。因而食用猪肉的禁忌在这类社会就被制度化了。所以，"耶和华"和"真主"禁食猪肉。）

列维-斯特劳斯拒绝对社会现象作功能主义的解释。他认为，很多社会习俗就其自身而言完全没有任何用处，但当和所有其他社会习俗相关联时就具有了意义。此外，列维-斯特劳斯寻求的是一切社会的普遍特征，而不是专门关注特定社会的组织结构。一切文化都是人类大脑的产物，尽管它们有很多不同之处。因此，"在其表面之下的某个地方，一定存在着为所有社会所具有的共同特征"。①

列维-斯特劳斯因对共相的探寻而与人类学中功能主义运动的主流相区别，这使他置于以下哲学传统之中，这个传统由苏格拉底和柏拉图所开启（所以柏拉图根本没有彻底死亡！），并在近代康德对先天综合真理的探寻中得到最为清楚的表达。列维-斯特劳斯的创新之处在于，他认为人类的共相只隐性地存在于结构层面，而不是在显性的事实层面。（当然，

---

① 埃德蒙·里奇（Edmund Leach），《列维-斯特劳斯》（*Lévi-Strauss*, London: Fontana, 1970），第26页。

马克思和弗洛伊德也表达过类似的观点。的确，与索绪尔一样，马克思和弗洛伊德也都对结构主义产生了很深的影响。）当我们考察列维-斯特劳斯对其方法的陈述时，我们就可以看出索绪尔语言学对他思想的影响，因为他对待文化现象的方式与索绪尔对待能指的方式相同。

1. "把所要研究的现象界定为两个或多个术语之间、实在者或假设者之间的一种关系。"
2. "创建一个这些术语之间的可能排列的一览表。"
3. 将此一览表作为必然的逻辑联系的结构来看待（"一种化学元素的周期表"），它会证明所研究的经验现象"只是其他组合中的一种可能组合"。①

这里要注意两点。首先，列维-斯特劳斯的方法是一种理性主义方法（之所以这么说，是因为其目标是去发现必然的逻辑联系，而这种必然的逻辑联系实际上是先天的），在这种方法中经验现象本身"地位已经被降低了"，经验主义也被抛到了脑后。其次，这里提出了一种在自由与决定论之间的折中办法。存在着选择，但无论是个体还是文化，选择都受到严格限制。这些选择同时由其所属的结构系统所创造和限制。列维-斯特劳斯认为，"人类社会，就像单个人一样……从来不会绝对地进行创造；他们所做的只是从观念的仓库中选出某些特定的组合。"②

在《野性的思维》（*La pensée sauvage*，1962年）中，列维-斯特劳斯试图说明一切人类思维的基本逻辑特性，其中也包括所谓的原始思维。所有精神活动的逻辑基础是对对立、比较和相似性的认识。从这个意义上来说，"野性思维"（或许更好的翻译是"天然的思维"）和所有其他思维一样理性。而且，它还显示出一种对自然的天然感觉材料的格外敏感，以及一种在颜色、声音、气味和味道等感性词汇中发现各种类比系统的直觉能力。

在《野性的思维》中，列维-斯特劳斯试图一劳永逸地摧毁扎根于大众偏见之中，而且也为列维-斯特劳斯的前辈人类学家所支持的那个神话，即原始人就

---

① 克劳德·列维-斯特劳斯，《图腾制度》（*Totemism*, trans. Rodney Neeham, Boston: Beacon Press, 1963），第16页。
② 克劳德·列维-斯特劳斯，《忧郁的热带》（*Tristes Tropiques*, trans. John Russell, New York: Atheneum, 1964），第160页。

像儿童一样以一种"前成人"的方式思维。他用一个具有双重含义的论证来达成摧毁这个神话的目的。首先，他展示了一些典型原始思维的领域，它们远比我们自己的思维复杂。其次，他展示了一些文明思想的实例，它们实际上是相当原始的。

列维－斯特劳斯告诉我们原始人也有复杂思维，以下是一个有关菲律宾部落的例子：

> 哈努诺人认为当地植物品种总数中有百分之九十三都是具有文化意义的……哈努诺人把当地鸟类分成七十五种……他们区分出十数种蛇……六十多种鱼……哈努诺人把昆虫分成一百零八类，其中包括十三种蚂蚁和白蚁。①

---

① 克劳德·列维－斯特劳斯，《野性的思维》(*The Savage Mind*, trans. George Weidenfeld and Nicolson, Ltd., Chicago: University of Chicago Press, 1966)，第4页。在这一段中，列维－斯特劳斯以赞成的态度引用了耶鲁大学孔克林（H. C. Conklin）的博士学位论文。

"复杂"思维中也有原始思维,作为例子,我们只需想一下我们对待下面这些文化标示的态度就可以了:"乔治·华盛顿睡过的床",或者《绿野仙踪》里桃乐茜的鞋子,或者嘎嘎小姐(Lady Gaga)的演出服,又或是据说为美国宪法的羊皮纸文稿(它不是美国宪法,因为即便这张羊皮纸文稿被毁了,我们还是会有一部宪法)。很多人把这些东西看得跟原始神物似的。

总而言之,列维-斯特劳斯认为,普遍有效的人类思维原理对一切时代的一切民族都是有效的。历史和文化的偶然事件能在抽象和技术性模糊的层面遮盖住这些法则,但这些偶然

事件从来不能取代它们所掩盖的东西。为了观察这个普遍逻辑的最纯粹形式，我们应该研究前技术民族的"未受污染"的思维。通过这种方式，我们将会发现人类种族的统一性。

拉 康

到20世纪70年代末，结构主义本身开始让位于一系列分裂出来的小派别。这些小派别之间虽然经常相互反对，但全都可以称为"后结构主义"。

这场"运动"并非真的是对结构主义的彻底拒斥。相反，它是某些结构主义主题的彻底化和尖锐化。像结构主义一样，后结构主义不仅在哲学，而且在社会科学、精神分析以及文学批评中都找到了自己的家园。结构主义和后结构主义之间的桥梁是由法国精神分析学家雅克·拉康（Jacques Lacan，1901—1981年）所搭设的，正如可在其厚重而且经常晦涩得超出常理的《选集》一书中所看到的。但是拉康却声称自己并没有发明一种新理论，甚至没有重新诠释精神分析的创建者西格蒙德·弗洛伊德的理论，而只是对弗洛伊德的文本进行了仔细的读解（显然他认为其他人没有做这件事）。拉康无畏于这样一个事实——神经科学没能为精神分析提供弗洛伊德所期望的经验性证据，他声称他在语言学中发现了精神分析的正当性理由。归根到底，精神分析就是"谈话疗法"。它在本质上是关于语言的。拉康认为，"潜意识和语言一样是有结构的"。①这句格言意在号召将语言学洞见运用到对人类心灵的研究中去。

当然，存在着前语言经验，它以其彻底的尼采式无序给婴儿提供了通向实在者的途径。实在者被经验为痛苦和快

雅克·拉康解读弗洛伊德

---

① 雅克·拉康，《精神分析的四个基本概念》（*The Four Fundamental Concepts of Psycho Analysis*, trans. Alan Sheridan, New York: W.W. Norton, 1978），第20页。

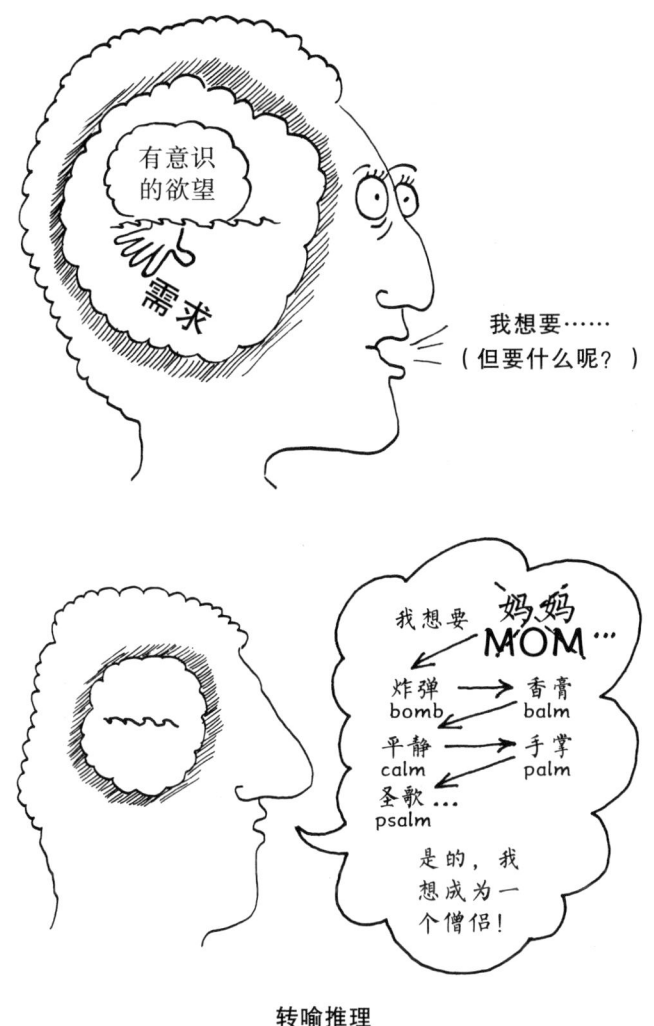

转喻推理

乐,但儿童对语言的使用却使他与实在者相疏远了。机体需要(弗洛伊德称之为"本能"或冲动)被经验为一种原初需求。当机体需要被转化进语言之中时,它就变成了欲望,而对需求的原初经验则被赶到无意识中去了。人类生存之所以这么不可救药地无法满足,是因为欲望下面是一种根本性的对存在的需求。但欲望无法直接提出这种需求,因为欲望受到语言的束缚。

欲望经历了一个转喻过程。"转喻"指的是从一个能指到另一个能指的意义置换,后者在意义或声音方面接近于前者;例如,"He takes too much to the bottle"(译者注:直译是"他太喜欢酒瓶子了",酒瓶喻酒,因此此句意思是"他太喜欢喝酒了"),或者任意一段韵文:"cat, fat, mat"(译者注:cat[猫]、fat[肥胖]、mat[垫子]三者发音押韵)。欲望从一个符号转到另一个毫不相干的符号,

第七章 现象学传统及其余续 287

而始终未能把握它所掩盖的那个绝对需求。拉康所说的"欲望是一个转喻"①指的就是这个过程。欲望被转换成要求,但要求并不实在地与任何特定对象相关,因为没有任何特定对象能代替那永远丧失了的对象。

如果我们追溯真实需要的转喻过程(真实需要已经被能指之网所捕获了),那么我们会发现,在欲望曲折的转喻过程中,它最终把自己当成了自己的对象。欲望欲望着欲望,这是拉康"欲望是对他者的欲望"②这句声名狼藉的话的一种含义。最终,每个欲望都是对被他者欲望的欲望,是将自身强加于他者上的欲望,而要求归根结底是对爱的要求。

那已被压抑进潜意识中的东西不是生理本能,因为它们已经被转换成了语词。被托付给潜意识的乃是语词(能指)。"潜意识是一连串的能指。"③在有意识的语言和思维中,强调的是所指的客观性(即意义的客观性)。这个强调掩盖了能指(语词)的创造性。它模糊甚至否认了这一事实,即能指可以很容易地越过它的正常边界,而去揭示在能指本身和其可能的所指之间令人惊诧的新关系。潜意识的语言和思维知道这个真相,但有意识的思维和语言("理性的话语"或逻各斯)的约束由来已久,无视这一惊人的智慧。有意识的语言使用的是和固定意义相关联的约定俗成的符号。它必须这么做,否则的话我们将无法理解彼此。但是,潜意识还是会从公共理解的必要性中解放出来。它可以玩弄能指而不顾能指的实在意义。它可以产生它自己的各种私人性的"意义"。然而,在意识和潜意识之间存在着一座桥梁。那座桥梁就是诗歌。诗的语言接近于一种潜意识语言。它构成了一种处于有意识的话

---

① 雅克·拉康,《选集》(*Écrits: A Selection*, trans. Alan Sheridan, New York: W. W. Norton, 1982),第175页。
② 拉康,《选集》,前揭,第264页。
③ 拉康,《选集》,前揭,第297页。

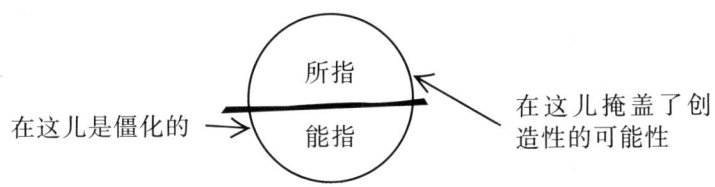

语和潜意识的话语之间的中间层。("……每一帘紫色丝绸窗布,瑟瑟地低沉哀诉;令我心怵,感到前所未有的莫名恐惧。")①

诗人徘徊于明确地公开之地和极度私人之地间的某个地方。拉康认为,病人与诗人的不同之处在于前者对能指间的关系的诗歌式玩弄是绝对私人性的。有一精神病患害怕鸟类,是因为他知道在法国俚语中,骑自行车的警察被叫做"燕子",这个患者活在纯粹私人的诗性世界里。他之所以这么做是由于他遭受的一段无法言传的个人经历,沿着他的意识深陷其中的能指之网前进,可以在其无意识中追溯到这段经历。

沉默:诗人在思考　　　　　　沉默:疯子在思考

---

① 引自埃德加·爱伦·坡的诗歌《乌鸦》(The Raven),爱伦·坡是拉康最喜欢的作家之一。

拉康所谓的想象界指称婴儿的世界（以及一些精神病患者的世界），在这个世界里主体迷失在其本人的意象中，迷失在其本人的幻想中。想象界中的"意象"代表着在其被异化进语言之前的那些活生生的经验。通过进入语言的丰实性，也就是说，进入符号系统，我们使自己从想象界的陷阱中解脱出来。通过命名一个事物，主体使自身远离该事物。当他对之进行命名时，他便否认了他是该事物。对符号系统的使用使意识固定下来，并把意识从想象界的无差别流变中解救出来。它在自我与自我、自我与事物之间起着中介作用。如果不存在"用符号系统来表达人自己"这种可能性，那就不存在个体性的可能性，因为个体性需要差异。

然而，当一个主体进入符号系统时，这个个体也就进入了一个有其自己的规则和结构的预先存在的系统。这个自我被同化进一个关系之网，自我在其中始终是结果而从来不是原因。主体成为由语言结构所塑造的东西。符号间关系的逻辑取代了对实在的活生生的经验。个体成为独立自主的符号秩序的囚徒。正如在后期海德格尔那里一样，语言而非主体在言说。

德里达

大陆后结构主义运动中另一位重要理论家（他曾到南加利福尼亚讲授哲学）是法国哲学家雅克·德里达（Jacques Derrida，1930—2004年）。他至少是受过哲学训练的，但其观点的一个标志性特点是将哲学从特权

地位上拉下来，因为哲学一直以理性裁判者自居，为自己要求这个特权地位。传统哲学被德里达讥讽为逻各斯中心主义，它贬低其他形式的文字，尤其是诗歌文字、比喻性文字、文学性文字，因为这些文字比起哲学话语来更加远离真理。哲学也不过是勉强使用语言来表达其对意义和实在的洞见而已。然而，德里达认为，如同其他任何言语和文字形式，哲学话语也遭受过同样的兴衰变迁，哲学试图说明用"意义"和"实在"所要表达的是什么，但任何有这种企图的都必定会自我解构。

巴黎哲学家在迪士尼乐园

因此，在那些想做20世纪柏拉图的人面前，德里达很乐意扮演20世纪的智者。他的相对主义观点源于对索绪尔语言学的一种极端化。正如索绪尔主张的那样，每个符号都通过不是其他符号而是其所是，那么每个符号都牵涉到其他符号。所以，从来不存在任何完全在场的"意义"；相反，所有意义都会无限被"延迟"。德里达承认，这个结论对于他自己表达的意义也适用——他的话语也是寄生在他所批判的话语上的，但他是开玩笑式地接受这个悖论的，尽管在他的一些批评者看来有点玩笑过度。

意义或存在的每一种在场（因为"存在"只能在"意义"的语境中使自己出场）都是一种不在场，而每一种在场又都是一种在场。德里达把"意义剩余"这一事实称为"分延"（différance），他巧妙地拼错法语单词différence，使用了双关法，因为法语动词différer既有"分别"的意思，又有"延迟"的意思。①

事实上，这里使用双关是非常贴切的。几乎全部词语都具有多重意义，这是如何发生的？通过对此问题的思考，德里达的观点可以得到部分的理解。以"Dog"（狗）这个词为例，按照《兰登书屋词典》，它可以被正确地用来在以下两方之间作出区分，一方是家养的犬科动物，另一方是狼、豺、狐狸，或者也

---

① 见加亚特力·夏克拉沃第·斯皮瓦克（Gayatri Chakravorty Spivak）在德里达《论文字学》的译者前言里对"分延"这个术语的解释（*Of Grammatology*, trans. G. C. Spivak, Baltimore and London: Johns Hopkins University Press, 1976），第xliii–xliv页。

意义过度

可以包括所有这些动物。它可以指称雄性犬科动物,以与雌性相对,或者也可以包括两者在内。它还可以指"任何类似于狗的各种动物"。它可以指称"一个卑贱的男人或青年",一个"丑陋、讨厌或粗鲁的女孩或妇女",或一般来说的任何人,比如在"a gay dog"(一个快乐的家伙)中;它也可以指脚,或者"毫无价值或极其劣质的某种东西"。它还可以是"任何用来抓取或把握某物的各类机械设备"的名称。它或者是一根香肠(hot dog,热狗),或者是毁坏了的东西(to go to the dogs,完蛋),或者是不幸(a dog's life,不幸的生活)。或者作动词时它的意思是"不怀好意地跟踪",或是"摆架子",诸如此类,等等等等。

如果德里达是对的,那么"狗"这个词就必然在其任何一次使用中都带有这些意义中的一部分或大部分。用弗洛伊德的话说,每一个意义都是"过度地规定的"(承载过多的意义)。如果我们说"但是语境规定了意义",那么我们忘了意义同样也规定语境。英国文学批评家特里·伊格尔顿让我们想起伦敦地铁里的标识牌:"在手扶电梯上必须抱着狗。"那么,如果我没有狗,我是不是就不能乘手扶电梯了呢?

因为意义的这种经常性过度或滑动,每一个文本,不论哲学的或非哲学的,最终都使第一原理失去了其自身的逻辑,正如德里达所试图证明的:关键的哲学二分法由于自身的原因而崩溃,比如实在-显象、存在-虚无、知识-无知、确信-怀疑、有神论-无神论、本体-现象、事实-价值、理性-非理性、清醒-做梦。或者,用德里达的话来说,它们"解构"了它们自身。(他的分析方式就叫做解构。)德里达认为,一切文本都自我解构这一事实实际上是和语言相关的事实,因而是与人类思维有关的事实。而每一种逃离"语言牢笼"的尝试都是导回这个牢

因乘电梯不带狗而被捕

笼的途径。而且,正如海德格尔和拉康所指出的那样,因为语言创造了它自己(而不是相反,像传统所认为的那样),自我本身在德里达的解构性凝视之下被非中心化了,被降低了地位。

在后结构主义哲学运动中还有其他几位重要人物,如法国的米歇尔·福柯、吉尔·德勒兹、菲利克斯·瓜塔里和美国的理查德·罗蒂。但是,最为顽强地坚持其对语言和自我之间关系和兴趣的,或许还是要数法国的一些女性哲学家,其中著名的有埃莱娜·西苏、茱莉亚·克里斯蒂娃和露西·伊莱格瑞。这些哲学家在后结构主义中具有重要的地位。

后结构主义,与后现代主义这一更大的文化运动一起,在最近二十年失去了一部分动力。甚至是在其于欧洲大陆的全盛时期,这场运动似乎也经历着经常性的演化和突变。在美国和英国的哲学系(向来是由分析哲学家掌控),后结构主义一直只是少数派的声音;它似乎在文学批评和电影研究方面的教授中间取得比在哲学家中间更多的立足之地。我认为以下说法是对的,即在写这本书的

第七章 现象学传统及其余续

时候，在当今的欧洲，还没有什么有凝聚力的体系性哲学世界观来取代后结构主义，尽管大多数欧洲哲学家似乎依然以这样或那样的方式深受后结构主义的个别"明星"的影响。

本章主要哲学思想

现象学

埃德蒙·胡塞尔

Ⅰ．胡塞尔的主要思想：

ⅰ. 笛卡尔式的基础("我思,故我在")。

ⅱ. 假设:关于世界的一切知识都以意识为基础。

ⅲ. 要求:对意识及其所面对的世界进行研究。

ⅳ. 通过清除一切预设来进行意识研究。

ⅴ. 悬搁(现象学悬置,加括号)。

ⅵ. 将结论应用到时间与空间之上:在现象学时钟上永远是"现在";在现象学地图上我永远在这里。

ⅶ. 将结论应用到意识之上:意识永远是意向性的、指涉性的("一切意识都是关于……的意识")。

ⅷ. 胡塞尔寻求"先验自我"。

存在主义现象学

马丁·海德格尔

Ⅰ. 海德格尔的主要思想:

ⅰ. 存在被从柏拉图开始的语言学和形而上学误解所遮蔽了。

ⅱ. 海德格尔呼吁回到前苏格拉底的精神。

ⅲ. 古希腊语是对存在来说最真实的语言;德语次之;海德格尔的新式用语将重新接近存在:例如"此在"、"现成在手之物"、"应手之物"、"绽出"、"操心"、"在世界之中存在"、"与他人共在"、"向死存在"等。

ⅳ. 《存在与时间》第三部分从未动笔。

ⅴ. "通往存在之路"就此走到尽头了,还是说语言是一条新路?又或"诗歌式沉默"才是那条路?

ⅵ. 海德格尔和希特勒:海德格尔是一个受骗者还是天真汉?

让-保罗·萨特

Ⅰ. 萨特的主要思想:

ⅰ. 意识理论(《自我的超越性》和《恶心》)

1. 在"非反思意识"中没有"我"(没有自我)。

2. "我"存在于"反思意识"之中(笛卡尔错了)。

3. 在"反思意识"中（在悬搁中加以研究的意识），意识被证明是"一种可怕的自发活动"，自我努力要控制的"一种可怕的自由"。

ⅱ. 对一棵巨大的栗子树的树根的自发悬搁。

ⅲ. 存在不是在惊异中揭示自己（像在海德格尔那里），而是作为纯粹剩余物、纯粹附加物、荒谬者，在极度厌恶之中揭示自己。

ⅳ. 人类与世界的关系在"疑问"中得到例示，它揭示了存在中的"虚无"（"皮埃尔不在这里"），而且自由由于这种虚无而得以可能。

ⅴ. 这种自由产生了极度的痛苦（像在克尔凯郭尔那里）。

ⅵ. 我在自由中创造了我自己、各种价值以及世界本身。

ⅶ. "事实性"先于意识和选择而存在，但我的选择规定了其意义（以及世界的意义）。

ⅷ. "我按照判决是自由的。"

ⅸ. 其他自由存在者对我的存在和自由构成挑战："凝视"。

ⅹ. 萨特将人类生存交付给了悲观主义还是英雄主义？

结构主义和后结构主义

Ⅰ. 当对存在主义的热情在20世纪50年代和60年代早期的欧洲消退之时，它就被结构主义取代了，后者不久又演变成后结构主义。

Ⅱ. 结构主义拒绝了现象学的这一预设，即哲学必须开始于主体性，而以客观的"结构"取代"意识"作为起点。

菲尔迪南·德·索绪尔：结构主义语言学

Ⅰ. 索绪尔的主要思想：

ⅰ. 语词识别（音值）和意义（义值）既不是由对本质的命名（柏拉图）也不是由对感觉材料集合的命名（休谟）决定的，而是由一个语词在一个特定语言系统中所占据的位置决定的，这个系统给予这个语词与系统中所有其他成分的关系。

ⅱ. 语言是一个符号系统。

ⅲ. 符号是能指与所指的结合。

ⅳ. 符号之间以及能指与所指之间的关系是约定俗成并且任意的。

ⅴ.符号是否定性的：它们是"其他符号所不是者"。

克劳德·列维-斯特劳斯：结构主义人类学

Ⅰ.以人类学上的结构主义取代功能主义。

 ⅰ.社会制度的意义是由其与其他社会制度的关系决定的。

 ⅱ.人类思维的普遍性在社会制度的总体结构中明显显示出来（像在理性主义那里：显示在社会结构中的先天逻辑关系）。

 ⅲ.一切人类思维——甚至是"野性的思维"——都是有逻辑的。

 ⅳ.尽管不同社会以不同的方式来辨识相似之处和不相似之处，比较性的结构分析表明，普遍有效的原理在一切时间对一切民族来说都是成立的。

雅克·拉康：后结构主义精神分析

Ⅰ.后结构主义：对某些结构主义主题（例如相对性和任意性）的极端化和尖锐化。

Ⅱ.拉康通过索绪尔式的眼光对弗洛伊德的文本进行了细读：

 ⅰ.通过语言学而不是生物学为精神分析进行辩护。

Ⅲ."潜意识和语言一样是有结构的。"

Ⅳ.欲望是转喻："机体需要"（弗洛伊德的"本能"），作为需求被经验，变成要求，转喻性地在符号之间穿行。

Ⅴ.最终，每一个欲望都是对被欲望的欲望（"欲望是对他者的欲望"）。

Ⅵ.语词（能指）被系缚在潜意识之上。

Ⅶ.潜意识说着它自己的语言，这种语言像诗歌一样，能够被阅读并被解释。

Ⅷ.思维的三种显示：

 ⅰ.实在者：前语言的经验（痛苦和快乐）。

 ⅱ.想象界：婴儿的世界（以及一些精神病患者的世界），迷失于幻想中。

 ⅲ.符号体系：语言的完整使用，给予个体化和社会性，但其代价是自我异化和监禁于语言的牢笼之中。

雅克·德里达：解构

Ⅰ.德里达的主要思想：

 ⅰ.讥讽传统哲学为逻各斯中心主义。

 ⅱ.对索绪尔语言学的进一步极端化：

1. 每一个符号都包括其他一切符号，并且"意义"从来不完全在场。

　　2. 每一种在场都是一种不在场，反之亦然。

ⅲ. 不完整或剩余的意义被称作"分延"（一种分别和一种延迟）。

ⅳ. 由于"分延"，每个哲学文本（实际上，一切形式的话语）挫败了它自己，或"解构了"。

ⅴ. "解构"这个词既指语言上的自我挫败活动，也指对这种挫败的哲学分析。

ⅵ. 德里达贬斥包括哲学在内的一切形式的文本权威。

思考题

1. 选择你能对之进行现象学还原（即悬搁）的一个事物、一个事件或一段经历。首先，写下从日常生活的视角对这个事物、这个事件或这段经历的描述。然后，在完成这一步之后，写一份报告，从现象学还原的视角对同一事物、事件或经历进行描述。

2. 你认为当海德格尔"呼吁我们回到对存在的记忆"时，他是什么意思？按照他的看法，是什么阻碍了我们对这一呼吁的响应？

3. 比较海德格尔和萨特在自我与他人关系这一论题上的异同。

4. 克尔凯郭尔被称为"存在主义之父"。写一篇文章，解释一个彻底的基督徒克尔凯郭尔和一个彻底的无神论者萨特如何都可以被称为存在主义者。

5. 比较并对照列维－斯特劳斯关于人类思维如何运作的理论和由出现在本书中的哲学家（如笛卡尔、洛克、康德）所发展出的关于思维的理论。

6. 说明索绪尔语言学在多大程度上影响了拉康的精神分析思想和德里达的解构思想。

第八章

实用主义及分析传统

（从19世纪晚期及20世纪进入21世纪）

实用主义

最后，让我们把历史稍稍往回退一退，越过欧洲到新世界去造访实用主义者们。正是这个学派，首次让美国为哲学史作出了真正的贡献，也正是这一学派，在19世纪和20世纪之间架起了一座桥梁。逻辑学家和符号学家查尔斯·皮尔士（Charles Peirce，1839—1914年）发明了实用主义（pragmatism）这个术语，并想让它成为一种方法的名字，这种方法的首要目标是对思想加以澄清。或许是在他读到心理学家亚历山大·贝恩（Alexander Bain）对"信念"的定义时，皮尔士想出了实用主义这个词。贝恩认为信念是"一个人准备行动所依据的东西"。皮尔士表示同意，并且认定，根据贝恩的观点可以得出：信念产生习惯，区分不同信念的方法是比较这些信念所产生出的习惯。那么，信念是行为的规则，并且信念从以其为规则的行为中获得自身的意义。运用这个定义，皮尔士超越了笛卡尔式心灵的私人性和秘密性，并且提供了一条直接通往心理过程的路径（因为一个人的信念可以通过观察其行为来得到确定）。

在其发明者眼中，实用主义是一种彻底的经验主义，而且皮尔士的某些观点令人想起贝克莱的观点。例如，贝克莱认为，"我们关于任何事物的观念都是我们关于其对感官之作用的观念"，这和皮尔士关于信念的定义并无不同。

詹姆士

皮尔士的《如何让我们的观念变得清晰》发表于1878年，但在威廉·詹姆士

提供直通笛卡尔式心灵的路径

丑到足以免遭绑架

（William James，1842—1910年）大约二十五年后加以解释前，这篇文章受到普遍的忽视。詹姆士发誓要忠于他所理解的皮尔士的原则，并着手将实用主义学说发扬光大。可是，詹姆士对实用主义的所作所为令皮尔士极为恼火，以至于把实用主义的名字改为"实效主义"（pragmaticism），他说这个名字"丑陋得足以免遭绑架了"。①

威廉·詹姆士出生于一个富裕的新英格兰家庭。（他的爱尔兰裔祖父明智地投资伊利运河，由此积攒下他的家产。）他的父亲是一个神学家，其宗教思想多少有点不遵常道，但他鼓励儿子形成自己的独立思想。威廉和最后与他齐名的兄弟亨利（后来成为美国最受尊敬的小说家之一）曾在法国、德国、瑞士以及英国读书，威廉最后留在了哈佛大学，先是科学和医学方向的学生，后来则是医学、心理学教授，最后成为哲学教授。詹姆士所教授的哲学受到其心理学和进化论研究的影响，他的生活经历过个人心理危机、道德危机以及宗教危机，他的哲学因此在许多方面也是对这些危机的回应。按照詹姆士的解释，皮尔士的实用主义提供了处理这些危机的客观方法。

皮尔士的实用主义本来只是提供一套方案，试图将日常思想变得更加科学，

---

① 转引自莫顿·怀特，《分析的时代》（Morton White, *The Age of Analysis*, New York and Toronto: New American Library, 1955），第158页。

而詹姆士则视之为可以解决形而上学和宗教困境的哲学。此外，在詹姆士看来，实用主义既是一种意义理论，也是一种真理理论。让我先来探讨詹姆士的实用主义意义理论。他在《实用主义》中写道：

> 世界是一还是多？命定的还是自由的？物质的还是精神的？这些观念的任何一对中的任何一个都既可能适用于又可能不适用于这个世界；而对于这些观念的争论是没有止境的。在这些情况之中，实用主义所采用的方法是追索每一个观念的实际效果。如果一个观念而不是另一个观念为真，那么这在实际上对一个人来说有什么不同呢？如果追索不到任何实际的不同，那么两者之中任何一个实际上是一个意思，而所有的争论就都是白费工夫。①

詹姆士从中总结出以下原则："任何地方都不可能存在这样的不同，它不在其他地方产生不同。"②

为澄清詹姆士的观点，我们将列出彼此非常不同的三个句子，并考察它们的实用主义意义：

A. 钢铁比肉体硬。
B. 外面有一只出逃的孟加拉虎。
C. 上帝存在。

从实用主义的观点来看，A句和B句的意义是不成问题的。我们完全知道相信它们会有什么结果，即反对相信它们的对立面。如果我们相信A句的对立面，那么显然在很多情况下，我们的所作所为就会和现在完全不同。同样，我们是否相信B句也会对我们的行为造成直接的影响。那么C句呢？这里我们可以看到詹姆士本人所承认的意义理论带有主观主义性质。如果有些人相信上帝存在，那么和相信上帝不存在相比，他们对于世界的看法将大不一样。然而，还有其他一些人，不论他们相信上帝存在还是不存在，他们对世界的理解实际上都是一样的（即在实践中是一样的）。在他们看来，命题"上帝存在"和"上帝不存在"（实际上）是一个意思。因为，对于那些采取中间立场的人而言，"上帝存在"这个

---

① 威廉·詹姆士，《实用主义和真理的意义》（*Pragmatism and the Meaning of Truth*, Cambridge, Mass: Harvard University Press, 1979），第28页。
② 詹姆士，《实用主义和真理的意义》，第30页。

对上帝存在的
一种实用主义证明

命题的意思类似于"星期天,我穿戴整齐去教堂",因为对他们来说,进行这项活动就是他们信念的唯一的实际结果(而正如皮尔士所说的,信念只是行为的规则)。

关于实用主义意义理论就说到这里。现在来谈谈实用主义的真理理论。关于真理,詹姆士有如下说法:"只是在有助于我们和我们经验的其他部分建立满意的关系的意义上,观念(它们本身不过是我们经验的一部分)才是真理……在我们的观念中,真理就意味着它们'有用'的力量。"①詹姆士还说过(或许不那么恰当),问题只在于观念的"货币价值"。②

西方哲学史上有两种一直在相互较量的真理理论,即符合论和融贯论,将实用主义的真理

---

① 威廉·詹姆士,《实用主义和真理的意义》(*Pragmatism and the Meaning of Truth*, Cambridge, Mass: Harvard University Press,1979),第34页。
② 詹姆士,《实用主义和真理的意义》,第32页。

理论与之比较会极为有趣。在符合论和融贯论的较量中，最后符合论占据上风，并且特别受经验主义者们的钟爱。符合论直截了当地认为，命题符合事实则为真。"猫在垫子上"这个句子，当且仅当猫确实在垫子上时才为真。这种理论的吸引力主要在于简单和诉诸常识。其主要弱点在于以下三个方面：（1）难以解释语言中的存在物（语词、句子）怎么能符合和语言毫不相似的事物；（2）难以说清句子应该去符合的究竟是什么（事实？如果它不是一个真实的句子所断定的东西，"事实"还能是什么呢？）；以及（3）特别不适合运用到数学上（"5+2=7"这个命题所符合的是什么呢？）。真理的融贯论则断言，如果一个命题与其他一切已知的真命题相融贯，则为真。这个理论受到理性主义者们的青睐。它最大的优势在于它能很好地理解数学真理的观念（"5+2=7"为真，因为它是由"7=7"、"1+6=7"、"21÷3=2×3+1"等等必然得出的）。而它最大缺点是恶性循环。命题A是真的，因为它和命题B、C、D相融贯；命题B是真的，因为它和命题A、C、D相融贯；命题C是真的，因为它和命题A、B、D相融贯，等等。（想想妄想狂的信念系统，在他看来，发生在他身上的每件事都是别人算计陷害他的证据，

妄想狂的真理理论

而他的所有信念都彼此融贯。）

现在，实用主义者认为，用符合论来检验和用融贯论来检验在理论上并没有相互矛盾，它们都只是运用到信念上的不同工具，用来检验这些信念是否"有用"。有时候这种检验令人满意，有时候那种检验令人满意，但两者都不是真理的唯一标准。詹姆士关于真理的最详细的解释如下：

> 真观念是我们能够吸收、证实、确证并核实的那些观念。假观念则是我们不能对之那样做的那些观念……一个观念的真实性不是它所固有的静止的属性。真理建立在观念之上。它变成真理，是事件使它成为真理。[①]

如果我们回到前面的三个例句，我们可以看到A句确实有用。较之相信其反面，相信"钢铁比肉体硬"无疑更能使我们与我们经验的其他部分的关系令人满意。对于我们大多数人而言，B句通常没有用。一般而言，相信在我们的房间外面有一只出逃的孟加拉虎，这会使我们与我们经验的其他部分处于妄想的关系之中。当然，有时候相信它为真也会有用。（亦即，当外面真有只老虎，我

---

① 威廉·詹姆士，《实用主义和真理的意义》（*Pragmatism and the Meaning of Truth*, Cambridge, Mass: Harvard University Press, 1979），第97页。

们会这样断言。)

第三个例句又如何呢？很明显，有些人认为相信上帝存在与否并没有实际不同，他们根本就不会考虑上帝存在这一观点是真是假。但是，另一些人认为相信上帝存在与否所关甚大，就其而言，用实用主义来检验真理就能派上用场。和对 AB 两个命题的检验不同，不存在对"上帝存在"这个命题的直接的实用主义检验。事实上，詹姆士认为，经验性证据对上帝存在并无决定作用，它既不能支持也不能反对上帝存在。对这种以及类似的情况，詹姆士说："每当我们不可能基于理智按事物的本性来作出选择时，我们的激情本性不仅可能，而且必定合乎法则地会在不同命题中作出选择。"[①]（詹姆士下这样的论断,听上去和康德非常相像。）詹姆士接着说，对于多数人而言，对上帝的信仰确实有用，尽管他随时准备承认对一些人来说它没有用处。相反，对上帝的信仰将这些人置于妄想性恐惧之中。所以，对于第一类人来说，"上帝存在"是真的，而对于第二类人来说，它是假的。

对某些人来说，信仰上帝必定具有货币价值

詹姆士真理理论含有主观主义，正是这一点让包括皮尔士在内的很多哲学家感到不快。实用主义的这个方面由于约翰·杜威的工作而多少有所改观。关于詹姆士，还有最后一点值得注意：上文我们提到詹姆士和康德之间有相似之处，这种感觉并非毫无根据。康德和詹姆士都试图根据实践上的理由来证明我们有权持有某些道德或宗教的价值观，而这些价值观无法根据纯粹理智上的理由加以证明。而且，正如康德将自己视为调和了理性主义和经验主义，詹姆士也把自己视作调和了他所谓"软心肠"的哲学家和"硬心肠"的哲学家。

---

① 威廉·詹姆士，《信仰的意志》（*The Will to Believe*，Cambridge，Mass: Harvard University Press，1979），第20页。

软心肠	硬心肠
理性主义的	经验主义的
（按照"原则"而行）	（按照"事实"而行）
理智主义的	感觉主义的
唯心主义的	唯物主义的
乐观主义的	悲观主义的
有宗教信仰的	无宗教信仰的
意志自由论的	宿命论的
一元论的	多元论的
独断论的	怀疑论的

詹姆士说，这些对立观点的麻烦在于："你会发现经验主义哲学不够宗教，宗教哲学又缺乏经验。"① 很显然，詹姆士认为他的实用主义提供了令人更为满意的第三种选择。

杜 威

约翰·杜威（John Dewey，1859—1952年）或许是实用主义者中最有影响的一位——即便没有别的理由，单凭他比其他实用主义者多活了那么多年就够了。

杜威实际上受过黑格尔唯心主义的教育（正如我们将会看到的，19世纪下半叶黑格尔唯心主义对英美哲学产生过巨大的影响）。黑格尔唯心主义把全部哲学置于历史、社会和文化的语境之中加以考察，这在杜威的思维方式中留下了永久性的烙印。

然而，在詹姆士和查尔斯·达尔

① 詹姆士，《实用主义》，第15页。

文的进化论影响下，杜威渐渐远离了黑格尔主义。黑格尔看到，通过解决观念领域的逻辑矛盾，人性会不断地演进。而杜威则看到，这个演进存在于对个人及其所处的社会、自然环境之间根本冲突的解决之中。受达尔文影响，杜威认为，意识、心灵和理智并不是和自然不同的、与之相对立并且超然独立于其上的东西；相反，它们是对自然的适应和延续，这些东西如同植物、昆虫和动物的附属器官，只有在用来解决自然世界对它们造成的问题，才会最好地发挥其作用。

杜威的这一观点无疑很符合皮尔士、詹姆士的实用主义要点。然而，对詹姆士来说，实用主义主要用来调和宗教和形而上学之间的矛盾，也作为治疗手段来处理个人心理学问题。杜威则更关注社会心理学。他的基本哲学兴趣在政治、教育和道德方面。

黑格尔在杜威的思想中打上了永久的烙印

杜威认为，作为解决问题的机制，高级有机体通过学习规则而不断发展自身，超越了单纯本能性反应。我们把这些规则叫做"习惯"。随着有机体所处的环境更为复杂，有机体本身也变得更加复杂，其回应也变得更加"具有精神性"。当习惯不能有效发挥作用时，理智就发展起来了。当一种疑难的境况被辨识为是疑难时，理智中断、拖延对环境的回应。思维事实上就是"对此类可疑情况的回应"。反思性思维的作用就是把模糊转化为清晰。这样一种转化被称作"知识"。从无知到知识的转化过程其实就是从"起

詹姆士式疗法

观念是延后的行动

初的困惑、烦扰或是迷惑境况向最后的清晰、统一、断然情况"的转化。①观念是行动的计划,它们是"即将付诸实施的操作的指示",它们只是假设。思维只是"延后的行动"。思想如果没有转化为对经验加以重新整理排列的行动,便毫无用处。(这同样适用于哲学。)

> 存在着一种最佳检验标准,用来检验我们所知各种哲学的价值:该哲学最后是否能得出一些结论,这些结论在重新应用于日常生活经验及其困境时,可以使它们对我们显得更有意义、更加清晰,并且使我们对它们的处理更具成效?或者它是否最终使日常经验中的事物变得比以前更加晦涩难懂,而且甚至使它们实际上丧失了它们原先似乎具有的意义?②

传统的知识论者,不管是理性主义者,还是经验主义者,都错了。他们认为有待认识的东西是先于认识行为而存在的某种实在。对他们来说,心灵是实在的镜子,或者是杜威所称的"知识的旁观者理论"。这种理论旨在寻求确定性,要么在共相中找(理性主义),要么在感觉材料中找(经验主义)。但共相和感觉材料并不是认识的对象;相反,它们是认识的工具。杜威的修正造成以下结果:

---

① 约翰·杜威,《我们如何思维》,载于《约翰·杜威:后期著作集,1925—1953》第八卷(*How We Think*, in *John Dewey: The Later Works*, 1925-1953, vol.8, ed. Jo Ann Boydston (Carbondale and Edwardsville: Southern Illinois University Press, 1986),第199—200页。
② 约翰·杜威,《经验与自然》(*Experience and Nature*, New York: Dover Publicans, 1958),第7页。

哲学必须放弃迄今为止人们认为的关于存在和知识的"终极问题"。知识必须是工具性的,它的作用是解决问题。

严格说来,知识的对象由进行追问的心灵所构造。知识改变了在其被认识之前存在的世界。但这种改变不是康德意义上对实在(本体世界)的扭曲,而是指知识给世界增加了新的特点,比如,通过澄清原先本质上模糊不清的东西。

> 反思性思维的作用是把在其中经验到某种含糊、怀疑、冲突和失调的境况转变为清楚、融贯、安定并且和谐的境况。①

杜威认为,随着现代科学的出现,我们抛弃了世界是实体(事物)总和的定义。现代科学所揭示的不是"客体",而是关系。在抛弃这个定义的同时,现代科学还消除了认识与行事的区别。杜威十分赞赏伽利略,因为伽利略所提倡的革命为除了哲学家之外的所有人所接受。科学使得我们可以摆脱过去的暴政,使得我们可以在一定程度上控制自然环境和社会环境。但是,认识世界的不只是科学家,诗人、农民、教师、政治家和剧作家也都以某种方式认识着世界。不过,最终所有人都必指望科学家提供一套方法。事实上,科学不过是一种复杂精致的常识。科学,或其策略方法,在当今社会所起的作用,应该与教会在中世纪所起的作用一样。科学技术必须适应价值和社会变革的节奏。

在杜威看来,并不存在科学事实和价值之间的二分。价值是在经验中找到的特定种类的事实,诸如优美、壮丽和幽默这样的事实。和其他任何对实在的介入所造成的结果一样,它们对自身的揭示也与探究者的兴趣有关。但是,杜威的"实用主义式的工具主义"并不只是一种功利主义。功利主义的错误在于按照我们是否从对象中获得享受来界定价值;而在杜威看来,仅凭某物被人享受过并不就使该物值得享受。没有思想的介入,享受就不是价值。称某物为有价值的就是说它符合特定的条件,即它很好地指导了行为。在被爱者与可爱者、被憎者与可憎者、被称赞者与值得称赞者之间是有区别的。我们需要的是一种对价值的积极而有教养的欣赏态度。不管我们面对的问题是理智的问题、审美的问题还是道德的问题,发展这种欣赏态度都是最高目标。

事实上,行为的最终目标应该是人之为人的全面发展。因此,民主和教育

---

① 杜威,《我们如何思维》,第195页。

科学必须取代中世纪教会的地位

具有同样的目标。每个个体都要对社会制度的建设有所贡献，而衡量所有社会体制的价值在于它为每个社会成员的全面发展所创造的条件。这种发展包括获得某种不再追求其他经验的终极经验。这些经验就是审美经验。杜威认为，有时候这些经验极其强烈，以至于被称为"宗教性的"经验。

分析传统

分析哲学在长达六十年的时间里一直是英国和北美的主导性哲学传统，并且对欧洲大陆传统造成了重大的冲击（正如在英国、美国和加拿大的大学中，大陆哲学也有少数代表）。尽管分析哲学有很多分支，但我们暂且将这个思想学派的倾向概括如下：他们蔑视我们在前几章研究过的，历史上最为杰出的那些哲学家所提出的伟大形而上学体系，并且倾向于将自己限制在对语言的意义和真理性的研究，其中既包括科学、伦理学和美学所使用的语言，也包括日常语言。

这些作者之所以倾向拒斥传统哲学思辨的一个原因是，他们反对以前对哲学作用的种种理解。柏拉图、笛卡尔、叔本华以及其他很多我们探讨过的哲学家们认为，哲学的目标是给出实在的完整描述并解释实在的诸多方面。但是，19世纪末的大多数哲人放弃了这个目标，将之视为各门科学而非哲学的工作。他们将哲学的作用限制在分析实在的各种话语形式。许多哲学家主要以逻辑学为分析工具，另一些人则注重语言分析，但大多数情况下，人们会将这两种方法结合使用。一些分析哲学家认为，分析哲学的主要任务是对自然语言中那些在哲学上令人困惑的地方进行概念分析，也就是说，分析日常话语所使用的概念的意义——诸如"心灵"、"身体"、"知觉"、"责任"、"艺术"和"正义"这样一些概念。另一些哲学家则认为，分析哲学的主要任务是对人工的逻辑语言进行分析，这种语言作为隐藏结构内在于自然语言之中，也就是说，这种分析针对的是诸如"数"、"相等"、"推理"、"析取"、"必然性"和"偶然性"之类的范畴。与此相关，还有些哲学家认为，哲学工作就是对关键的科学概念进行逻辑分析，比如分析"因果性"、"可能性"和"自然规律"等观念。

我在上文中暗指，分析哲学主要在英语世界发展演进。但是，分析哲学真正的先驱是戈特洛布·弗雷格（Gottlob Frege, 1848—1925年），他出生于欧洲——更确切地说，出生于德国中部的古城耶拿。

弗雷格

耶拿曾是拿破仑在1806年对普鲁士军队取得决定性胜利的地方。正是在耶拿，在拿破仑的炮火炸毁城墙之时，G. W. F. 黑格尔匆匆完成了他的形而上学杰作《精神现象学》。我们由耶拿开始回顾19世纪哲学，现在，七十年后，我们又回到那里，来完成这次回顾。在耶拿我们碰到黑格尔的同乡戈特洛布·弗雷格，但是，弗雷格的工作在任何方面都是黑格尔的反面——并且确实与第六章中所介绍的任何人都极为不同，第六章所处理的那个时期曾被称为"哲学的狂野年代"。[①]弗雷格在他有些阴暗的耶拿大学数学系办公室里辛勤工作，以图解决关于算术基础的问题，而算术在那个时候看起来和哲学几乎毫不相干。然而，他

[①] 鲁迪格·萨弗兰斯基，《叔本华及哲学的狂野年代》（Rüdiger Safranski, *Schopenhauer and the Wild Years of Philosophy*, Cambridge, Mass: Harvard University Press, 1990）。

戈特洛布·弗雷格

为支持其数学假设而付出的努力使他发展出关于意义的一般性理论，这个理论后来对哲学史造成了巨大影响。他至死也没有意识到，他的成就将会被视为现今称作分析哲学的先河，而他则被视为分析哲学的先驱。弗雷格给哲学带来新的主题和新的技术，这些将在整个20世纪主导英美哲学，也将对大陆哲学造成一定的影响。

在弗雷格看来，意义问题最终与逻辑有关。我们对于任何主题所能作出的最好论证，不会超出构成这些论证的逻辑。我们可以说现代逻辑始于1879年弗雷格《概念文字》（*Begriffschrift*）①的出版。这本书首次用逻辑学对存在和全称等观念进行了广泛讨论，并论述了以下命题之间的关系："至少存在一个X，X是Y"和"所有X是Y"。这个简单观念显而易见，但在亚里士多德的逻辑学中却完全缺失，在18世纪莱布尼茨作出重大贡献之前，亚里士多德的逻辑学一直主导着哲学研究。（事实上，莱布尼茨把他论述逻辑学的大部分文稿放在书桌的抽屉里，它们直至20世纪才重见天日。当代符号逻辑的很多符号都来自莱布尼茨的草稿，但也有不少源自弗雷格。）

弗雷格的下一本书是《算术基础》（1884），书中提出，我们需要一种理论来证明算术具有内在的自我融贯性（需要一种"融贯性证明"）。弗雷格试图表明，如果对基本逻辑学原理加以扩展，就会产生出所有基础性的算术观念，因而算术的融贯性可以从纯粹的逻辑角度加以证明。比如，我们可以成功地从 A=A 这个同一性原理给出对"数"的定义。这个发现意味着，事实上算术可以被还原为逻辑（始于前苏格拉底哲人的还原主义历史又向前迈了一步）。如果算术源于

---

① Begriffschrift 大体上意为"概念性著作"。在《戈特洛布·弗雷格哲学著作集》（Oxford: Oxford University Press，1952）译本系列中，彼得·吉奇（Peter Geach）所翻译的那本书中保留了德语书名。

逻辑，那么它就具有纯粹分析性的先天身份。如果这个观点是真的，它便会消除柏拉图和笛卡尔所认为的数学基于天赋观念的观点，并且会危及康德有关数学属于先天综合范畴的论述。（你可以在"哲学术语表"中检阅这些术语。）但它同样取代了密尔那样的经验主义者的论点，他们断言数学真理是经验性的概括，这并不能令人信服。（"是的，过去无论什么时候我们把两个东西和三个东西放到一起，最后我们总共得到五个东西，所以我们大胆猜测'2+3=5'是真的，或者至少是极为可能的。但这依然不确定。没有人确切地知道下一次我们是否会得到六个东西！"）

弗雷格所发展的意义理论的重要内容，出现在很多对意义问题的当代讨论之中。这就是他对 Sinn 和 Bedeutung 作出的区分，通常译为"含义"（sense）和"指称"（reference）。这两个术语被运用于对专名（proper names）的分析（如果不熟悉这个短语，请查阅"哲学术语表"）。过去对这两个术语的看法是，它们的意义完全在于其指示（denotation）作用；也就是说，命名作用，或指涉或指向它们所命名的对象。比如，"乔治·华盛顿"这个名字的意义是叫这个名字的那个现实的人。这个名字就是他的代表，除了指示作用之外没有任何意义。但弗雷格指出，暗含在这个常识性解释中有一个重要困难。让我们举出三个专名：（A）晨星、（B）暮星以及（C）金星。（A）指称临近日出前出现于东方的天体，这个名称被清晨航海的水手们用了一代又一代。（B）指称日落后立即出现于西方的一个天体，这个名称被夜间航海的水手们用了一代又一代。（C）指称太阳系中最亮的那颗行星，离太阳第二近。现在，经验上可以发现（A）=（B）=（C），也就是说，所谓的晨星和所谓的暮星事实上是同一颗行星，并且，那颗行星就是金星。现在，假设专名的意义简单地就是被命名的对象，我

> 我数不清！每次我数它们，我都得到一个不同的数目。

约翰·斯图亚特·密尔检查他收藏的兔子

们把那个对象称为"X"。在这种情况下,"晨星是暮星,而事实上就是金星"就意味着"X=X,事实上 =X"。换句话说,这个句子是个同语反复,根本没有传达任何信息。但是很明显,所讨论的句子确实传达了某种信息。任何知道这个句子为真的人都比古代的水手们知道得更多。因此,弗雷格得出结论,在这些例子中,在名字和被命名的对象之外,必定存在第三个意义要素,他将这第三个要素称为含义(Sinn,德语发音是zinn)。每个例子中的含义在所指对象上都"投下了不同的光影"。它是对对象的一种"呈现模式"———一种表象对象的方式。

弗雷格的理论并不能令所有追随他的分析哲学家们满意,但它指出了任何严肃的意义理论都必须处理的一个重要问题。而且,它为整个分析学派定下了调子,分析哲学现在追称弗雷格为奠基者。尽管分析哲学家内部差异极大,但所有分析哲学家都受过弗雷格影响,其中部分原因是最著名的两位分析哲学家——伯特兰·罗素和路德维希·维特根斯坦——都怀着极大的兴趣阅读弗雷格的

古代水手的结晶(普拉克西特利斯、柯勒律兹、帕尔默以及顺口溜"恼人的小孩"的无名作者集体创作的作品)

英国人发现了黑格尔

著作,与他讨论他的思想,并受到其理论的影响。

　　临近世纪之交——在弗雷格的工作影响英国哲学之前——英国出现了一个惊人的现象,其影响波及美国。英国人发现了黑格尔!这在黑格尔主义在大陆渐趋没落后很久才发生。新黑格尔主义不乏一些优秀的拥护者,诸如牛津大学的布拉德雷(F. H. Bradley)、剑桥大学的迈克塔加特(J. E. McTaggart)和美国加利福尼亚大学的约西亚·罗伊斯(Josiah Royce)等等。但是,盎格鲁-美利坚的民族性格(如果有这样的东西的话)不太可能对黑格尔的唯心主义感到很舒服,因而不足为奇,这很快便激起了一场实在主义的反抗。(注意这里"实在主义"是在洛克的意义上使用的,"实在"指的是一个实在的外部世界,而不是像中世纪的"实在"那样指的是柏拉图式的理念。)这场反抗是由摩尔(G. E. Moore)和伯特兰·罗素领导的。

摩　尔

　　乔治·爱德华·摩尔(George Edward Moore,1873—1958年)曾到剑桥大学

学习古典文学（剑桥公认的"伟大作品"），他的部分计划是学习哲学课程。据摩尔说，他在哲学课上听到了最令人吃惊的一些论断——一些他无法确定其准确含义的东西。对他而言，那些讲座似乎全是在否定对每个正常人都知道为真的东西。摩尔当时肯定是一个令人讨厌的本科生。如果迈克塔加特断言空间不是实在的，摩尔就会问，那是否意味着他旁边的那堵墙并不比图书馆大楼离他更近；如果迈克塔加特断言时间不是实在的，摩尔就想知道，那是否意味着这堂课不会在中午结束。罗素觉得摩尔提出的"天真"的问题非常振奋人心。几年之后，罗素这样描写摩尔：

> 他领导了反叛，我紧随其后，带着一种解放的感觉。布拉德雷主张常识所相信的每一事物都仅仅是显象；我们则转到另一个极端，认为从未受哲学或神学影响的常识来看，实在的每一事物都是实在的。带着一种逃离牢笼的感觉，我们得以让自己认为草是绿的，太阳和星星即使没有人意识到它们也依然存在。①

年轻的乔治·摩尔和伯特兰·罗素发现草是绿的

从此，摩尔终其一生都在捍卫常识，尽管罗素后来也找到了自己的理由来怀疑常识。（罗素说："科学自身已经证明，没有任何一个常识性的概念能够有效地解释这个世界了。"②）确实，摩尔后来以"常识哲学家"著称。常识对于他而言，就像感觉材料对于经验主义者，以及理性对于理性主义者——也就是说，是确定性的基础。在他的一篇最著名的论文《捍卫常识》中，摩尔列举了一系列命题，并肯定这些命题是真的，其中包括：

---

① 伯特兰·罗素，《我的心路历程》，载于《伯特兰·罗素的哲学》("My Mental Development", in *The Philosophy of Bertrand Russell*, ed. Paul Arthur Schilpp, Evanston, III: Library of Living Philosophers, 1946)，第12页。
② 伯特兰·罗素，《哲学》(*Philosophy*, New York: W.W.Norton, 1927)，第2页。

A. 当下存在着一个活的人类身体，它是我的身体。
B. 这个身体刚出生的时候比现在要小很多。
C. 自从出生以来，它就一直与地球表面接触，或者并未远离。
D. 自从出生以来，它就与许多物理性的物体保持着远近不同的距离。
E. 在我的身体出生之前，地球就已经存在了很多年。
F. 在我的身体出生之前，存在过许多其他人的身体，其中许多已然消逝。

这个列表延绵很长，可谓一个相当枯燥的列表。摩尔完全明白这个列表冗长乏味，不过在他看来，关键是这些命题都曾被某位哲学家否定过。真理通常是枯燥的，当我们听到戏剧性地否定常识信念的形而上学论点时，我们应该保持怀疑。比如黑格尔式的以下主张：时间和空间没有客观实在性；个人是个抽象；数学只是辩证法的一个阶段；绝对者被表达在世界中，而不是被揭示在世界中。摩尔并未主张这些论断是不真实的，而只是说它们是奇怪的，而且没有显而易见的含义。正如摩尔的学生同时也是朋友约翰·梅纳德·凯恩斯所说，摩尔最常挂在嘴边的那个问题是："你究竟是什么意思？"并且，凯恩斯说："如果仔细检查之后发现你并没有确切地表达什么，那么你将被怀疑什么意思也没表达。"

在19世纪80年代和19世纪90年代，剑桥和牛津的黑格尔主义哲学家们为了发明新的说话方式，花费大量时间创造新的哲学术语，因为他们似乎都认为，我们谈论世界所用的日常话语存在缺陷。摩尔并不认为这些新的说话方式真有必要。他想知道日常语言到底有什么问题。摩尔坚持以正常方式思考和谈论我们的世界，这很清楚地见

摩尔给他的学生念他可以确定的事物的单子

于《捍卫常识》中的如下段落：

> 我认为类似"地球已经存在了许多年"这么普通的表述蕴含着某些含义，但恐怕这是个会引起一些哲学家争论的假说。他们好像认为"你相信地球已经存在了许多年吗"这一问题不是一个普通的问题，不能以简单的"是"或"不是"或"我不确定"来回答，而应该这样回答："这要看你说的'地球'、'存在'以及'年'是什么意思：如果是这种意思，那么我相信；可如果是那种意思，那么我不信，至少我非常怀疑。"我觉得这种观点犯的错误是任何一种观点都会犯的。①

显而易见，对于摩尔来说，哲学的目标不是建立一套庞大的形而上学体系，

---

① 摩尔，《捍卫常识》，载于《摩尔著作选集》（"A Defence of Common Sense", in *G. E. Moore: Selected Writings*, ed. Thomas Baldwin, London and New York: Routledge, 1993），第111页。

也不是为了达到真理（更不用说绝对真理），而是对意义的澄清。这个目标直接将摩尔引到了由弗雷格所开创的分析哲学的阵营——这种哲学，无论好坏，将主导20世纪的大部分时间。摩尔成为几乎可以称之为一场运动的发起人：这场运动反对形而上学，关注详细的分析，注重意义问题，远离当时使人们深受折磨的社会、政治以及个人问题。由于摩尔关注语言的精确使用，他向后来被称为"语言学转向"的方向迈出了第一步。我们将在罗素、逻辑实证主义、维特根斯坦那里看到这些特征。

尽管他有种种德性，但对于当今很多哲学家来说，摩尔似乎有点过于自满了。他对于世界的过分满足的态度可以很容易地从下面这段话中看出：

> 我从来不认为世界或者科学向我提出了什么哲学问题。向我提出哲学问题的是其他哲学家所说的关于世界和科学的东西。①

---

① 摩尔，《自传》，载于《摩尔哲学》("An Autobiography", in *The Philosophy of G. E. Moore*, ed. Paul Arthur Schilpp, La Salle, Ill: Open Court, 1968)，第14页。

黑格尔主义的致命诱惑

罗 素

伯特兰·罗素（Bertrand Russell，1872—1970年）是摩尔在剑桥的朋友，他出生于一个显赫的贵族家庭。他的祖父约翰·罗素伯爵，曾经是英国首相。伯特兰继承了伯爵头衔。他受过私人教育，而且很早就显示出了非凡的数学天赋。他对黑格尔主义产生过短暂的兴趣，但这一定有悖于其本能和与生俱来的才华。罗素天性上喜欢数学和科学的精确性，而迈克塔加特和布拉德雷的哲学在此起不到任何作用。前面我们曾说过，摩尔帮助罗素摆脱了黑格尔主义的致命诱惑，而且在一段很短的时间里，他们两个人的想法差别不大。但是摩尔不了解数学，对科学也不感兴趣。因此，即便摩尔和罗素都认为哲学家的主要任务就是分析，但是不久之后他们还是分道扬镳了。

罗素1900年参加了在巴黎举行的国际哲学大会，他在此遇见伟大的数学家和逻辑学家吉赛普·皮亚诺（Guiseppe Peano）。他在会议期间得以与皮亚诺和戈特洛布·弗雷格这样的数学名流交谈，这促使罗素写成了他的一部主要著作，也就是他和阿尔弗雷德·怀特海在1910—1913年合著的《数学原理》。这部著作是关于弗雷格"一切算术都是逻辑基本原理的延伸"这一论点的深入论述。罗素证明了符号逻辑作为哲学分析工具的力量，这也许就是他对哲学史的贡献。

罗素总体观点的一个主要方面是相信哲学从属于科学。罗素认为哲学应该建立在科学而不是别的什么东西的基础之上，因为和哲学相比，科学犯错的风

正在阅读《数学原理》

险较小。包括他在内的很多分析哲学家都认为"科学是清白的，除非被证明是有罪的；而哲学是有罪的，除非被证明是清白的"。[①]罗素将哲学视为科学的附属，而罗素著书立说的那个时期，科学发展又极为迅速，这部分地解释了何以罗素的哲学变化得如此之快。某位很不友善的批评家说，罗素为自己开创哲学事业的做法是，每年写本书来驳斥他上一年书中的观点。的确，正是因为反复变化，人们很难确切地说究竟什么是罗素哲学。但是尽管有这些变化，他的观点还是具有一些共同特性。他向来认为，哲学本质上是分析的，这是他所一贯坚持的。1924年他写道：

> 虽然建构宏大体系是哲学要做的事情，但我不认为这是最重要的。在我看来，最重要的事情是批评和整理那些越来越被认为是基本的而且毋庸置疑地被接受的观念。我可以举下面这些为例：思想、物质、意识、知识、经验、因果性、意志、时间。我认为所有这些观念都是不准确的、大概的，

---

① 克里斯托弗·霍克威，《蒯因：语言、经验和实在》（Christopher Hookway, *Quine: Language, Experience, and Reality*, Stanford, Calif: Stanford University Press, 1988），第198页。霍克威这段是在说蒯因，但他的观点也适用于罗素。

拿着剃刀的罗素勋爵

本质上是模糊不清的，不能成为任何精确科学的一部分。①

罗素哲学还一贯坚持奥卡姆剃刀原则，正如我们之前所说，这个原则呼吁理论上的简单性，劝告"如无必要，切勿增加实体"。因此罗素总结说："只要有可能，我们就应当用已知实体的构造来代替对未知实体的推论。"②他认为我们都应当用人们已经熟知的特征来解释这个世界，而且应该避免以下诱惑，即去假设我们不可能认识的事物的存在，除非不可否认的事实或令人信服的逻辑论证迫使我们必须这么做。

罗素的"摹状词理论"代表了他的观点，这被视为他对哲学的一大贡献。我们可以将他的观点表述如下：自柏拉图以来，哲学家们便一直被存在概念的逻辑意涵所纠缠，包括柏拉图在内，许多人不得不创建庞大的形而上学体系来解决存在概念所引起的问题。罗素发现，其中的大多数体系都太过形而上学（即严重违反了奥卡姆剃刀原则），或是过于自相矛盾了。让我们处理三个这类有关存在的问题。

1. 我说"金山不存在"。你问："什么不存在？"我回答说："金山。"但这样一来，我就好像把一种存在赋予了那个我刚刚否定其存在的东西（那东西究竟是什么？）。此外，如果我说"独角兽不存在"和"圆的方不存在"，我似乎是在说金山、独角兽和圆的方是三种不同的东西，但实际上，它们没有一个是存在的！柏拉图主义者对这个问题的解决方法是认为，"金山"这类词语指称的是想象物，存在于纯存在（pure being）世界，而不是现实世界。显而易见，这种观点对于罗素来说太过形而上学化，需使用奥卡姆剃刀清理掉。

2. 思考一下这个句子："司各特是《威弗利》的作者。"逻辑学家认为，如

---

① 伯特兰·罗素，《逻辑原子主义》，载于《逻辑和知识：1901—1950论文集》（"Logical Atomism", in *Logic and Knowledge: Essays 1901-1950*, ed. Robert Charles Marsh, London: George Allen and Unwin, 1956），第341页。
② 罗素，《逻辑原子主义》，前揭，第326页。

果这两个词所指的是同一对象,那么这两个词就可以互换而不改变句子表达出来的命题的意义或真值。(如果A=B,那么[A=B]=[B=A]=[A=A]=[B=B]。)比如,小说《威弗利》匿名出版,很多人都想知道是谁写了这本书。国王乔治四世尤其想知道,因为他想找出谁在诽谤他的祖先。国王既不想知道"《威弗利》的作者是《威弗利》的作者"这句话是否为真,也不想知道"怀特·司各特先生是怀特·司各特先生"这句话是否为真。(虽然实际上柏拉图或莱布尼茨对这个问题的解答会是:所有句子都是命题"每一事物就是每一事物",或"A=A"。但这样一种形而上学的"解答"永远不会使伯特兰·罗素这样的人感到满意。)

金山(不幸的是)并不存在

3. 思考一下这个句子:"当今的法国国王是秃子。"这个论断看起来是假的(因为并没有这么一个人),但是,依据排中律,任何一个假命题的否定必然为真,从而得出"当今的法国国王不是秃子"这个论点必然为真。然而可以肯定的是这个句子也是假的。难道我们必须再次接受用形而上学来解答这个难题吗?亦即,难道我们必须通过把"当今的法国国王"这个短语所指称的对象,与"秃的"或"有头发的"这种观念特征一起,放到存在的观念世界中?柏拉图主义的逻辑学家们

就是这么认为的。而罗素则不这么想。(罗素认为,黑格尔主义者会通过一个合题找到对此问题的解答:"当今的法国国王戴假发。")

因此,关于存在的观念,我们有三种不同的逻辑问题。罗素摹状词理论的目的就是揭示关于存在的各种命题包含的真实的逻辑结构,以消解似是而非的矛盾说法和形而上学的混乱。罗素发现了他认为能完成这项工作的一个公式:

> 存在一个实体C,使得当且仅当X=C,句子"X是Y"为真。

在这个公式里,C是一个实体,Y是以形容词形式写出的特征,X是形容词所修饰的主语。例如,句子"金山不存在"被罗素转译为:"不存在实体C,使得当且仅当X=C,句子'X是金制的和山体的'为真。"换句话说,"金山"这个违反原则的词(说它违反原则是因为它看起来是在指称一个实体,即对一个事物进行命名)被转换成一个摹状词(金制的和山体的),而这个命题真正要说的是,并不存在可以用这个摹状词来正确概括其特征的东西。注意,存在这一观念已经从词语"金山"中被分析出去了。

关于第二个问题,句子"司各特是《威弗利》的作者"则变为"存在着一个实体C,使得当且仅当X是C,'X写了《威弗利》'为真;并且,C是司各特"。所以"作者的"这一特征专门描述一个存在着的实体(司各特),并且不是以纯粹的同语反复的形式去描述。再次注意,存在这一观念已经从"《威弗利》的作者"中被分析出去了。

最后,句子"当今的法国国王是秃子"的意思是"存在着一个实体C,使得当且仅当X=C,'X是国王,是法国人并且是秃的'为真"。但是根本不存在可以正确运用这种摹状词于其上的实体,所以这个句子为假;并且对这句话的否定也为假,因为也没有可以描述为"是国

黑格尔式的解决方法

王、是法国人并且是秃的"的实体存在。所以我们可以断定这两个句子都为假，而同时不违反排中律。

在这三个例子的每一个之中，罗素都运用了奥卡姆剃刀，并且去除了存在的观念。罗素甚至毫不谦虚地对他的解答作出了如下评价："这种解答澄清了自柏拉图《泰阿泰德篇》开始的、两千年来关于'存在'的思想混乱。"①

对于摹状词理论的解释，很可能是本书中最具技术性的展示，但即使如此，这个理论也已经被大大简化了。罗素的很多哲学思想都非常专业化，但是作为专业哲学家的罗素又与作为社会批评家和活动家的罗素形成了鲜明的对比。"一战"期间，他因作为反战主义者而度过了一段牢狱时光。（他为摩尔以英国军官身份参战而感到失望；他更为他的学生维特根斯坦返回欧洲加入奥地利的军队当了一名士兵而感到失望。）无论对于美国还是苏联的社会政策，罗素都是一个严厉的批评者。"二战"以后，他成为一位积极的反核武分子。（在他八十九岁那年，罗素抗议美国将核武器放在英国而煽动公众进行非暴力反抗，并因此在海德公园的一场非法集会之后被捕入狱；在他九十多岁时，他又积极宣传，反对美国卷入越战。）在这方面，罗素与摩尔恰恰相反，正如我们所看到的那样，除了哲学家所谈论的东西，摩尔从来没有发现还有其他东西能够吸引他的智慧和热情。当记者韦德·梅塔（Ved Mehta）于1960年去罗素家里就其哲学思想对他进行采访时，罗素在门口接见了他并询问他有没有听到核弹的消息。

真实的存在只存在于存在的王国里——柏拉图

存在是作为潜在的现实性而真实地存在着的——亚里士多德

真实的存在即完满，而完满亦即真实的存在——安瑟尔谟

根本没有真实的存在。存在只是一个词，它并不命名任何事物——奥卡姆

存在实际上是两种实体中任意一个的特征——笛卡尔

真实的存在是单子——莱布尼茨

存在？打我一下吧！真的——休谟

存在不是一个谓词——康德

存在是合乎理性的，合乎理性的是（存在吗？）——黑格尔

存在是意志的表象——叔本华

存在根本不存在；只有权力意志——尼采

存在无法被思考——克尔凯郭尔

存在着一个实体C，当且仅当X=C时，"X是Y"为真

---

① 伯特兰·罗素，《西方哲学史》（*A History of Western Philosophy*，New York and London: Simon and Schuster, 1972），第831页。

罗素跟梅塔说，面对卷入核危机的危险，已经没有时间讨论哲学了。

逻辑实证主义

哲学的任务就是逻辑分析，这种典型的观念源于以逻辑实证主义者之名著称的欧洲哲学家。在维也纳大学，莫里茨·石里克（Moritz Schlick）教授于20世纪20年代早期提议举办科学哲学的专题研讨会，正是在这类研讨会上产生出了逻辑实证主义运动。最初的团体自称为"维也纳学派"，组成这个团体的大部分科学家都具有哲学天赋并且渴望通过把哲学变得科学化而为哲学本身赢得尊重。他们的专业灵感主要来自恩斯特·马赫（Ernst Mach）、儒勒·彭加勒（Jules Poincaré）以及阿尔伯特·爱因斯坦（Albert Einstein）的研究。他们逻辑分析观念的模式来自罗素与怀特海合著的《数学原理》以及当时刚刚出版的维特根斯坦的《逻辑哲学论》。（令其成员大为恼火的是，维特根斯坦超然于维也纳学派之外——很快你将会读到更多有关维特根斯坦的故事。）

维也纳学派对历史上的大部分哲学都持极端的敌对态度，而认为只有休谟的经验主义和康德的反形而上学立场才值得尊重。

除了石里克（他于1936年被一位精神失常的学生杀害在维也纳大学的台阶上），和这个运动相关的其他人还有奥托·纽拉特（Otto Neurath）、汉斯·赖欣巴赫（Hans Reichenbach）、艾耶尔（A. J. Ayer）以及鲁道夫·卡尔纳普（Rudolf Carnap）。到20世纪30年代早期，他们追求科学真理的热情早已尽人皆知，所以他们并不太受纳粹的欢迎（纳粹的观点经不起科学的审

维特根斯坦超然于维也纳学派

视);维也纳学派的成员们也不太喜欢纳粹。希特勒政权的出现使得这个学派成员分散到了英国和美国的各所大学中,如果留在奥地利和德国,他们可能产生的影响或许将会比在英国和美国的大学里产生的影响要小得多。

冒着简化逻辑实证主义基本观点的危险,我要说,维也纳学派的主要任务就是重新回到"休谟之叉"(Hume's Fork)并对它进行重新阐释。所有给定的命题将会被表明要么是分析的(重言式,对它的否定将会导致自相矛盾),要么是综合的(依赖观察和实验来证明的命题),要么根本没有意义。因此,实证主义者的结论在许多方面与休谟相似。例如,卡尔纳普写道:"在形而上学领域,包括一切价值哲学和规范性理论,逻辑分析都会产生否定性的结论,也就是说,这个领域中所谓的陈述是完全没有意义的。"让我们看一下卡尔纳普对语言作用的分析。①

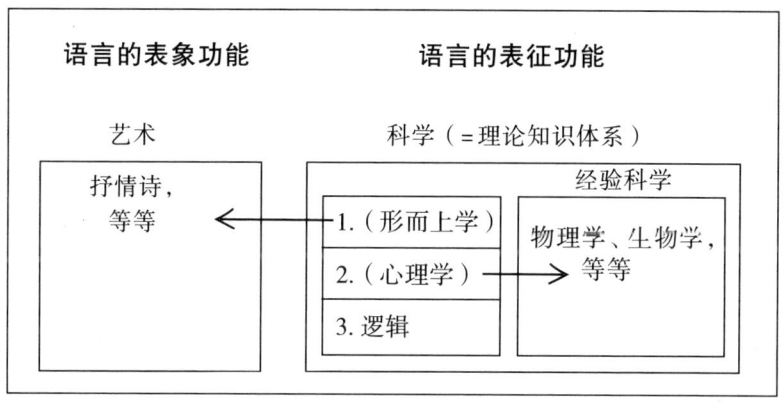

我们看到语言只有两个职责:表征和表象。一旦心理学作为经验科学被正确建立起来,而形而上学又被看作是一种艺术形式,那么哲学只能被认为是逻辑了。卡尔纳普认为,只要形而上学被认为是与诗一样并且被看作是诗,那么它具有诗的作用就不会有任何问题。卡尔纳普写道:

> 形而上学的非理论性质并非就其自身而言就是一种缺陷;所有的艺术都具有这种非理论性,但这并不导致其失去对个人生活和社会生活的崇高价值。危险在于形而上学的欺骗性特征;这种特征给人一种知识的幻觉而实际上却

---

① 鲁道夫·卡尔纳普,《哲学与逻辑句法》(Philosophy and Logical Syntax, London: Kegan Paul, Trench, Trubner, 1935),第32页。

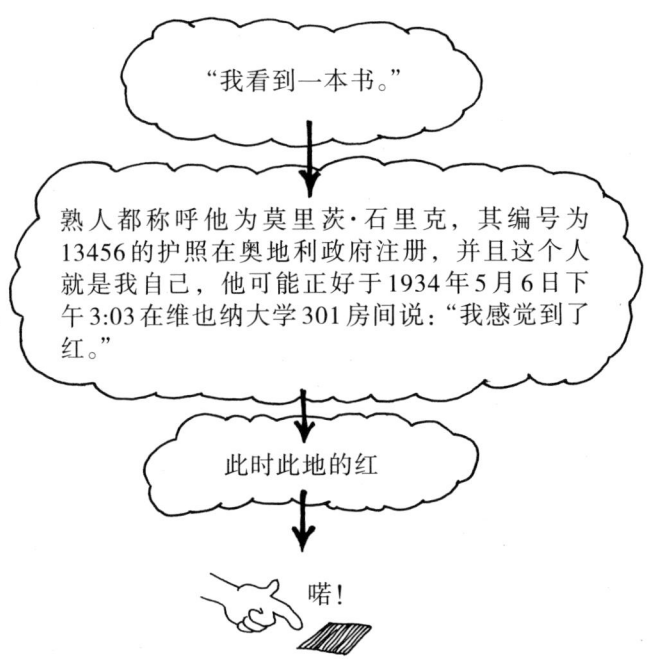

并不传达任何知识。①

对于实证主义者们来说,甚至连休谟的某些怀疑论沉思也太过形而上学了。休谟曾认为没有任何充分的理由去相信某件事会是由另一件事引起的,因为没有任何可以表象原因的感觉材料,只有表象一系列事件的感觉材料。但是对于石里克来说,休谟对一个与"原因"这个名称相称的实体进行探索,这本身就是可疑的。石里克说道:"原因这个词,就像日常生活中所使用的那样,除了表示顺序的规则性外,并不表示任何东西,因为没有什么可以用来证实包含因果性概念的那些命题,……因果性的标准是成功预测。这是我们所能说的全部内容。"②

石里克关于因果性的论述揭示了实证主义观点的另一特征,即(在综合性论点的例子中)一个命题的意义就是其证实方法。而且,证实所使用的语言还必须被还原为所谓的"基本句"(protocol sentences)。基本句就是最简单地表达可证实的原始事实的陈述句。石里克认为,这种句子可以成为"一切知识的绝

---

① 鲁道夫·卡尔纳普,《哲学与逻辑句法》(*Philosophy and Logical Syntax*, London: Kegan Paul, Trench, Trubner, 1935),第31页。
② 莫里茨·石里克,《日常生活和近代科学中的因果性》,载于《知识与价值:导论性哲学读本》("Causality in Everyday Life and in Recent Science," in *Knowledge and Value: Introductory Readings* in *Philosophy*, ed. Elmer Sprague and Paul W. Taylor, New York: Harcourt, Brace, 1959),第195页、第206页。

对不容置疑的起点"。举个例子来说,"莫里茨·石里克于1934年5月6日下午3:03在维也纳大学哲学大厅301房间感觉到了红。"逻辑实证主义者们一直在寻找不可纠正性(incorrigibility)以作为科学的基础,他们认为就连基本句也不是足够确定的,因为基本句没有指称最简单的事实,所以他们试图将基本句进一步还原到他们所谓的"证实

逻辑实证主义者在争论

句"(confirmation sentences),证实句的一个例子是"此时此地的红"(Red here now)。由于证实句没有基本句复杂,所以也就较为确定;但是其麻烦在于写下"此时此地"这个短语的行为就产生了一种意义,这种意义与说出这个证实句时所发生的实际所指称的东西并不相同。不仅如此,通过把作为红的这种经验归入某类而将这种经验命名为"红",似乎已经超出了这个知觉事件,因而这种做法所指称的东西比在这个经验中所实际体现出来的东西要多。最终让人觉得确定性恐怕只能在指出(pointing)和喏(grunting)这两种行为中才找得到了。

至此,开始越来越明显的是,什么地方出了大错,逻辑实证主义者们的这种做法是毫无希望的。逻辑实证主义者们试图找到科学的基础,但他们反而退回到了穴居野人的智力水平。在这个问题上他们陷入了争吵,而从未作出令任何人(包括他们自己)满意的解答。

我们已经见识了卡尔纳普对形而上学只是语言的一种表象形式而不是表征形式的论证。实证主义者们对道德语言也实施了类似的暴行,他们认为道德语言仅仅是经过伪装的情感宣泄。卡尔纳普认为,道德语言通常是"以一种使人误解的语法形式出现的命令"。[①]所以"偷窃是不道德的"这个句子的真实意思是:

[①] 卡尔纳普,第24页。

因此,"偷窃是不道德的"这种所谓的句子实际上只是情感的表达,并且既不为真也不为假。这个句子所表达的是艾耶尔所谓的一个"伪概念"(pseudo-concept)。[①]这就是实证主义者对"休谟之叉"进行极端运用所造成的道德后果。

无需多言,大多数哲学家对伦理学进行如此解释都不太满意。而且,正如我们所指出的那样,逻辑实证主义者并没能在基本句和证实句中找到他们大肆宣扬的那种不可纠正性。他们开始从这个失败中往回撤,但终究于事无补。(正如一位评论者指出的,实证主义者们驾着他们认为无懈可击的军舰,扬帆出海,

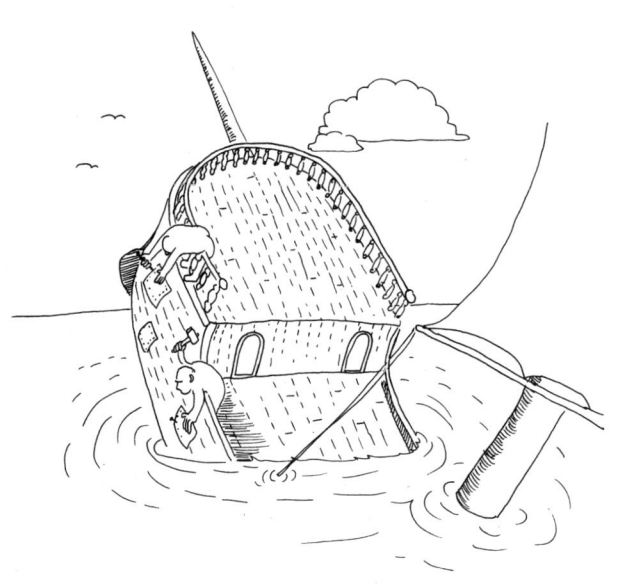

却发现它漏洞百出。他们开始修补漏洞,又发现补丁同样漏洞百出。直到舰船沉没为止,他们一直在不断地往补丁上打补丁。)逻辑实证主义对其另一个内在问题发出了最后一声悲叹:如果一切命题要么是分析的,要么是综合的,要么是无意义的,那么"一切命题要么是分析的,要么是综合的,要么是无意

[①] 阿尔弗雷德·尤里斯·艾耶尔,《语言、真理与逻辑》(*Language, Truth, and Logic*, New York: Dover, 1952),第113页。

义的"这个命题本身的身份又是什么呢？它也必定要么是分析的，要么是综合的，要么是无意义的。如果这个命题是分析的（艾耶尔的观点），那么它只是重言式而已，关于这个世界它没有告诉我们任何东西。而且，在这种情况下，我们应该能够在词典中查到"命题"这个词，并且发现它是按照分析和综合进行定义的。但它并非如此。如果这个命题是综合的（卡尔纳普的观点），那么我们应该能够从经验上对它加以证实。

有些无意义要比别的无意义好
（据约翰·坦尼尔爵士）

但是证实也是不可能的。所以，看起来好像是这样，即实证主义的关键原则既不是分析的，也不是综合的。维特根斯坦（他的《逻辑哲学论》是实证主义的主要灵感来源）迈出了重大的一步，他宣称这个命题是无意义的（虽然我们在后面将看到，他认为某些无意义要好过其他无意义）。这种进退两难之境基本就宣告了逻辑实证主义的终结。或许当乔恩·威特利（Jon Wheatley）教授说出下面这段话时，他正是在给逻辑实证主义撰写讣告，他说："逻辑实证主义持有的哲学立场甚为少见，它很容易表明自身犯有致命的错误，而这个错误恰恰是使它声名远扬的主要原因。"①

维特根斯坦

《逻辑哲学论》这本书给了逻辑实

---

① 乔恩·威特利，《哲学绪论》（*Prolegomena to Philosophy*, Belmont, Calif: Wadsworth, 1970），第103页。

命题1：世界是所发生的一切

证主义者们极大的启示，其作者是路德维希·维特根斯坦（Ludwig Wittgenstein, 1889—1951年）。本书对于他的概述篇幅之所以比书中大多数哲学家都长，因为他有着不同寻常的特质，即他激发了两个哲学运动——逻辑实证主义和后来以"日常语言哲学"之名为人所知的哲学。这两个运动都在20世纪主导了分析传统的发展。具有讽刺意味的是，后一个运动在很多方面都对前者进行了驳斥。①

维特根斯坦出生于一个富裕的、有教养的维也纳家庭。他对物质财富不感兴趣，所以完全放弃了他的继承权。他于1911年到英国的曼彻斯特学习航空工程学。他在数学思维方面的天才很快便得到了承认，并且被推荐到剑桥跟随伯特兰·罗素学习。"一战"期间，维特根斯坦回到奥地利入伍当兵。有这样一个传说，他在背包中装了一沓稿纸，并带着它走进战壕。不久，他被意大利人俘虏了，作为战俘，他开始着手写作《逻辑哲学论》。（它和波爱修的《哲学的慰藉》、塞万提斯的《堂吉诃德》一起被归入"狱中写成的伟大著作"之列。）

《逻辑哲学论》只有区区百余页，由一系列的七个一组的命题构成。每个命题之后是按次序编号的对该命题的评注，或是对评注的评注，或是对评注的评注。例如，第一页是这样开始的：

1. 世界是所发生的一切。

1.1 世界是事实的总体，而不是事物的总体。

1.11 世界为诸事实所规定，为其全部事实所规定。

---

① 最近在维特根斯坦学者中出现一场争论，其中一方坚持认为在维特根斯坦的两个阶段之间存在重大的分裂（被称为"传统解读"），而另一方则认为这两个阶段本质上具有同一个目标："治疗的目标"（被称为"新解读"）。参看《新维特根斯坦》（*The New Wittgenstein*, eds. Alice Crary and Rupert Reed, London and NY: Routeledge, 2001）。

1.12 因为事实总体规定那发生的事情，也规定所有未发生的事情。

1.13 在逻辑空间中的诸事实就是世界。

1.2 世界分解为诸事实。

1.21 每项事情可以发生或者不发生，而其余一切事物仍保持原样。

2. 所发生的事情——一个事实——就是诸事态的存在。①

不能这样说

维特根斯坦认为，因为关于世界我们可以说出真实的东西，所以语言的结构一定以某种方式反映了世界的结构。这就是他在命题1.1"世界是事实的总体，而不是事物的总体"中所表达的那部分含义。那么，组成世界的事实是什么呢？用罗素的术语来说，它们是"原子事实"（atomic facts）。它们是能够被陈述的最简单的事实，其他一切更为复杂的真理都可以被分析为这些简单真理。在《逻辑哲学论》这本书里，维特根斯坦并没有确切地说出这些事实是什么，不过，这些事实正是实证主义者们试图建构基本句和证实句时所寻求的事实。

实证主义者们也喜欢《逻辑哲学论》的其他一些方面，并且特别赞同维特根斯坦所提出的哲学概念：

> 关于哲学问题所写的大多数命题和问题，不是假的，而是无意义的。因此我根本不能回答这类问题，而只能确定它们是无意义的。（4.003）
>
> 哲学中正确的方法是：除了可说的东西，即自然科学的命题——也就是与哲学无关的某种东西之外，就不再说什么……这个方法将是唯一严格的正确方法。（6.53）

这些段落似乎完整地表达了逻辑实证主义者中强硬派的意见。因而不足为奇，他们会把维特根斯坦视为自己中的一员。然而，《逻辑哲学论》中的某些令

---

① 路德维希·维特根斯坦，《逻辑哲学论》（*Tractatus Logico-Philosophicus*, trans. D. F. Pears and B. F. MoGunness, London and New York: Routeledge, 1994），第5页。后面对这本书的引用信息将出现在本书的括号里，所使用的是维特根斯坦的段落标记系统而不是页码。

人费解的表述使维也纳学派的成员们深感焦虑。例如,维特根斯坦写道:"本书的全部意义可以概括为:凡是可以言说的东西都可以说清楚;对于不可言说的东西应该保持沉默。"所以,实证主义者们想把维特根斯坦的话解释为:"形而上学家们,闭嘴!"但维特根斯坦本人似乎对他所谓的"沉默"有着异乎寻常的兴趣,并对此作出令人难以理解的暗示。在命题6.54中他写道:

> 我的命题应当以如下方式来起阐明作用:任何理解我的人,当他用这些命题为梯子而超越它们时,就会终于认识到它们是无意义的。(可以说,在登上高处之后他必须把梯子扔掉。)他必须超越这些命题,然后他就会正确地看世界。

在这里,维特根斯坦承认他自己的命题是无意义的,但看起来是某种特殊的更高级的无意义。这更高级的无意义是什么呢?维特根斯坦继续写道:

> 世界上的事物是怎样的,对于更高者来说是完全无关紧要的。上帝并不在世界中现身。(6.432)
>
> 神秘的不是世界之中的事物是怎样的,而是世界存在着。(6.44)
>
> 时空中的人生之谜的解答在时空之外。(6.4312)

维也纳学派渐渐在惊骇中明白了真相。维特根斯坦是个神秘主义者!他比形而上学家还要坏。

有一段时间,维特根斯坦对《逻辑哲学论》似乎是满意的。这本书回答了一切可能被合理提出的哲学问题。

正如他写的那样:"如果答案不可言说,那么问题也就不可言说。谜是不存在的。如果一个问题可以提出,那么它就可能得到回答。"(6.5)

维特根斯坦脱离了哲学。他到奥地利阿尔卑斯山区的一个小村庄里当起了小学老师。但他并未从这份新工作中获得快乐,他的思维也并没有停止。罗素带头行动,把维特根斯坦请回剑桥,并将《逻辑哲学论》作为维特根斯坦的博士学位论文通过答辩。维特根斯坦被授予摩尔退休后空出来的教授席位。此后,因为维特根斯坦重新回归哲学,哲学界发生了很多令人兴奋的事情。

然而,很快就有传言,维特根斯坦现在关于哲学所说的东西,并不是人们之前预期他会讲的东西。但人们很难确切知道究竟发生了什么,因为古怪的维特根斯坦对他的新观点深藏不露,并且他还坚持要他的学生也这么做。尽管如此,他讲座的学生笔记的一些油印复印件开始流传开来。他这个时期的工作直到他死后才以《哲学研究》之名出版。但在这部著作出版很久以前,维特根斯坦的思想发生重大转变已成为众所周知的了。无论这是好是坏,《逻辑哲学论》中的实证主义和神秘主义都不见了。可这两本书仍有共同之处,哲学仍被视为在本质上是与意义有关,并仍然属于语言学的转向。在《逻辑哲学论》中,维特根斯坦曾写道:"我的语言的界限意谓我的世界的界限。"(5.6)在《哲学研究》中,他仍然坚持这个观点,但与在《逻辑哲学论》中相比,语言本身的有限性似乎要弱很多。

我们先来看一下意义的问题,并由此进入对《哲学研究》的讨论。从柏拉图到《逻辑哲学论》这段哲学史,意义的主要模式是指称模式和命名模式。例如弗雷格、罗素以及《逻辑哲学论》

的作者等哲学家,即便在他们对"指称"和"意义"作出了区分的地方,"指称"仍然被赋予了优先地位。维特根斯坦认为,历史上赋予命名以优先地位,以之为意义的主要方面,这产生出遍布整个西方思想的形而上学图景,然而它是错误的。柏拉图认为语词必须是永恒不变地存在着的事物的名称,而在可见世界中并没有这样的事物,所以他提出了超世俗的理型理论。亚里士多德认为,语词是对此世界中的不变事物的命名,即对实体的命名。在中世纪,唯名论者也认为语词是名称,但认为它们并不命名事物。所以他们的结论与埃科(Eco)的小说《玫瑰的名字》里最后一句话很相似,即"我们只有名称"。经验主义者坚持语词是对感觉材料的命名,任何不这么做的语词都是不可信的。实用主义者认为语词是对行动的命名。而实证主义者、罗素以及早期维特根斯坦则认为语词是对原子事实的命名。

后期维特根斯坦与这种传统彻底决裂,并宣称"一个词的意义是其在语言中的用法"。[①]他写道:

> 想一下工具箱中的工具:有锤子、钳子、锯子、起子、尺子、胶锅、胶、钉子和螺钉。——词的功能就像这些东西的功能一样,是多种多样的。

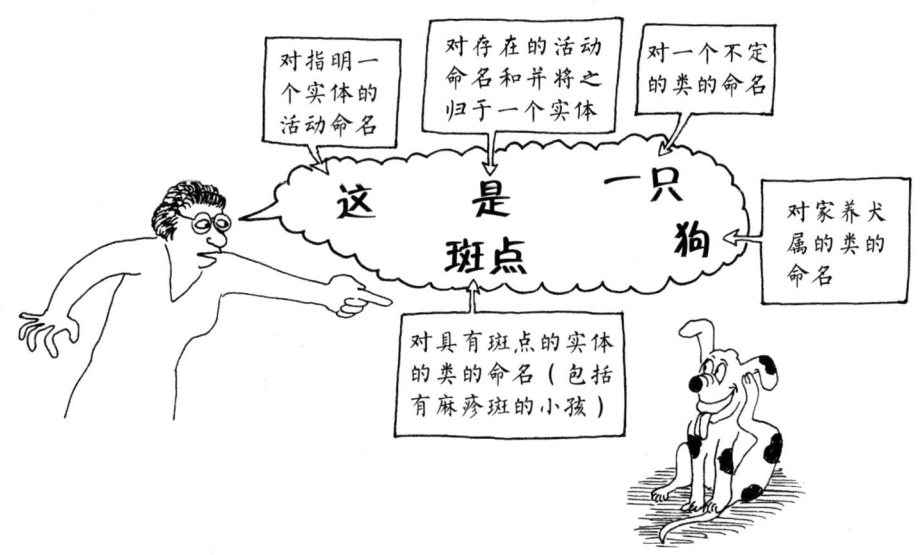

[①] 路德维希·维特根斯坦,《哲学研究》(*Philosophical Investigations*, trans. G. E. M. Anscombe, New York: Macmillan, 1964),第6—7页,第43段。后面对这本书的引用信息将出现在本书的括号里,所使用的是维特根斯坦的段落标记系统而不是页码。

（而两者之中又都有相似性。）……这就好像我们往机车的驾驶室里张望，看起来所有把手差不多都一样。（自然，因为所有的把手都是用来进行操作的。）但其中的一个是曲柄把手，可以连续地运动（它用来调节阀门的启闭）；另一个是转换把手，只有两个有效位置，或开或关；第三个是制动把手，推得越猛，刹车刹得越紧；第四个是气泵把手，它只在往复运动时才有效。（11，12）

维特根斯坦式的争论

像工具或火车头里的机械一样，语言也能起作用，而且其意义就在于其所起到的作用。设想有两个人正驾车飞快地驶向某个目的地，因为前灯撞坏了，所以他们拼命想赶在日落前抵达，司机说道："唉，真倒霉！日头刚刚落下。"这时，如果那个乘客带着一脸的优越感说："现在我们知道了太阳是不会'落下'的，产生这种错觉是地球自转所导致的"，他说的话有任何意义吗？当然没有，因为在这个语境中，他的话并没有起作用。（如

引自汤姆·斯托帕德的剧作《罗森克兰茨和吉尔登斯坦已死》

果在另一个语境中，同样的语句或许会有作用。）事实上，把这种科学事实应用到上述语境只能说是发了疯。下面的场景同样是疯狂的：如果这个乘客在汽车储物箱里发现一把锤子，他拿起锤子就敲打司机，同时还解释他的行为说："锤子是用来敲打的。"是的，但不能在任何时间、任何地点、对无论什么东西都加以敲打。语言也是如此。

不过，一件工具能有好几种功用。在某些情境中，一把锤子既可以用作武器又可以用作镇纸。而语言呢？它只有如逻辑实证主义者所提出的两种用法（一种是表象的功能，一种是表征的功能）吗？维特根斯坦问道：

> 那么，一共有多少种语句呢？比如说，陈述句、疑问句和命令句？——有无数种：我们称之为"符号"、"语词"、"句子"的东西有无数不同的用法。而这种多样性并不是固定的，一旦给定就一成不变；我们可以说，新的语言类型，新的语言游戏，会产生出来，而另外一些则逐渐过时而被遗忘。（23）

这个评论体现了维特根斯坦的意义理论的另一个方面，这个方面与其"意义是用法"的主张有关。他写道："'语词到底是什么'这个问题就类似于'象棋中的棋子是什么'……我们说棋子的意义就是它在游戏中的作用。"（108）维特根斯坦把他的主张总结为：任何一种语言都是一种"语言游戏"。让我们仔细考虑一下这个观点。所有的游戏都要遵守规则。游戏中一个棋子（或一个筹码，一张纸牌，一只棒球手套）的意义源于其根据规则所定的作用。什么是卒子？一个除了第一步可以走两格之外，只能向前走一格的棋子。它向两边走时，可以吃掉对方的棋子，当走到对方的底线时转变成皇后。语词、短语和表述也与此类似——都要遵守规则，它们被赋予的意义源于语言游戏规则。有很多种规则决定着语言的用法：语法规则、语义规则、句法规则以及一般被称为语境规则的规则。其中一些规则非常严格，一些非常灵活，还有一些则是可以协商的。在不同的游戏中，规则的这些差异确实存在（象棋的规则就比"丢手绢"要严格），甚至在同一个游戏中，也存在这些差异（规定卒子怎么走的规则比较严格，而对卒子的大小规定就是灵活的）。但即使是灵活的规则也是规则，如果违反了规则，就有相应的结果。当语言游戏的某些给定规则被以微妙的方式破坏时，像维特根斯坦说的，"语言休假去了"，产生的一个结果就是某种哲学（例如形而上学），另一个结果是某种疯狂（如《爱丽丝漫游仙境》）。这里提到《爱丽丝漫游仙境》是不无理由的。《爱丽丝漫游仙境》这类书是维特根斯坦最喜爱的书,这无疑是因为它们是语言玩笑手册,它们展示出语言的某些方面的作用被误解时所导致的疯狂。请思考以下情节,当白国王让爱丽丝往下看看路面并问她有没有看到人时,爱丽丝说:"我看到没有人在路上。"国王回复说:"我真希望我有这么一双眼睛,能在这个距离之外看到没有人!"这里有什么不对头

吗?这个玩笑建立在被某些"日常语言哲学家"称为"范畴错误"的基础之上,这源于对某些语言事实的不当归类以及由此得出的荒唐结论。(根据"范畴错误"这个术语的发明者吉尔伯特·赖尔的看法,笛卡尔犯了这种归类错误,导致了身心二元论问题。笛卡尔把"心灵"归入和身体相似的范畴,使心灵成为"思维

果酱的闪避

的事物"——幽灵般的精神性存在者,这便使心灵以某种方式与物质性存在者相同,但没人能明白这种方式到底是什么。)

或者考虑一下白王后这个例子,她许诺付给她的侍女们"每周两便士,以及隔天(every other day)一桶果酱",但她后来却拒绝给果酱,因为今天永远不会是任何另外一天(other day)。可以肯定,在这种情景下,语言去休假了。

实证主义者们探索实在的最简单的成分,以便在其上建立科学大厦,他们的情况如何呢?维特根斯坦问道:

> 但是,组成实在的那些简单构成部分是什么东西呢?椅子的简单构成部分是什么呢?——是做椅子的一小块木料?还是分子或原子?——"简单"意味着不是组合的。这里的关键是:在何种意义上是"组合的"?谈论"椅子的简单部分"是根本没有意义的。(47)

以上就是对于原子事实的探究。

在《逻辑哲学论》中,维特根斯坦写道:"哲学家们的大多数命题和问题,都是因为我们不懂得我们语言的逻辑而产生的。"(4.003)他在《哲学研究》中仍然或多或少坚持同样的观点,但到那时他对"我们语言的逻辑"的理解已经发生了根本的改变。哲学家的工作不再是揭示隐藏在语言背后的逻辑,而是揭示蕴含在日常语言之中的逻辑(由此有了"日常语言哲学"这个术语)。哲学家要表明无法掌握这种蕴含的逻辑会导致"用语言来蛊惑我们的理智"(109),并且表明,倘若无理由地干涉我们思考和谈论这个世界的日常方式,就会导致"语言的休假",正是这个"语言的休假"产生出大量

捕蝇瓶中的苍蝇

笑话，构成了我们大部分的哲学史。维特根斯坦说过，"（我的哲学旨在）给捕蝇瓶中的苍蝇指明出路"。（309）当然，在维特根斯坦的故乡维也纳，我们很容易便能做出一个普通的捕蝇瓶，只需往醋瓶子里放些蜂蜜就行了。

在愉快的飞行途中，苍蝇会因闻到蜂蜜的味道而偏离它的路线，飞进瓶子。它要么在这黏黏的、甜甜的东西里淹死，要么嗡嗡叫着等死。在维特根斯坦看来，大多数哲学都像嗡嗡叫着等死的苍蝇。"给捕蝇瓶中的苍蝇指明出路"不是去解决哲学问题，而是去消解哲学问题，指明这些问题是由于背离日常语言才产生的。这个比喻说明了维特根斯坦思想中保守的一面。他认为："哲学不应该以任何方式干涉语言的实际使用；它最终只能描述语言的实际使用。因为它也不能给语言的实际使用提供任何基础。它让一切如其所是。"（124）

此处明显的自鸣得意让人联想起摩尔。但是对他们两人的这种比较，虽然在某些方面是好的，但某些方面却很糟糕。维特根斯坦的内心处于持续的骚动和困惑。他和他的思想中带有某种沉思的忧虑，这掩盖了上文所言的弗美尔式小市民的自我满足。

蒯　因

20世纪后半叶分析传统最重要的代表人物恐怕要数维拉德·范·奥尔曼·蒯因（Willard Van Orman Quine，1908—2000年）。他出生于俄亥俄州的阿克伦镇。他在奥博林学院学习数学时迷上了伯特兰·罗素的数理哲学。在哈佛大学，在阿尔弗雷德·诺斯·怀特海的指导下，他继续以这个作为博士论文的研究主题。获得博士学位后，他在哈佛大学奖学金资助下，游历了维也纳、布拉格和华沙，同维也纳学派的哲学家们以及东欧主要的逻辑学家们进行了交谈。回到哈佛后，他作为哲学教授继续他的职业生涯。甚至在他七十岁从哈佛退休后，他在余下的二十年里仍继续开设讲座或是参与哲学活动。

W.V.蒯因

蒯因最重要的两本著作是《从逻辑的观点看》（1953年）和《语词和对象》（1960年）。在其他大部分的著作中，他坚持了在上述两本著作中所呈现的思想，并对之进行阐述、修改和辩护。蒯因在《从逻辑的观点看》一书中自称实用主义者，因此有人把他归入皮尔士、詹姆士和杜威的传统。但一般认为，他更多地是在回应他在欧洲与之交谈过的那些逻辑实证主义者们，并以他自己特有的方式贯彻了他们的纲领。

这种归类在某种程度上让人感到意外，因为到1960年的时候，大多数哲学家都认为逻辑实证主义已经走向消亡，主因正是蒯因1951年发表的名为《经验主义的两个教条》的文章对逻辑实证主义的攻击（这篇文章收于《从逻辑的观点看》）。他攻击了实证主义的两个教条，而后者恰恰是实证主义最具危险性的两个武器。蒯因挑战的第一个教条是还原主义。实证主义者们试图把每一个给定的综合命题还原为基本句或证实句（如果你想不起来这些术语的话，请查阅本书的术语表），并将这些基本命题与更基本的、不可更改的感觉材料经验关联起来。还原主义是经验主义纲领的一个主要方面，肇始于洛克，由贝克莱和休

蒯因在镇上

谋加以改进，实证主义者们大张旗鼓地吹捧还原主义，视之为埋葬宗教、道德和形而上学话语的根本因素。现在，这种形式的还原主义似乎反倒被彻底击败了，这至少部分由于蒯因的批评。

蒯因瞄准的第二个教条是分析–综合的区分。蒯因并没有主张不存在分析句（"所有的单身汉都是男性"就是一个明显的例子）和综合句（"一些狗是斑点狗"就是其中之一）之类的东西，而是试图证明，除非武断地划界，否则我们无法划出这两种假定类型之间的界限。我们可以以"猫头鹰叫"这个句子为例。它是综合句还是分析句？应该是综合句，因为对它的否定并不导致自我矛盾。但是我们对"猫头鹰叫"比对"猫头鹰属于鸮形目"更加具有确定性，后者被证明是分析句。类似地，像"草莓在成熟的时候是红的"或"重物在没有支撑的时候就会落下"这样的句子看起来至少和"番茄是水果，不是蔬菜"（你知道它们是？）具有同样的确定性。但是前两个句子通常会被归入综合句一类，而第三个句子则被归入分析句一类。蒯因并不是说不可能以这样或那样的方式把这些句子归类，而是说最终说来我们只能武断地去归类，我们本可以通过分析–综合的区分而将哲学重置其上，但这种武断却将之一笔勾销了——当然，这种区分并不如逻辑实证主义者所认为的所能承受的那么多。

事实上，蒯因攻击的真正目的在于，他证明对于分析哲学家来说神圣不可侵犯的整套哲学观点是循环论证。对于意义的刻画依据分析性（也就是说，分析命题的性质），分析性依据同义性，同义性依据意义，如此循环往复。这个系统无法逃脱这种恶性循环而固定下来。①

蒯因进行修订的动机还出于对实证主义者们以下主张的厌恶，亦即数学必然为真但又空无内容。他认为，数学是有内容的，而且未必是必然的。他不想用康德的先天综合命题来解释，也不想采纳密尔视数学为经验概括的观点。相反，蒯因发展出一种知识论的整体主义，这种整体主义认为，我们知识系统的各个部分是相互联系的，而非被分裂成不同的范畴（像这样一些范畴："感觉材料的确定性"、"分析命题的确定性和空洞性"、"综合命题的不确定性和或然性"、"可证实性保证有意义性"、"形而上学的无意义"等等）。蒯因维护了数学在我们知

---

① 并非所有分析哲学家都同意蒯因已经驳斥掉了综合–分析的区分。参看格莱斯和斯特劳森的《捍卫一个教条》（H. P. Grice and P. F. Strawson, "In Defense of a Dogma", *Philosophical Review* 65, 1956），第141—158页。

识体系中的权力,他说数学的力量在于"我们在别处作出修正的决心"。① 如果在我们的实验中出了什么问题,数学会是我们最不可能放弃的。但是,如果我们的预期和数据极端不一致,这或许会使我们更加愿意考虑甚至放弃数学。毕竟,理论物理学最高级的阶段——量子力学的一些方面已经表明,我们也许不得不放弃逻辑学中的排中律了。

蒯因承认,对综合-分析的区分的消解和对还原主义的放弃,会导致"思辨形而上学和自然科学之间假定的那条界限模糊不清",这令已然身为逻辑实证主义者的少数人极为恐慌。②你也许会认为,蒯因如此承认并攻击实证主义的两个教条,会使他成为逻辑实证主义的敌人。但实际上,蒯因在其整个职业生涯都支持实证主义纲领的基本精神。他认为,可靠的哲学必须以经验主义为其形式,它必须是科学的,必须捍卫唯物主义(或"物理主义",如其所称)。依照物理主义的观点来看,他断言,身心二元问题的正确解答必定是行为主义。

蒯因的意义理论遵循弗雷格和罗素的引导,把注意力从语词重新转到句子,将句子作为意义的真正单位。休谟经验主义的缺点在于,它错误地试图把个别语词和个别经验联系起来。(以观念如"上帝"、"原因"或"自我"为例。休谟问:"这个观念来源于什么印象?"如果他找不到对应于这个观念的感觉材料,那么命名这个观念的语词就是无意义的。)与之相反,蒯因通过把句子而不是语词作为意义单位而避免了休谟过分的还原主义,也避免了另一个极端——柏拉图主义。对于柏拉图来说,一个词如"绿",必须是对一种本质即"绿色"的命名,这样

---

① 蒯因,《回顾两个教条》("Two Dogmas in Retrospect", *Canadian Journal of Philosophy* 21(1991),第270页。
② 蒯因,《经验主义的两个教条》,载于《从逻辑的观点看》修订第二版("Two Dogmas of Empiricism", in *From a Logical Point of View*, 2d ed., rev., Cambridge, Mass: Harvard University Press, 1961),第20页。

它才能比特殊的绿色物体更为实在。这个步骤违反了奥卡姆剃刀原则,因为像"本质"、"意义"以及"理型"这类术语成了必须在本体论意义上作出解释的实在事物。意义成了在语词和对象之间起中介作用的事物。蒯因写道:"不可还原的具体中介性实体肯定是没有什么解释价值的。"①

蒯因充分运用了如今被认为是分析哲学标志的一项技术——他称之为语境定义(contextual definition)。这是一种转述形式,它将可能会引起哲学上困惑的句子(比如"Greenness is a color"["绿色是一种颜色"])用不同方式重新陈述,消除那些干扰性的术语(比如,"Anything green is colored"[任何绿色的东西都是有颜色的])。我们已经看到这项技术在罗素摹状词理论中的运用所造成的巨大影响,这个理论的作用是要以各种方式处理"存在"这个动词,使我们不再需要假定某种被称为"存在者"的形而上学对象。这种语境定义法表明出使用这种方法的哲学家们的怀疑,他们怀疑日常语言不能有效地表达思想,因此哲学家必须针对欺骗性的语言陷阱,经常发出警告。(在这个方面,蒯因类似于维特根斯坦,维特根斯坦在《哲学研究》中写道:"哲学是场战斗,反对利用语言来蛊惑我们的理智。"(109)区别在于,维特根斯坦并不认为日常语言本身是罪犯,相反,错误在于我们的以下倾向,即把一套整齐划一的哲学预设加在日常语言之上。)然而,和罗素或逻辑实证主义者们不同,蒯因以实用主义为出发点来使用语境定义。他并不宣称它揭示了隐藏在被日常语言掩盖和困扰的思想之下的真实逻辑结构。语境定义的便利之处在于,它提供了绕过日常表述的一些景貌的方式,这些景貌会把我们引向一个形而上学景观。它还提供了一种能够充分再现一切科学性理论说明的语言。

我在此得偏离一下主题,提一提对蒯因及其传统所使用的这种分析哲学的反对意见,他们针对的是这种按照语境定义进行转述的方法。他们问道,我们怎么知道,转译代替句子中的形而上学问题并将之消除不会是虚幻的?或许语境定义只是简单地将关于实在的真正哲学真理掩盖了起来。一般来说,提出这一反对意见的哲学家要比蒯因更信任日常语言。维特根斯坦就很有可能是这一

---

① 蒯因,《经验主义的两个教条》,载于《从逻辑的观点看》修订第二版("Two Dogmas of Empiricism", in *From a Logical Point of View*, 2d ed., rev., Cambridge, Mass: Harvard University Press, 1961),第12页。

新时代的分析哲学

阵营的。

尽管蒯因承认,僵硬的逻辑分析语言永远无法代替日常话语,但是对他来说,只有物理语言才能准确地作出关于实在的真实陈述。这个信念是蒯因的物理主义的标志,物理主义是他旧的唯物主义观点(只存在运动着的物质)的全新转述,我们首先在德谟克利特,随后在霍布斯那里碰到过这种观点。日常语言有工具性价值——它帮助我们应付我们的生活——但除非偶尔以比喻的方式,它一般并不用来表述关于实在的真理。蒯因甚至对物理学之外的其他科学的地位也抱有怀疑态度。生物学和心理学只是给了我们有关实在的另一种比喻性真理。

你可能感到奇怪,尽管蒯因是物理主义者,但他却不是一个还原主义者。他并不认为化学或生物学这样的科学可以被还原为物理学,或者所有心理状态都可以被转换成神经活动。他仅仅满足于断言"不存在无物理差异的心理差异"。[1]显然,心理生活的最终事实是物理学家所谈论的那类事实,但至少就目前(或许是永远)而言,没有任何方法能将关于心理事件的描述还原为关于最基本的

---

[1] 蒯因,《物质事实》,载于《蒯因哲学研究论文集》("Facts of the Matter", in *Essays on the Philosophy of W. V. Quine*, ed. R. W. Shahan and C. V. Swoyer, Hassocks: Harvester, 1979),第163页。

物理粒子的描述。在这两个层面之间，存在着一个似乎只有比喻性语言才能填补的空间。但蒯因显然认为，这个巨大空间根本不是哲学的兴趣所在。

并不奇怪，很多因蒯因的严谨而尊敬他的当代哲学家，在这一点上会有异议。其中有些人认为，蒯因在哲学上根本不关心的这个空间，应该成为包括哲学家在内的所有心思周全之人的兴趣所在，因为它构成了人类经验。比如，正是在这个空间里，我们发现了像艺术、经济、道德、政治、语言学和自我经验这样一些活动和建制。

与蒯因的物理主义相关联，他于1960年提出了一个大胆的理论，他称之为"翻译的不确定性"观点。这一理论被证明是他最受争议的观点之一。想象一下，有一组田野语言学家试图编写一个手册，以便他们能够把他们所接触的那些人的未知语言翻译成英语。我们假设这些语言学家无法获得产生这种语言的那个文化和习俗的任何知识。语言学家们必须专注于说话者的言语行为和肢体行为之间的关系，以及引发这些行为的物理刺激。蒯因认为如果这些语言学家彼此相互独立地工作，那么他们会产生很多不同的手册，每本手册都会和其他手册不相容，但所有手册都会和说这种语言的人的语言和肢体行为相容，也会和该环境中的物理刺激相容。因为所有这些设想的手册都和物理事实（蒯因的主要关切）相容，但物理事实并不能决定哪本手册是正确手册。只要这本手册可以促进交流和合作，它与其他所有具有同样作用的手册一样正确。这个结论构成了一种彻底的行为主义。如果同样的物理刺激引起了同样的反应，那么这些反应就是彼此相等的。

蒯因设想，每当兔子跑过的时候土著们就会说"gavagai"，所有语言学家都试图破译这个表述。[①]而且，每当语言学家们指着兔子问："Gavagai？"土著们总是给出肯定的姿势和声音。蒯因认为，在这种情况下我们可以作出结论说，对于gavagai的一个正确翻译会是"那儿有一只兔子"。但他认为还有很多其他译法也都会同等正确。事实上，蒯因认为在这种情况中，所有下述句子都是等价的：

1. 那儿有一只兔子。
2. 那儿有一只成长着的兔子。
3. 那儿有兔子的分开来的各个部分。
4. 那儿有兔子各部分的融合。
5. 那儿有一个兔子性的例示。

大多数意义理论认为句子1到5并不都是同义的，与此相反，蒯因断言因为它们在系统上都和同一组物理刺激相容，所以它们就是同义的，他由此揭示了翻译的不确定性。

蒯因承认译法1是gavagai最有可能的译法，但这仅仅是因为便利，而不是因为"真理"。他从纯粹的物理事实（尤其是最基本的物理粒子等）的角度来看，这些翻译中的每一个都和其他的一样好。蒯因认为，翻译的不确定性观点不仅会驳斥对语言和心灵的大多数哲学解释，也会驳斥对它们的日常理解；倘若如此，那也只能顺其自然，随其发展。可以肯定，蒯因的理论确实严重破坏了我们对这些主题的正常思考，因此他的理论很容易被指责为稀奇古怪的理论。例如，某个批评家就指出，如果你要买一只兔子作为宠物，蒯因的不确定性理论会将你拥抱这只宠物的完全能够接受的意愿，转变成爱抚兔子的分开来的各个部分这类变态欲望。[②]（我会加上这一点：把gavagai翻译成"兔子各部分的融合"将会使"炖兔肉"成为同语反复。另一位批评家认为：

[①] 蒯因，《语词和对象》（*Word and Object*，New York and London: John Wiley and Sons，1960），第51页及以下。

[②] 彼得·恩格，《哲学相对主义》（Peter Unger，*Philosophical Relativity*，Oxford: Blackwell，1984），第18页。

很多读者也许会觉得，不确定性理论的后果显然会颠覆我们对心灵的日常理解，这说明有地方出了问题。它也许会加强这样一种感觉，即专注于刺激意义会过度自我否定，并且必然会产生一幅扭曲而贫乏的意义和心灵图景。①

蒯因的翻译不确定性理论招致了很多批评性的关注。这种关注不是由于哲学家们觉得翻译问题本身必然地具有核心重要性，而是因为，他们认为蒯因将其理论视为彻底的物理主义的逻辑延伸，而通过质疑不确定性理论，他们也许可以质疑物理主义本身。

无论如何，即便是反对蒯因整体观点的哲学家也认识到，他们受到了蒯因那些被广泛阅读的著作中的各种论证的影响。任何当代世界重要的分析哲学家都会认为，他已将蒯因的思想纳入到自己的体系之中，或至少感觉到有必要公开回应蒯因的观点。仅举几例，这个名单包括如下这些名字：唐纳德·戴维森、希拉里·普特南、诺安·乔姆斯基、杰里·福多、杰罗德·卡茨、尼尔森·古德曼、威尔弗里德·塞拉斯、扬·哈京以及约翰·塞尔。更年轻一代的分析哲学家们也感受到了蒯因的持续性影响。这其中有一些杰出的女性哲学家，包括琳·汉金森·尼尔森以及露易丝·安东尼，她们认为蒯因哲学对女权主义者们应该是有吸引力的。②

---

① 克里斯托弗·霍克威，《蒯因：语言、经验和实在》（Christopher Hookway, *Quine: Language, Experience, and Reality*, Stanford, Calif: Stanford University Press, 1988），第141页。

② 琳·汉金森·尼尔森《有谁知道？从蒯因到女权主义的经验主义》（Lynn Hankinson Nelson, *Who Knows? From Quine to a Feminist Empiricism*, Philadelphia: Temple University Press, 1990）以及露易丝·安东尼《作为女权主义者的蒯因：自然化的知识论之根本重要性》，载于《一个人自己的心灵：关于理性与客观性的女权主义论文》（Louise M. Antony, "Quine as Feminist: The Radical Import of Naturalized Epistemology," in *A mind of one's own: Feminist Essays on Reason and Objectivity*, ed. Louise M. Antony and Charlotte Witt, Boulder, Colo: Westview Press, 1993）。

告别二十世纪哲学

纳斯鲍姆

我将转向玛莎·纳斯鲍姆以结束本书,她是一位颇受好评又容易理解的当代美国女权主义哲学家,其兴趣和写作风格都与本书第七章提到的那些大陆女权主义者形成鲜明的对照。纳斯鲍姆现在在芝加哥大学哲学系、法学系和神学系任职,她已在专业期刊上发表了大量的文章,并写作和编辑了超过十三本著作,包括她

玛莎·纳斯鲍姆

最新的作品《良知的自由》①,在其中我们可以看到她的学术表现,涉及她所在学校的三个系科的主题。作为纳斯鲍姆的学生,主要困难在于跟上她数不清的所有兴趣。她先是受了古典学教育,并写了大量关于古希腊哲学和戏剧的东西。她对古希腊思想研究的结果使她成为亚里士多德伦理学最新版本的支持者——对一个女权主义者来说,这并不是一个理所当然的选择,考虑到亚里士多德对女性的歧视态度(尤其是他认为她们并不是完全意义上的人)、他针对"劳动阶级"的精英主义偏见,以及他视奴隶制为一种社会必需而加以接受。但纳斯鲍姆极其善于"去其糟粕取其精华"(即从无用之物中分离出有用之物)②并将古希腊思想的精华运用于当代世界。她还写过其他主题如:伦理学中运气和情感的作用、恐怖主义、动物权利、精神病疗法、奥古斯丁论爱、全球正义(包括对印度女性来说的正义)、促进女性的各项能力、女性主义的释义学(大体上说,即解释)方法、男女同性恋权利、对普世价值的辩护(反相对主义)、康德和世界主义、家庭、性、教育改革、父权主义、关怀伦理学、儿童权利、尼采、叔本华、弗洛伊德以及对后现代主义的批评。

纳斯鲍姆最重要的遗产无疑是她对小说和道德哲学关系的关注。我们将会

---

① 玛莎·纳斯鲍姆,《良知的自由:捍卫美国的宗教平等传统》(Martha C. Nussbaum, *Liberty of Conscience: In Defense of America's Tradition of Religious Equality*, New York: Basic Books, 2008)。
② 包括和哲学家希拉里·普特南合著的论文《改变亚里士多德的想法》,文章载于由纳斯鲍姆和艾米丽·奥克森伯格·罗蒂(Emélie Ocksenberg Rorty)编辑的《亚里士多德〈论灵魂〉论文集》(Oxford and New York: Oxford University Press and Clarendon Press, 1992),第27—56页。

简要概述纳斯鲍姆在这个方面的讨论,之所以将之从其他各项兴趣中挑选出来,是因为她在这个领域完全是一个先驱。她已经对此作出了很大的贡献,而其持续的热情和能量将来很可能会产生更多的洞见。

我们在第二章中看到柏拉图曾提及在哲学和诗歌（poiêsis,这个古希腊语涵盖所有的语言艺术,并且,延伸开来,包括所有表象艺术）之间在寻求真理方面的古老争吵,而柏拉图当然站在哲学一边。然而,你们可能会回想起,亚里士多德在这个问题上向柏拉图发起了挑战,他为诗歌的哲学价值作出了辩护,他说道:

> 诗人的作用不是描述已经发生过的事情,而是可能会发生的事情,即那很有可能的或必然的可能之事……因而诗歌是某种比历史更有哲学意味并且更加重要的东西……①

---

① 亚里士多德,《诗学》(*Poetics*, trans. Benjamin Jowett, in *The Basic Works of Aristotle*, ed. Richard McKeon, New York: Random House, 1941),第1463—1464页。

纳斯鲍姆写过一系列文章深入阐述了这一观点，这些文章都收录在她的文集《爱的知识》①，她在书中举了具体的例子，这些例子选自以下这些作者的作品：荷马、埃斯库罗斯、欧里庇得斯、阿里斯托芬、塞涅卡、但丁·阿利盖利、威廉·莎士比亚、简·奥斯丁、艾米丽·勃朗特、查尔斯·狄更斯、沃尔特·惠特曼、费奥尔多·陀思妥耶夫斯基、列奥·托尔斯泰、詹姆士·乔伊斯、马塞尔·普鲁斯特、W. H. 奥登、弗吉尼亚·伍尔夫、乔治·奥威尔、萨缪尔·贝克特以及艾瑞斯·默多克，等等。在《爱的知识》中，主要的文学英雄似乎是古希腊的剧作家们，还有狄更斯、普鲁斯特以及最为显著地，19世纪晚期20世纪早期的英美小说家亨利·詹姆士（哲学家威廉·詹姆士的兄弟）。在《爱的知识》中，纳斯鲍姆对其计划作了清楚的陈述：

　　我的目标是确认，某些文学文本（或在一些方面和它们相似的文本）对伦理学领域的哲学研究来说是必不可少的：并不是说它们是充分的，而是说它们是这样一些洞见的源泉，没有它们，哲学研究就会是不完整的。（第23—24页）

　　如我已经提到的，纳斯鲍姆的理论基础明显是亚里士多德主义的，她的观点预设了亚里士多德哲学一些主要方面的真理性。这意味着如果亚里士多德哲学的这些方面是错误的，那么纳斯鲍姆的理论也就会是错误的，但她对亚里士多德伦理思想的正确性有充分的信心。纳斯鲍姆写了很多关于亚里士多德哲学的东西②，但要理解《爱的知识》中的观点并不需要预先阅读亚里士多德；在她的书中，纳斯鲍姆介绍了亚里士多德伦理学观点的相关内容，她觉得她的介绍方式会令一般的读者信服。

---

① 玛莎·纳斯鲍姆，《爱的知识：哲学与文学研究文集》（*Love's Knowledge: Essays on Philosophy and Literature*, New York and Oxford: Oxford University Press and Clarendon Press, 1990）。后面对这本书的引文信息在本书括号中给出。

② 参看纳斯鲍姆《善的脆弱性》一书（*The Fragility of Goodness: Luck and Ethics in Greek Tragedy and Philosophy*, Cambridge and New York: Cambridge University Press, 2001）和她的以下文章：《亚里士多德的社会哲学》，载于《必要的善：我们之满足他人需要的责任》（"Aristotelian Social Philosophy," in *Necessary Goods: Our Responsibility to Meet Other's Needs*, ed. Gillian Brook, Lanham, MD: Rowman & Littlefield, 1998），第247—269页；以及《亚里士多德、女权主义和发挥作用的需要》，载于《对亚里士多德的女权主义解释》（"Aristotle, Feminism, and Needs for Functioning," in *Feminist Interpretation of Aristotle*, ed. Cynthia Freeland, University Park, PA: Pennsylvania State University Press, 1998），第248—259页。

与强调普遍规则的康德主义和功利主义相反（康德的"绝对命令"和边沁及密尔的"功利原则"），亚里士多德强调他所谓的"实践智慧"（参看本书第71—72页）。在相关的事物之中，它是一种辨识个别性（与普遍性相反）处境的能力，在这些处境中需要选择和行动。纳斯鲍姆这样引用亚里士多德的话："显然实践智慧并不是科学知识（epistêmê）"（第54页）。①

科学知识寻求一般之物——即与所有其他情况相似之物——而实践智慧则尝试特殊之物。它是"敏锐并且反应迅速地识别人在特殊处境中显著特征的能力"，并且看到这种特殊性和构成这个处境的时间、情感、心理及物理等各方面的复杂整体之间的关系。

道德坏运气：或者，哥斯拉如何会搞砸你的好意图

纳斯鲍姆坚持小说的形式和内容之间的有机联系。像亨利·詹姆士《金碗》这样的小说风格就"说出了什么重要,什么不重要"（第7页）。形式（风格）"是人生观的表达"，它将读者置于这样一些特殊处境之中，在其中我们看到了道德关系有多复杂，并且开始理解实践智慧运用的成功或失败是什么样子。纳斯鲍姆认为，信奉这种对特殊之物的敏锐知觉"似乎被作为风格固定于小说的形式之中"（第37页）。事实上，詹姆士《金碗》和《大使》这样的小说风格所揭示的洞见恰恰是一篇传统的哲学论文所无法提供的。

我们通过阅读虚构的文学作品所能理解的是被柏拉图主义和康德主义所否认的东西——偶然性的伦理学意义，亦即，影响个体生活但个体又无法把握的

---

① 亚里士多德《尼各马可伦理学》纳斯鲍姆译本1142a24。

一个反例

事件的伦理学意义。纳斯鲍姆把这些称为"不受控制的事情"(第43页);它们迫使我们意识到有"道德运气"这样一种东西,正如亚里士多德所坚持的。

我们从詹姆士的小说及与之相似的其他小说中还能学到另一件事,亦即情感在伦理行为中的合法地位。某些情感反应合乎那些需要道德选择的处境,并且这些感受并不与理性对立(像康德和其他道德学家所认为的);相反,它们是理性的一部分。纳斯鲍姆通过对比饥渴与悲愤,提醒我们饥渴并不"与意见相关联"(第41页),而悲愤则与之相关。如果你发现你的一些意见有误,你不会丧失饥渴感;但如果你发现你意见中的错误,你会改变或丧失你的悲愤。如果事实确证了你的意见,那么通常你的情感状态是正当的,而且,纳斯鲍姆认为,在一些情况下它就成为对该事实的正确道德反应。

我们还能从纳斯鲍姆讨论的那些小说中学到的是她所谓的"价值事物的不可通约性"(第36页)。她认为不存在一切其他价值可以向之还原的一种价值(例如,功利主义的"功利",康德的"义务",享乐主义者的"快乐")。最初的苏格拉底问题"人应该如何生活"(第171页)引导着亚里士多德和纳斯鲍姆的道德理论,并将他们引向这样的观点,即没有一种单一的人类价值或德性可以指导一个人过善好的生活。然而,很多德性是导向这种生活的品质,并可以在实践智慧的施行中获得。亚里士多德反对柏拉图,认为想象的文学有助于这种追求,纳斯鲍姆当然同意亚里士多德及其所举出的例子。纳斯鲍姆认为,亚里士多德

希腊观众

在哲学上称赞——柏拉图则对之感到烦恼——的那些希腊戏剧，包含了如下的道德教训：

> 超出行为者控制的幸福具有真正的重要性，这不仅针对其幸福和满足感，更针对其是否能过一种完全的善好生活，这种善好生活包括各种形式的值得称赞的行为。偶然发生在人们身上的事情因此会对他们生活的伦理质量具有极大的重要性。因而，好人深切关注这种偶然事件是正当的。由于同样的理由，一位观众对悲剧事件的同情和恐惧是有价值的反应，这种反应在伦理生活中具有重要位置，因为它们包含了对伦理真理的认识。其他情感也是合宜的，它们基于有关重要之物的正确意见。例如，对于超出个人控制的某些事物和人物，感到喜爱是正当的，而当这些人死亡，当这些事物消失，感到悲痛也是正当的。（第17页）

然而，纳斯鲍姆似乎比亚里士多德走得更远：她认为来自虚构小说的那

英伦速读《战争与和平》时产生的另一种可能的理解

哲学，你将走向何方？

些教训，不仅有助于理解完整而成功的伦理学理论，更是这些理论的必要条件。这个立场非常重要，它将在未来继续得到发展（和检验）。

纳斯鲍姆关于文学和伦理学关系的工作，得到了希拉里·普特南和科拉·戴蒙德等重要哲学家的充分认可。当然，她也招来了一些批评者，例如，英国政治科学家约翰·霍顿。虽然他总体上支持纳斯鲍姆的计划，但还是评论说，任何有深度的小说都向多种可能的解释开放，而不同解读之间会有矛盾，因此，我们不能保证纳斯鲍姆所作出的伦理学解读比其他解读更令人信服更高明，在某些解读中，伦理问题可能并不被认为是首要问题。他问道，"既然事实是，对于任何小说都有多种不同的看上去有理的解读"，纳斯鲍姆的解读何以具有她所声称的权威性？①

为支持其批评，在纳斯鲍姆的解读之外，霍顿提出另一种对于狄更斯《艰难时世》中的人物约西亚·庞德贝的解读，认为他的解释揭示出"一个更为复杂、道德意义更加模糊的故事，这完全不同于纳斯鲍姆解读中所指涉的有关伦理和

---

① 约翰·霍顿，《生活、文学和伦理学理论：玛莎·纳斯鲍姆论文学想象在伦理学思想中的作用》，载于《文学与政治想象》（John Horton, "Life, Literature and Ethical Theory: Martha Nussbaum on the Role of the Literary Imagination in Ethical Thought," in *Literature and Political Imagination*, eds. John Horton and Andrea T. Baumeister, London and New York: Routledge, 1996），第70—97页及第80页。后面对这篇文章的引用信息随文显示在括号之中。

虚构之间的关系"（第90页）。我怀疑纳斯鲍姆并不准备针对霍顿为自己的解读辩护，或者她会满足于回答说，任何激发人去过更好生活的解读，都是一种自我证成的道德实践。

本章主要哲学思想

实用主义

查尔斯·皮尔士

Ⅰ.发明"实用主义"这一术语来命名一种澄清思维的方法，使日常思维更加科学。
  ⅰ.信念是行动的规则。
  ⅱ.区分不同信念的方式是比较其产生的习惯。

威廉·詹姆士

Ⅰ.意义理论：通过追溯一个观念的实践后果来决定其意义。
  ⅰ.如果两个明显不同的观念具有同样的实践后果，那么两者的意义之间没有任何差异。
    1."任何地方都不可能存在不对别处造成差异的差异。"
  ⅱ.逻辑后果：意义是主观并且相对的。（例如，如果一个人相信"上帝存在"，但其行为却恰恰是不信上帝存在的表现，那么对其而言，"上帝存在"和"上帝不存在"就是一个意思。）

Ⅱ.真理理论：一个观念或信念的真理性是其"起作用"的力量。
  ⅰ.一个命题为真，如果它"使我们进入与我们经验的其他部分的令人满意的关系中"。
  ⅱ.逻辑后果：真理和虚假是主观并且相对的（例如，如果一个人对"上帝存在"的信念产生了与世界其他部分更令人满意的关系，那么命题"上帝存在"对其而言就既是有意义的，也是真的）。
  ⅲ.詹姆士的实用主义试图在"软心肠"的哲学家（理性主义者）和"硬心肠"的哲学家（经验主义者）之间调解。

约翰·杜威

Ⅰ.不如詹姆士对解决形而上学信念之间的冲突感兴趣，而比他对解决社会心理学、政治学、教育和道德问题更感兴趣。
- ⅰ. 思维就是解决问题；观念就是行动的计划。
- ⅱ. 共相（柏拉图）和感觉材料（经验主义者）不是知识的对象，而是知识的工具。
- ⅲ. 知识并不是反映这个世界，而是改变这个世界（马克思）。

Ⅱ. 行动的终极目标是作为人类的个体的全面发展。
- ⅰ. 因此，教育和民主具有同一个目标。
  1. 每个个体都可对社会建设作出贡献。
  2. 社会制度应该以其是否有助于个体成长来加以评判。

分析传统

Ⅰ. 得此名称是因其视哲学的主要作用为分析：
- ⅰ. 分析在日常话语和话语机制（科学话语、法律话语、艺术话语、宗教话语，等等）中使用的命题的意义和真值条件。

Ⅱ. 分析传统主要是英语世界的，它反对很多传统哲学家宏伟的形而上学计划，而且尤其反对欧洲大陆"哲学的野蛮时代"的那些哲学家。

戈特洛布·弗雷格：分析先驱

Ⅰ. 弗雷格寻求意义和真理的逻辑结构。
- ⅰ. 发展出对"存在"（"存在至少一个X"）和"普遍性"（"所有X是Y"）观念的逻辑分析。
- ⅱ. 尝试用逻辑学证明算术是内在的自身融贯的。
  1. 这如果是真的，那就表明算术可以被还原为逻辑学（因而拒绝了笛卡尔、康德和密尔的数学理论）。
- ⅲ. "专名"的意义理论：这个意义不能只是"指示"（命名，指称……）：
  1. "含义"（Sinn）和"指称"（Bedeutung）之间的区别：晨星"/"暮星"/"金星"的例子。
  2. 它们都指示同一个对象，但每个词语具有不同的意义：所以，除了对象和对象的名称之外，还有Sinn——含义。
- ⅳ. 深刻影响了分析哲学家对意义和真理的进一步讨论。

摩尔和对英国黑格尔主义的反叛

Ⅰ. 黑格尔主义者（比如，布拉德雷、迈克塔加特和罗伊斯）的主张公然反对常识（比如，"时间和空间不是实在的"）。

Ⅱ. 摩尔在《捍卫常识》中的回应：常识认为实在的每一事物都是实在的。

　　ⅰ. 摩尔所认为真实的常识观点列表（比如，我的身体存在；它在我刚出生时比现在要小；它总是和物理客体处于或远或近的距离之中；物理客体本身是实在的，等等）。

Ⅲ. 对形而上学的批评：当他们否认这些众所周知的常识真理时，哲学家们是什么意思？

Ⅳ. 摩尔的"自鸣得意"："我不认为世界或科学向我提出了任何哲学问题……"

伯特兰·罗素

Ⅰ. 加入到摩尔对黑格尔主义形而上学家的反叛阵营。

　　ⅰ. 攻击他们对数学的鄙弃而不是他们对常识的鄙弃。

Ⅱ. 与怀特海合著《数学原理》，捍卫并延伸弗雷格的数学理论。

Ⅲ. 哲学从属于科学：哲学必须首要地是分析的。

　　ⅰ. 哲学的工作：对诸如以下这些观念进行概念分析：心灵、物质、意识、知识、经验、因果性、意志、时间。

　　ⅱ. 终生信奉奥卡姆剃刀为分析工具。

Ⅳ. "摹状词理论"能够解决包含"存在"概念的命题所具有的问题，这样的命题通常包含矛盾：

　　ⅰ. 例如：命题"金山不存在"看上去是在说"有一座金山，并且它不存在"。

　　ⅱ. 类似"司各特是《威弗利》的作者"这样一个命题似乎等价于"司各特是司各特"或者《威弗利》的作者是《威弗利》的作者"。

　　ⅲ. 看上去以下这些命题中有一个是真命题："当今的法国国王是个秃子"，或者"当今的法国国王不是个秃子"。但当今法国并没有国王。

Ⅴ. 罗素的解决：给出一个逻辑表达式，每一个命题都能被翻译成这个表达式，其意义和真值可以得到确定，并消除了歧义和悖论："存在一个实体C，使得当且仅当X=C，'X是Y'为真。"

逻辑实证主义：艾耶尔、鲁道夫·卡尔纳普、奥托·纽拉特、汉斯·赖欣巴赫以及莫里茨·石里克等人

Ⅰ. 典型的分析哲学家。

Ⅱ. 一开始是以石里克教授为首的"维也纳学派"，其目标是使哲学科学化。

Ⅲ. 对哲学史具有明显的敌意，除了休谟的经验主义和康德的反形而上学立场。

Ⅳ. 逻辑实证主义者的主要思想：

　　ⅰ. "休谟之叉"的复活和更新：

　　　　1. 所有给定命题要么是分析的，要么是综合的，要么是无意义的。

　　　　　　a. 分析命题：重言式，其否定会导致自相矛盾。

　　　　　　b. 综合命题：可以追溯到经验上可验证现象（理论上来说）。

　　　　　　c. 无意义命题：既非分析的也非综合的。

　　　　2. 结果：形而上学、伦理学、神学都是无意义的（像在休谟那里一样）。

　　ⅱ. 意义和真理理论：

　　　　1. 可证实性原则："一个命题的意义就是其证实方法。"

　　　　2. 如果一个命题可以或已经被证实，则它为真。

　　　　3. 证实语言：

　　　　　　a. "基本句"，演化成"证实句"，演化成指示感觉材料和发出一个声音的活动。

　　ⅲ. 道德话语理论：

　　　　1. 伦理学陈述是结合了"具有误导性语法形式的命令"（既非真也非假：例如，"不要那么做！"）的情感表达（可真可假：例如，"我讨厌这个！"）。

Ⅴ. 对逻辑实证主义的标准批评：

　　ⅰ. 其意义理论舍弃了其自身的标准：命题"所有命题要么是分析的，要么是综合的，要么是无意义的"自身既不是分析的，也不是综合的；因此按照其自身的标准它是无意义的。

　　ⅱ. 其道德理论太过简单化，而无法提供道德批评的方法，比如对纳粹的批评。很多逻辑实证主义者正是在第二次世界大战期间逃离纳粹而去了英国和美国。

路德维希·维特根斯坦

Ⅰ. 维特根斯坦第一个阶段的工作:《逻辑哲学论》因其逻辑上的严谨而激发了逻辑实证主义者们的灵感,但他们强烈地反对在该书结尾处突然出现的神秘主义。

Ⅱ.《逻辑哲学论》

  ⅰ. "世界"被定义为"事实的总体,而非事物的总体"。

  ⅱ. "事实"被定义为"事态"。

  ⅲ. 一个命题如果陈述了一个可能事实,则它是有意义的;如果它陈述了一个实际的事实,则它是真的。

  ⅳ. 语言结构必须反映世界结构。

  ⅴ. 如果语言没有这么做,那就会产生无意义。

  ⅵ. 大多数哲学理论,既非真亦非假,而是无意义的。

  ⅶ. 哲学的正确做法是"除了可言说者,什么也不说,可言说者即自然科学命题",并且纠正那些无法为其哲学声明提供意义的言说者。

  ⅷ. "对于不可言说者我们必须保持沉默。"

  ⅸ. 实证主义者们对这个计划感到很高兴。

  ⅹ. 然而,维特根斯坦在《逻辑哲学论》结尾处却说他的这本书自身就是无意义的,并且看起来不是对可言说者感兴趣,而更多地对他称之为"神秘者"的沉默——对"不可言说者"——感兴趣。

Ⅲ. 第二个阶段以他死后出版的《哲学研究》为例:不再是逻辑实证主义,也不再是神秘主义。

  ⅰ. 维特根斯坦论意义:语词的意义就是其用法,其按照在具体语境中所玩的"语言游戏"之规则的用法。

  ⅱ. 把语词类比于工具:它们起作用。

  ⅲ. 把言说语言类比于玩游戏:二者都是受规则约束的。

  ⅳ. 一种语言的规则只允许两种命题吗(像在逻辑实证主义那里)?非也,有"无数种"。

  ⅴ. 当一个具体语言的规则被破坏或忽视,那么"语言就休假了"——它不再起作用,而产生无意义("太阳上几点钟"?)。

  ⅵ. 哲学的工作是治疗性的:"给苍蝇指明飞出捕蝇瓶之路"——消除哲学困

惑和焦虑。

维拉德·范·奥尔曼·蒯因

Ⅰ. 20世纪下半叶最重要的分析哲学家。

Ⅱ. 挑战逻辑实证主义,但以某些方式继续逻辑实证主义的计划。

Ⅲ. 对逻辑实证主义的挑战:攻击"经验主义的两个教条":

　ⅰ. 攻击实证主义者的还原主义方案:把所谓综合命题的意义还原为基本句,然后还原为证实句,直至感觉材料,表明这个方案是不可能的。

　ⅱ. 攻击分析/综合的区分,表明两者之间的界限只能武断地划出。

Ⅳ. 在其他著作中,攻击实证主义者对知识的分割,代之以一种整体主义模式:

　ⅰ. 我们知识系统的所有方面都是相互纠缠的。

　ⅱ. 没有哪个方面能保证绝对的确定性,即便是数学也不能。

Ⅴ. 蒯因对实证主义方案的赞同:

　ⅰ. 所有可靠的哲学必须是一种经验主义。

　ⅱ. 它必须是科学的并且得拥护物理主义(唯物主义)。

　ⅲ. 行为主义必须是身心问题的答案。

　ⅳ. 只有物理学语言才能准确表达关于实在之本性的真实陈述。

Ⅵ. 逻辑分析在蒯因哲学中的作用:

　ⅰ. "语境定义":把令人困惑的哲学主张翻译为不那么令人困惑的成分(类似于罗素的"摹状词理论")。

　ⅱ. 备受争议的"翻译的不确定性"理论。

　　1. 意义是依照行为主义而被规定的,但任何一个具体行为都可以用许多不同方式加以描述,所有描述都和其他描述彼此相容,所以所有描述都是正确的,具有同一个意思:

　　　a. gavagai的多种不同的可能翻译,从"那儿有一只兔子"到"那儿有分离开的兔子的各个部分"。

玛莎·纳斯鲍姆:"告别二十世纪"

Ⅰ. 小说和道德哲学之间的关系。

Ⅱ. 纳斯鲍姆支持亚里士多德针对柏拉图对艺术的攻击而为艺术所作的辩护。

　ⅰ. 纳斯鲍姆主张对一些文学文本的研究"对伦理领域的哲学探索来说是不

可或缺的"。

  1. 对小说的细读是伦理学研究的一个必要条件，但不是充分条件。

ii. 在伦理学上，纳斯鲍姆赞同亚里士多德的"实践理性"观念，实践理性要求在每个道德情境中辨识出个别性（与所有道德体系所追寻的普遍性相反）。

  1. 例如，亨利·詹姆士的很多小说的形式和内容都教导"对特殊之物的一种敏锐知觉"。

iii. 小说还强调偶然性（"不受控制的事情"）的伦理学意义。

  1. 正如亚里士多德所坚持认为的，存在"道德运气"这样的东西。

  2. 我们从一些小说中学会情感在理性和伦理学中具有合法地位。

  3. 情感并不总是和理性以及正确行为相反，而是它的一个部分。

iv. 我们还能从小说中学会"有价值之物的不可通约性"：

  1. 和康德（义务）、密尔（功利）、伊壁鸠鲁及边沁（快乐）所认为的相反，不存在一个其他所有价值都可以向之还原的东西。

思考题

1. 分析下列三个命题，首先从威廉·詹姆士的实用主义意义理论角度分析，然后再从他的真理理论角度分析：

  A. 世界是平的。

  B. 实在不过是一个梦。

  C. 在你死后，你的灵魂会被引向天堂或者地狱，而这取决于上帝对你一生的评判。

2. 一般来说，什么是实用主义者关于无用思想的观念？什么样的思想是有用的？

3. 用一个本书之外的例子来解释，为什么弗雷格认为专名的意义必须包含简单的指示以外的东西（亦即，包含对所称对象的指称以外的东西）。

4. 写一篇文章来设想摩尔对笛卡尔以下观点的回应：如果证明不了上帝存在，那么笛卡尔无法确定他有一个身体（参看本书第151—152页）。

5. 用你自己的话描述你所认为的罗素"摹状词理论"的要点。他希望用这个理论来清除哪些哲学问题?

6. 逻辑实证主义者们认为,所有陈述句要么是分析的,要么是综合的,要么就是无意义的。对逻辑实证主义者们来说这个论点有什么作用?

7. 按照本书的观点,逻辑实证主义者们"所有陈述句要么是分析的,要么是综合的,要么就是无意义的"这一观点的主要弱点是什么?

8. 维特根斯坦《逻辑哲学论》的哪些方面是逻辑实证主义者们喜欢的?哪些又是他们所不喜欢的?

9. 对比(《哲学研究》中的)后期维特根斯坦和(《逻辑哲学论》中的)前期维特根斯坦关于"无意义"这个问题的看法。

10. 解释蒯因哲学中哪些地方会遭到逻辑实证主义者们的反对,哪些地方对他们有吸引力。

11. 尽可能清楚地用你自己的话表述蒯因"翻译的不确定性"理论,然后为它辩护或对它反驳。

12. 回顾一下第二章末尾论述亚里士多德伦理学的那部分材料。纳斯鲍姆采用了哪些内容来支持她关于文学想象和伦理学之间关系的观点,她在哪些方面强化了亚里士多德的最初理论?

哲学术语表

黑体字表示在本术语表中能够相互参照的术语。

偶性（accident） 在古希腊和中世纪逻辑学中，是**实体**的一个非本质的特征。理性是人类的本质部分，而秃头或者没有头发却只是偶性。

美学（aesthetics） 关于艺术的哲学。研究下面这类问题的哲学分支：是什么使得一事物成为一件艺术品？艺术中存在绝对的价值吗？还是说美学的价值永远是相对的？能够有美学论证吗？还是说美学判断只基于偏好？艺术在人类的思想和创造性活动中处于什么地位？

异化（alienation） 通常和黑格尔或马克思哲学联系在一起的一个术语，指示主体与其自己的**本质**相疏离，或主体与其自然对象之间的破裂。

类比（analogy） 对两个具有某种相似性而其他方面不同的对象的比较。类比被很多中世纪柏拉图主义哲学家认为是我们对于上帝的知识的主要源泉之一。

分析哲学（analytic philosophy） 认为哲学的主要作用是分析意义而不是建构关于世界的哲学理论，并将这种作用付诸实施。分析哲学家认为日常语言以及科学、道德和宗教话语中的一些关键概念在哲学上是模糊不清的并且是误导人的。哲学问题是可以被解决的，而伪哲学问题则可以通过对这些概念的澄清而被消除。分析哲学家所产生的理论趋向于对这些不同话语领域之间关系的展示而不是建构宏大的**形而上学**体系。尽管这个学派的很多19世纪末20世纪初的先驱人物来自欧洲大陆，但这个运动主要是英美世界的运动。

分析命题（analytic proposition） 其谓词包含于主词之中的命题（例如："三角形有三个角"，这里主词"三角形"已经蕴含了"三"和"角"这两个观念）。对一个分析命题的否定总会产生自相矛盾。分析命题与**综合命题**相对。分析性这一观念在莱布尼茨、休谟、康德以及**逻辑实证主义**者的哲学当中发挥了重要作用。蒯因哲学试图降低其意义。

神人同形同性论（anthromorphism） 人类属性向非人世界的投射。

后天的（a posteriori） 如果一个信念、**命题**或观点的真理性只能通过观察得到确定，那么就称之为后天的。古典**经验主义**试图表明关于世界的所有有意义的知识都是建立在后天真理基础上的。

先天的（a priori） 如果一个信念、**命题**或观点的真理性可以不依赖于观察而被认识，那么就称之为先天的。定义、算术以及逻辑学原理通常被认为是先天的。古典**理性主义**试图表明关于世界的所有有意义的知识都是建立在先天真理基础上的，大多数理性主义者都把先天真理和**天赋观念**关联起来。

阿里乌斯教派（Arianism） 以其首领阿里乌斯的名字命名的4世纪的一个异端，阿里乌斯否认**三位一体教义**，而认为基督有他自己的本质，这个本质是神性的，是独立于上帝的本质。

禁欲主义（asceticism） 一种宗教或道德理论及其实践，要求人们戒绝基本必需品以外的所有奢侈享受以及物质财产。

无神论（atheism） 主张不存在上帝，或不存在诸神。

原子事实（atomic facts） 伯特兰·罗素的一个术语，他和其他**分析哲学家**用来指称最基本的简单事实，所有其他事实都可以从这些事实建构出来。这些事实在这个词的原初意义上是"原子"的，亦即不可分割的。关于"原子事实"究竟是什么从来没有过共识。一些分析哲学家认为它们是关于感觉材料的事实；其他分析哲学家则认为它们根本就是物理事实。

原子主义（atomism） 留基波和德谟克利特的观点，认为整个实在由他们称为原子的不可见又不可分的终极粒子这一存在者所构成。20世纪对于"原子"的分割终结了原子主义。（时下的原子理论实际上并不是一种原子主义。）

价值论（axiology） 价值理论的一般用语。它包括**美学**和**道德哲学**。

荣福直观（Beatific Vision） 一种给拥有这种直观的人带来极乐或幸福的直观。

回避问题（beg the question） 一种谬误的推理形式——有时候有意为之——在其中论证要证明为其结论的观点已经被偷偷地放到论证的前提中（例如，"证明"谋杀是不正当的，而"谋杀"这个词语本身意思就是"不正当的杀害"）。

正典（canon） 在某一宗教、哲学或文学传统中，权威所宣布对其传统信仰具有重要意义的那些文献或书籍。例如，《创世记》对犹太教和基督教来说是正典。《马可福音》则是基督徒的正典，而被犹太人所拒斥。

笛卡尔的（Cartesian） 勒内·笛卡尔名字的形容词形式。例如，"笛卡尔哲学"是指笛卡尔的哲学。

净化（catharsis） 对危险情感的清洗。在亚里士多德哲学中这个行为是在观看戏剧艺术的过程中完成的；在其他理论中它是通过洗冷水澡完成的。

因果性（causality） 被认为是事件之间的**必然**关系，使得每当事件X发生，则事件Y不可能不随之发生。在这种情况下，就说X是Y的原因。

概念分析（conceptual analysis） **分析哲学家**对必然导致哲学问题的那些概念所作的逻辑和语义分析，以解决或消解那些概念看起来会导致的哲学问题。

概念主义（conceptualism） 阿伯拉尔的**共相理论**，介于**唯名论**与**温和实在论**之间，认为心灵中的概念是人类心灵从实在地存在于自然世界中的相似性中制作出来的抽象物。因此，概念是对共相的虽然准确但并不完满的再现。

证实句（confirmation sentence） 早期**逻辑实证主义**词汇中的一个术语，指称表达所有**经验性**的经验中最简单者的表述，因而是最有可能的确定句，例如："此时此地热"，或"此时此处痛"。这个种类取代了确定性的一个更高的候选者，即基本句。

偶然性（contingency） 哲学中用来指称**必然性**的反面。在句子"这个正方形很大"中词语"大"处于和词语"正方形"的偶然关系中，而句子"这个正方形有四个直角"中的"角"则处于和词语"正方形"的必然关系中。在其他语境中，指称出乎意料并且（或者）不受一个人控制的经验的部分：降临到一个人头上而不是他有目的的行为所意求的结果。

宇宙生成论（cosmogony） 关于宇宙起源的理论或传说。

宇宙论证明（cosmological argument） 对上帝存在的一个**后天**证明，方式是表明上帝的存在可以从宇宙中一些可观察的事实推导出来。它由迈蒙尼德所提出，并得到圣·托马斯·阿奎那、笛卡尔、莱布尼茨、洛克以及贝克莱等人的拥护，而被休谟、康德以及克尔凯郭尔所拒斥。

宇宙论（cosmology） 关于宇宙之本性的理论。

解构（deconstruction） 晚近的法国哲学家雅克·德里达所创，其基础是他对菲尔迪南·德·索绪尔语言学理论的怪异但令人振奋的解读。解构是一种关于（哲学、小说、法律、科学）文本的理论，认为由于思想和语言的本性，几乎全部传统文本可以被表明"解构"了它们自身，也即，破坏和驳倒了它们自己的观点。

演绎（deduction） 一种论证形式,在其中结论必然地跟随前提而来（例如，三段论）。

指示（denotation） 意义的一个方面,包含着命名一个对象,指向一个对象,指涉一个对象。在短语"那条棕色的狗"或"一条棕色的狗"中"棕色"指示一种颜色，而"狗"指示一个动物。

决定论（determinism） 认为每个发生的事件都是必然发生的。每个事件都不可避免地跟随前面的事件而发生。实在之中没有**随意性**；相反，一切都受法则统治。**自由**或者根本不存在（强决定论）或者以一种和**必然性**相容的方式存在（弱决定论）。

解围之神（deus ex machina） 一种虚假的解决方式。字面意思是"来自一种机械的神"。比较差一些的希腊戏剧作家会创造带有困难问题的复杂情节，然后使用一个机械把一个神投放到舞台上（由一个演员扮演），以一种超自然的方式解决问题。

辩证法（dialectic） 在黑格尔和马克思哲学中，辩证法是一种变化和演进机制，在其中，每一种可能情况只在与其对立面的关系中存在。这种关系是一种既相互对立又相互依存的关系，但是对立（一种暴力）最终破坏并瓦解这种关系。（然而，有时候"辩证的"这一术语只用来强调两个实体或过程之间的相互作用关系。）

差异性重复（differential repetition） 一种**语文学**理论，认为很多古典文献——宗教的、政治的、艺术的——并没有真正的源文本，而是各种口头和书面传统的融和，其中包含着舛误，后世增补，对不断变动的文本片段的误译以及这些"源文本"的重复的重复的重复。

双重真理学说（doctrine of double truth） 被归于阿威罗伊并由拉丁世界的阿威罗伊主义者所发展的一种中世纪理论,认为并列存在着两类真理：启示（宗教）真理和哲学（科学）真理。尽管这两种真理显得彼此矛盾，但它们并不相互竞争；它们只是提出观察同一对象的不同视角。无论它是如某些人所认为的一种犬儒主义理论，还是如另外一些人所认为的对真理本性的洞见，在一段时间内它使得在一些主题上的研究之进步成为可能,否则的话,这种研究会遭到宗教机构的禁止。

三位一体学说(doctrine of the Trinity) 基督教的一个官方**教条**,断言圣父(上帝)、圣子(耶稣)和圣灵在一个神性里的统一。

教条(dogma) 由权威规定并执行的宗教系统的原则性信条。这个词语还具有一种贬义,指被顽固而不加批判地接受的僵化信念。

多纳图派(Donatism) 以其创建者多纳图命名的4世纪的一个异端,多纳图认为,如果执礼的神父处于深重的罪恶当中,那么圣礼就是无效的。

二元论(dualism) 一种**本体论**观点,认为实在是由两种不同的存在者组成的,通常(像在笛卡尔那里)是精神和物体。

经验性的(empirical) 如果一个经验是由与实在的各个方面的感官接触——即通过五官中的任何一种所造成的接触所组成的,则它是经验性的。

经验主义(empiricism) 一种**知识论**观点,认为真知识主要来源于感觉经验(或者按照"更纯粹"的经验主义流派观点,完全来源于感觉经验)。对经验主义哲学家来说,所有有意义的知识都是**后天**的,**先天**知识要么不存在,要么是同语反复。"古典"经验主义者们是17、18世纪的英国人——洛克、贝克莱以及休谟——所有这些人都否认天赋观念的存在,并认为人的心灵天生的是一块白板。

熵(entropy) 系统通过减低强度达到最大平衡状态的假设性趋势。

副现象(epiphenomenon) "副",来自意为"在某某之上"的希腊语词语,"现象"则来自意为"显象"的希腊语词语。这是一种次级显象,意思是不在其显现的系统中起原因作用的一种显象。

知识论(epistemology) 知识理论,回答这些问题:知识是什么?如果能的话,我们能认识什么东西?意见和知识的区别是什么?

末世论(eschatology) 对最后或最终的事情的研究。在神学中,指对死亡或最后审判或世界末日的研究。

本质(essence) 事物或概念的那个确立其本性和定义的方面。例如,亚里士多德说理性是人的本质,尽管欢笑或脸红的能力也是人所特有的,但这两种能力都不是人的本质的一部分。

伦理学(ethics) 或道德哲学,哲学的分支,回答这些问题:有善这样的东西吗？什么是"善好的生活"？有绝对义务这样的东西吗？有效的道德论证是可能的吗？道德判断只是建立在偏好的基础上吗？在本书中，可以和**道德哲学**互换使用。有些作家保留"伦理学"这一术语专指约束各种职业人员的规矩：比如，医生、律师、教授以及商人。

词源学（etymology） 对语词的起源和历史的研究。

演化（evolution） 这里用来指一个自然物种在时间中向另一物种的转变。

存在主义（existentialism） 20世纪的一种哲学，主要和让-保罗·萨特联系在一起，但也被认为包含在卡尔·雅斯贝尔斯、马丁·海德格尔、加布里埃尔·马塞尔、阿尔伯特·卡姆斯、西蒙娜·德·波伏娃和米格尔·德·乌纳姆诺等人的著作之中。它更多地是一种共有的态度，而不是一种思想派别，但还是可以大体上被定义为如萨特所言的，存在主义者相信在人类身上，"存在先于本质"。这种理论认为，没有先行于我们在世界上存在的人性。所有人都通过其自由行为，时刻都在个别地创造人性。

虚假意识（false consciousness） 马克思主义哲学的一个术语，由弗里德里希·恩格斯所创，指受**意识形态**支配的社会成员的心理状态。

理念（Forms） 通常和柏拉图或亚里士多德哲学联系在一起。对柏拉图来说（其哲学中的"理念"（Form）这个词本书使用大写形式），存在于物质世界或观念世界的每一事物都是以某种方式依赖于理念的，理念则独立于世界而存在，但又是一切实在的模型（本质、共相、原型）。理念是永恒不变的，是一切真正的哲学思考的终极对象。对亚里士多德来说，形式（Forms）也是事物的本质，但存在于事物之中，而不是独立于它们。一事物的形式最终与其作用有关。

自由（freedom） 如果存在是像自由行为或自由行为者这样的东西，那么自由存在。也就是说，如果有些行为以这样一种方式被实施，这些行为的行为者能够被认为对它们负有责任，那么自由存在。一些哲学家（被称为自由主义者）认为确实存在这样的行为，有些行为是在真正的备选项中被自由地选择的，因此**决定论**是错误的。（"我做了X，但就在同样的情况下，我本来可以做Y。因此，X是一个自由行为。"）另有一些哲学家（被称为弱决定论者）也认为存在着自由行为，但将"自由行为"定义为意愿行为，而不是真正的选择。（"我想做X，并且我确实做了X；因此X是一个自由行为。"）还有一些哲学家（被称为强决定论者）同意自由主义者们对"自由行为"作出的定义，但否认存在任何这样的行为或行为者。

功能主义（functionalism） 人类学观点，认为可被社会接受的行为和制度能通过表明它们具有维持其社会存在的价值来加以解释，而不具有这种功能的个体或集体行为则必定是道德上不可接受的，受到神灵和神性存在禁止。

享乐主义（hedonism） 要么是这种观点，认为快乐和痛苦应该是正确行为的唯一动机（被称为道德享乐主义，为伊壁鸠鲁和边沁所拥护）；要么是这种观点，认为快乐和痛苦是意愿行为的唯一动机（被称为**心理利己主义**，为霍布斯所拥护）。

整体主义（holism） 这种观点认为一个系统的各个部分不是独立的、分离的单元；相反，它们由于彼此之间及其与整个系统的关系而是其所是。

唯心主义（idealism） 这种**本体论**观点认为最终任何存在的事物可以被证明是精神性的、心理性的或者说非物体性的（因而是一种**一元论**）；在西方哲学史上通常与贝克莱及黑格尔联系在一起。

意识形态（ideology） 马克思哲学的一个术语，指称文化现象（诸如艺术、宗教、道德以及哲学）的身份，即作为支持一个具体的社会经济系统及其受益者们的宣传系统。

内在的（immanent） 固有的；不是外在于一个系统而是内在于它，在其内部运作。

天赋观念（innate idea） 与生俱来的一个观念或概念。

不可纠正性（incorrigibility） 如果一个人认为一个经验性陈述不可能是错误的，那么这个经验性陈述具有不可错性。可能的例子如，"我现在感觉到疼"，一个人说出这句话的时候确实感觉到了强烈的疼痛。这样的陈述实际上存在与否是备受争论的，但古典**经验主义**（洛克）和现代经验主义（**逻辑实证主义**）对之深信不疑。

归纳（induction） 一种论证形式，和**演绎**不同，在此结论并不必然随前提而来。结论的观点反而是比任何一个前提以及前提的总和中的观点都更广。

同一律（law of identity） 参看同一性原理。

不矛盾律（law of noncontradiction） 参看**不矛盾原理**。

排中律（law of the excluded middle） 参看**排中原理**。

逻辑学（logic） 哲学的分支，研究有效推理的结构；单纯的形式性学科，

哲学术语表 371

对论证的结构而不是内容感兴趣。

逻辑蕴含（logical entailment） 两个概念或命题之间的逻辑**必然性**关系。如果概念或**命题** X 必然地隐含概念或命题 Y，则 X 逻辑上蕴含 Y。肯定 X 而同时否定 Y 会导致自相矛盾；例如，"兄弟"这个概念逻辑地蕴含"兄弟姊妹"概念和"男性"概念。肯定 P 是你的兄弟同时又否认他不是你的兄弟姊妹或否认他是男性是自相矛盾的。还可参看**演绎**。

逻辑实证主义（logical positivism） 由具有科学思维的哲学家和具有哲学思维的科学家们于两次世界大战之间创始于奥地利和德国，是分析哲学内部的一个发展形态，作为对他们眼中 19 世纪欧洲哲学家夸张的**形而上学**的回应。他们的目标是通过把哲学科学化而使之变得受人尊敬。哲学将被限制在逻辑分析，而其结果则是表明唯一真正有意义的**命题**是数学命题、逻辑命题以及科学命题。一切其他命题都将被表明只是诗性的、情感性的、**类比的**，或者是无意义的。

逻各斯中心主义（logocentrism） 对语言、文字和理性的一种过高估价，没有认识到它们的限制性（按照德里达的观点）。

摩尼教（Manicheanism） 一个宗教体系，认为实在是由善与恶这两种超自然力量所支配的。取名于波斯的摩尼或摩尼斯（约公元 216—约 276 年），他将这个学说建立为一种宗教，这种学说影响了之后的一些基督教派，诸如诺斯替主义。

唯物主义（materialism） 一种**本体论**观点，认为最终说来所有现象都可以被证明本性上是物质的，而心理或精神现象要么根本不存在，要么并没有独立于物质而存在（例如，像在德谟克利特、霍布斯、马克思以及蒯因那里）。

形而上学（metaphysics） 哲学的分支，试图建构一种普遍的思辨世界观；对全部实在和经验的完整的体系性解释，通常包含**知识论**、**本体论**、**伦理学**和**美学**。形容词"形而上学的"经常被用来强调这个词所修饰的那种理论或命题与科学及常识特征相反的思辨特征。

灵魂转世（metempsychosis） 灵魂在肉体死亡时，会转移到另一个人类或动物生命的新生肉体。有些哲学和宗教体系相信这种灵魂的转世轮回。

厌女症（misogyny） 对女性的厌恶。

温和实在论（moderate realism） 托马斯·阿奎那的心灵和语言理论的一个方面，和阿伯拉尔的**概念主义**相关，信奉亚里士多德主义观点，认为**本质**并不与物理世界相分离——像柏拉图和**柏拉图式的实在论**所认为的那样——相反，本质是包含在自然事物之中的。除了其他一般特征之外，人类心灵还能够从自然世界中抽象出这些本质，由此构成**共相**，它们是存在于实在世界中的这些相似之物的精确表象。

单子（monad） 莱布尼茨**形而上学**术语，指称最简单而基本的**实体**，莱布尼茨认之为灵魂能量的一个单元，既是非物理性的，也是非空间性的，但所有物理和空间性事物都来源于它——其方式或许就像氢和氧都不是液体，但两份氢和一份氧却产生出液体。

一元论（monism） 一种**本体论**观点，认为只存在一个实体（例如斯宾诺莎）或者只存在一种实体（例如霍布斯和贝克莱）。

一神论（monotheism） 信仰一个上帝，反对**多神论**和**无神论**。犹太教、基督教和伊斯兰教都声称是一神论宗教。

道德哲学（moral philosophy） 参看伦理学。

神秘主义（mysticism） 认为实在只在一种超理性的迷狂视像中揭示其真正的本性。

朴素实在论（naive realism） 为心智素朴之人和一些哲学家所持有，他们捍卫关于世界的常识性描述，实在就是其显现给我们感官的那样。

自然主义（naturalism） 正如本书所使用的那样，自然主义是这样一种**知识论**观点，认为一个自然现象只有通过另外的自然现象才能得到解释；或者是这样一种**本体论**观点，认为自然就是全部，不存在超自然或非自然的现象，而且不存在价值的自然等级。例如，人类就其自身而言并不比小狼更有价值。

必要条件（necessary condition） 任何一个事物或观念 X 的一个成分、方面或状态，必须先于这一事物或观念得以正确地被指称为 X 而存在，缺少了它将必然导致这一事物或观念不是 X。例如，氧气是氧化过程的一个必要条件。有些必要条件也是**充分条件**。生命是任何有机体的必要而充分的条件。可以被二整除是偶数的必要而充分的条件。可以被四整除是偶数的充分但不必要条件。

必然性（necessity） （1）逻辑必然性：如果肯定两个**命题**中的一个而否定另一个会导致矛盾，那么这两个命题之间存在逻辑必然性（或逻辑蕴含）关系。例如，"琳达是妹妹"和"琳达至少有一个兄弟姊妹"这两个句子之间存在逻辑必然性关系，因为肯定其中一个而否定另一个会导致矛盾。（2）本体论必然性：

如果事件X的发生必然伴有事件Y随之发生,则事件X和Y之间存在本体论必然性关系。(**决定论**认为每一事件都是必然的,也就是说,每一事件都必然先于它发生的事件而发生。非决定论则认为并非所有事件都是必然的。)

旧词新用(neologism) 对传统语言中的任何一个语词重新创造,以命名、刻画或指涉新出现的情况或发现。

虚无主义(nihilism) 要么是这种观点,认为没有什么东西存在,或者没有什么东西有存在的价值;要么是破坏的意愿。

唯名论(nominalism) 一种语言和心灵理论,认为**共相**并不指称真实存在于自然世界之中的独立的**理念**、**本质**或一般相似之物。相反,它们只不过是些名字,指称为人们实用性地和世界打交道而用的便利的归类。在中世纪,唯名论(如奥卡姆的威廉的唯名论)是指一种**经验主义**。在更为彻底的现代形态中(如尼采和德里达的唯名论),唯名论是一种怀疑主义学说,认为人类心灵所认识的并不是一个实在的自然世界,而是任意创造出来的一个习俗世界。

本体世界(noumenal world) 康德的用语,指称终极实在——永远不可知但必然存在的实在,超出现象世界,超出显象世界。现象事实上是本体的显象。

数字命理学(numerology) 研究数字来揭示它们玄奥而神秘的意义。

本体论证明(ontological argument) 试图**先天**地证明上帝的存在,方式是表明上帝的存在单从其概念就能推演出来。这种证明为许多**柏拉图主义**传统中的宗教哲学家所拥护。它最初由圣安瑟尔谟所提出,并且以这样那样的形式出现在笛卡尔、斯宾诺莎、莱布尼茨以及黑格尔的著作之中。在20世纪它也有一些能干的拥护者,例如查尔斯·哈茨霍恩及诺曼·马尔康姆。但它也遭到一些著名人物的驳斥,包括圣托马斯、休谟、康德以及克尔凯郭尔。

本体论(ontology) 关于存在的理论;哲学的分支,追问这样一些问题:什么是实在?显象和实在之间有什么不同?心灵与身体之间有什么关系?数字和概念是实在的吗,还是只有物理事物是实在的?关于任何事物的存在论地位的问题(例如,关于数学、上帝、共相或大毛怪 [译按:小说《爱丽丝漫游仙境》中的怪物形象])就是关于该事物在实在中的地位问题——不只是该事物是否存在,而是它如何存在。它和其他存在着的事物的关系是怎样的?(例如,心灵和身体的关系怎样?上帝和世界的关系怎样?)

泛神论(pantheism) 认为每一事物都是神性的,上帝的"造物"事实上和上帝是一样的；来自于希腊语 pan（"一切"）和 theos（"神"）。

伯拉纠主义（Pelagianism） 得名于其创建者伯拉纠的一种宗教观点，被中世纪早期基督教宣布为异端。它否定原罪，并且，按照教会机构的说法，它过分强调了自由意志在获得救赎中所起的作用。

语文学（philology） 对古代书面记录的研究，通常是"死"语言写成的记录。

柏拉图主义实在论（Platonic realism） 中世纪柏拉图主义语言和心灵理论，认为共相指示实在的**本质**和其他普遍特征，事实上本质（**理念**）比体现它们的物理事物更为实在。

柏拉图主义（Platonism） 一种将其自身建立于如下这些相互关联的柏拉图哲学观点之上的理论：思想或精神世界比物理世界更为实在，物理世界只是对这个更高世界的模仿；本质并不只是抽象物，而是存在于外部的**理念**；实在是一个依赖性的等级序列，每一事物都要比它所依赖的那个事物更少实在性。

多元论（pluralism） 一种本体论观点，认为实在是由多种存在者组成的，而不只是由一种存在者（一元论）或两种存在者（二元论）组成。

多神论（polytheism） 认为存在着不止一个神。

后现代主义（postmodernism） 很宽泛地使用的一个术语：（1）指称对现代西方传统的**知识论**、**本体论**和各种机构（政府机构、学术机构、军事机构、医疗机构、宗教机构）的一种思想上的怀疑主义姿态；（2）挑战自由主义、人本主义、个体主义以及资本主义的信条；（3）指称对于流行文化和技术对人类行为的支配的着迷；（4）存在于当代**符号学**策略之中，把符号和意象置于实体和真理之上，把再生产置于生产之上，把**表征**置于基质之上。

后结构主义（poststructuralism） 跟随在**结构主义**之后的欧洲大陆的文化和哲学运动。它强调结构主义者们所研究的结构之任意本性，而经常导向一种**激进的相对主义**和**怀疑主义**。这个运动的主要人物或许当属雅克·德里达。亦可参看**后现代主义**。

实用主义（pragmatism） 19世纪末前后发生在美国的一场哲学运动，其目标是表明意义和真理都应该以下面两方之间的一种实践关系来加以界定：一方是思想和语言，另一方是自然和社会世界。语言和思维被认为是解决问题的手段。和其他思维一样，哲学理论也被按其工具性来评价。

同一性原理（principle of identity） 被认为是思维的三个基本规律之一。

这个原理规定每一事物都与其自身相同——：斐多是斐多；A=A。

预定和谐原理（principle of internal harmony） 戈特洛布·莱布尼茨从上帝的理性、力量和仁慈之中推导出来的统治实在的一个准则，按照这个准则，上帝以这样一种方式创造实在，以致实在展示出了可能的最大程度的完满（"所有可能世界中最好的"）。因此，我们必须假定所有造物之间的关系是完全和谐的，即便在显得有冲突的情况中也是。

不矛盾原理（principle of non-contradiction） 被认为是思维的三个基本规律之一。这个原理规定某物同时既是A又不是A这种情况是不可能的（此处A是任何实体或特征）：斐多全身棕色又不是全身棕色这种情况是不可能的，-（A，-A）。

充足理由原理（principle of sufficient reason） 戈特洛布·莱布尼茨以及其他哲学家的一个基本哲学思想，断定思想和实在都具有合理的结构，以及断定二者之间的和谐。任何存在着的东西都有某个理由——已知的或未知的——解释了它为什么存在以及为何如其所是地存在。莱布尼茨认为任何否认充足理由原理的人——如一些神秘主义者——按照定义就是非理性的。

排中原理（principle of excluded middle） 被认为是思维的三个基本规律之一。这个原理规定，给定世界中的任何事物，它要么是A，要么是-A（这里A是任何实体或特征）：或者斐多全身棕色或者斐多不是全身棕色；A∨-A。

普里希利安教派（Priscillianism） 被归于普里希利安的5世纪的一种异端，他是西班牙阿维拉的主教，生于公元340年，在公元384年因为施行巫术而被处死。那些在他死后将其视为殉道者的人由于信奉一种**摩尼教**式的二元论，而相信有一个光明王国和一个黑暗王国。每一个人都包含有这两个王国；身体和黑暗王国相联系，而灵魂则是光明的代表，被认为是神性实体的一个部分。基督降临，将灵魂从身体中解放出来。圣奥古斯丁在《致奥罗修斯》及《反普里希利安派和奥利金派》中对之进行过驳斥。

专名（proper name） 如在与戈特洛布·弗雷格的意义理论相联系时使用的那样，是指称个别的人、地点或事物的名词或名词短语，明显不考虑任何描述语成分，例如，萨克拉门托、乔治·华盛顿、白宫、国会大厦。专名在语法上和普遍描述及通名相对，例如"马"和"角"，可以指称事物的整个类。但是，要注意像"加利福尼亚最高的山"这样的名词短语如果被当做"惠特尼山"的同义词，那么它就可以是一个专名，而在"在这些山的范围里你认为哪座山是加利福尼亚最高的山？"这句话中，它就是一个描述语。

命题（proposition） 如在本书中使用的，一个命题是一个句子所陈述的任何东西。"It's raining"，"Es regnet"以及"Llueve"（"正在下雨"）所陈述的是同一个命题。

基本句（protocol sentence） 早期**逻辑实证主义**的用语，指称被用来作为知识基础的命题，因其表达所有经验性经验中最简单的经验，例如"一个叫唐纳德·帕尔默的人（作者自己）在2008年9月4号下午5点30分经验到了疼"。后来被证实句所代替，证实句号称表达了更为简单的真理。

精神分析学（psychoanalysis） 由西格蒙德·弗洛伊德（1856—1939年）所开创的理论，关于被压抑在潜意识心理中的意愿和幻想的原因以及这些潜意识动机与有意识心理及一般而言的正常和反常行为之间的联系。也指和这种理论相关联的心理治疗法。

心理原子主义（psychological atomism） 洛克、贝克莱及休谟的观点（他们虽然没有这样称呼），认为一切知识都是由简单、直接的心理材料构造出来，例如这些材料：对于颜色、声音和味道的最初级感觉经验（另参看**感觉材料**）。

心理利己主义（psychological egoism） 认为人的所有动机的目标都是为了获得自己的利益。这个学说排除了利他主义作为动机的可能，除非利他主义被道德行为者认为对其自身有利。

量子力学（quantum mechanics） 关于原子和电子、质子或中子之类的次原子粒子的一种高阶物理学理论，认为这些存在物的活动无法用19世纪的**机械物理学**以及传统的**因果性**理论加以解释。

寂静主义（quietism） 主张不行动、拒斥激动并劝告付出最少努力的一种哲学。或者是和这种哲学相联系的消极性。

随机性（randomness） 如果存在完全没有原因而且原则上不可预测的事件，那么这些事件就是随机事件。如果存在随机性（即如果存在随机事件），那么**决定论**就是错误的。

理性主义（rationalism） 知识论观点，认为真实的知识主要来源于"理性"（在更纯粹的理性主义流派中，完全来源于"理性"）。理性被认为是心灵对由心灵自己提供的材料的作用。在大多数理性主义形式中，这个材料的形式是**天赋**

哲学术语表 377

观念。因此，在理性主义者看来，先天知识是最主要的知识。在理性主义本体论中，心灵和世界被认为是一致的——实在的就是合乎理性的。古典理性主义者是17、18世纪大陆哲学家笛卡尔、斯宾诺莎以及莱布尼茨，但这个概念广到可以包括像巴门尼德、柏拉图以及黑格尔这样的哲学家。

归谬法（reductio ad absurdum） 一种论证形式，在其中哲学家假装接受其对手的论证前提，然后证明从这些前提将会推导出荒谬的后果，从而驳斥它们。

还原主义（reductionism） 试图证明所有表面上复杂的实在都可以被还原为更简单更基本的实在，例如，试图表明所有物理事物都可以被解释为原子结构；或者，所有心理事件都可以被解释为神经事件。

物化（reification） 对抽象事物的错误具体化，这种抽象物或者是普遍的，或者是拒斥具体化的。来自于拉丁语res（物），因而是"物化"。

相对主义（relativism） 在**伦理学**和**美学**中，相对主义是这样一种观点，它认为不存在绝对的价值；一切价值都是相对于时间、地点和文化的。在**知识论**中，相对主义是这样一种观点，它认为不存在绝对的真理；一切真理都是相对于时间、地点和文化的。

经院哲学（scholasticism） 人们赋予中世纪大学"学院"里的哲学实践的名字，在其中，哲学的分支如逻辑学和语言学得以根据神学纲领加以发展和系统化。

符号学（semiology） 有时称为记号学，指对符号系统的研究。一个符号是一个任意标志或声音，它因是惯例系统的成员而被灌注了意义。语言是这种符号系统最明显的例子，但行为和仪式也都可以从符号学方面加以研究。

感觉材料（sense data） 先于心灵的解释而直接地被任一感官直接知觉到的东西。感觉材料包括对颜色、声音、味道、气味、触觉、快乐和痛苦的知觉。古典**经验主义**将其自身建立在其所认为的感觉材料的**知识论**的基础本性之上。

怀疑主义（skepticism） 否认知识的可能性。一般的怀疑主义否认任何知识的可能性；但是，一个人也可以怀疑一个具体的研究领域（如**形而上学**）或具体的能力（如感性知觉），而同时并不否认一般知识的可能性。

唯我论（solipsism） 认为一个人可以占有的唯一真知是其自己的意识。唯我论认为，我们并没有充分的理由来相信除了一个人自己之外有任何东西存在。

智术（sophism）（1）民主制雅典里的一群教师的学说，这些人宣扬**相对**

主义，反对**知识论**和**伦理学**上的绝对主义，在论证中更注重修辞学而不是理性。（2）有时候是指称一种虚假论证的贬义词。

结构主义（structuralism） 以法国已故理论家克劳德·列维-斯特劳斯的哲学人类学为基础（在所有人文学科中都有追随者），认为人类心灵是普遍的，在每一个地方、每一个历史时期心灵都具有这样一种结构，可以按照一些普遍的准则来处理其材料，这些准则赋予那些心理材料以意义。社会关系仿照这些心理准则，使其与当时当地的情况相适应。

主观主义（subjectivism） 认为不存在客观的真理或价值；一切真理和价值都相对于个人的主观性。（主观主义是**相对主义**的一种形式。）

主观性（subjectivity） 一个人经验到的私人自我之感。

升华（sublimation） 通常和弗洛伊德联系在一起的一个术语，但更早时候也被叔本华、马克思以及尼采使用，指纯粹化过程或精神化过程，粗糙的低级因素由此被转化成更精细或纯正的因素；例如，性冲动或好斗的冲动被转化成艺术。

实体（substance） 在哲学中，"实体"传统上指被看作最基本的独立实在的东西。亚里士多德把实体定义为可以独立于其他事物而存在的所有东西，因此一匹马或一个人（亚里士多德的例子）可以独立存在，而这匹马的颜色或这个人的尺寸却不能。17、18世纪的理性主义者们极其严肃地对待实体之作为独立存在者这一观念，以至于他们中的斯宾诺莎认为世界上只可能存在一个实体（亦即只有一个事物），即上帝，因为只有上帝可以独立存在。在贝克莱对物质实体批评以及休谟对精神性实体的批评之下，实体概念遭受了极大的侵蚀。它再次出现在康德那里，但仅仅作为知识的一个范畴出现，而不是基本实在本身。

充分条件（sufficient condition） 任何一个事物或观念X的一个成分、方面或状态，如果存在，将必然导致这一事物确实是X。例如，火是热的一个充分条件，但并不是一个**必要条件**（热可以不由火产生）。有时候一个条件可以既是必要的又是充分的。生命是任何有机体的必要而充分的条件。可以被二整除是偶数的必要而充分的条件。可以被四整除是偶数的充分但不必要条件。

三段论（syllogism） 一种逻辑论证，包含两个前提，结论可以从这两个前提中**必然**地推导出来。结论的必然性并不保证其真理性。例如，三段论的一个或两个前提都是假的，结论——虽然有效——就可能是假的；例如：（1）所有的猪都会飞。（2）赫尔伯特·胡佛是一只猪。（3）因此，赫尔伯特·胡佛会飞。另

哲学术语表 379

一方面，有些包含虚假前提的三段论具有真的结论：例如：（1）所有的猪都是美利坚合众国的第31任总统。（2）赫尔伯特·胡佛是一只猪。（3）因此，赫尔伯特·胡佛是美利坚合众国的第31任总统。

先天综合命题（synthetic a priori proposition） 伊曼努尔·康德认为，这类命题表达了关于实在世界的真理（因此是综合的），但不能从经验中派生出来（因此是先天的）。例如，关于物理世界的所有真实陈述都预设了这一命题的真理性："事物存在于空间和时间中。"这是一个先天综合命题，因为它必然为真，而没有空间或时间的感觉材料。

综合命题（synthetic proposition） 一个既可以为真也可以为假的**命题**，并且陈述了关于实在的事实性主张。和**分析命题**不一样，对综合命题的否定并不产生自相矛盾（"猫在垫子上"和"猫不在垫子上"都是关于实在的可能的事实性主张）。**经验主义**认为综合命题永远是**后天**的，也就是说，它们可以通过观察被证实或反驳。相反，康德认为先天综合命题是可能的。

目的论（teleology） 一种目的论解释是按照目标、目的或意图而作出的解释（来自希腊语 telos，意为"目标"）。例如，"约翰关上了窗户，因为他不想他的鹦鹉逃走"是一个目的论的解释，因为它以约翰的意图来解释他的行为。

共相（universals） 中世纪语言理论的一个术语，指称这样一些通名，如："红"、"快"、"动物性"、"富裕"、"人性"。整个中世纪对共相的地位争论得非常激烈，产生了诸如**柏拉图主义实在论**、**温和实在论**、**概念主义**以及**唯名论**。

出版后记

本书自1988年初版以来，不断修订再版，至今已出到第6版，这个中译本即依此版译出。作者唐纳德·帕尔默（Donald Palmer）在美国大学执教哲学史和哲学导论课程三十余年，以丰富的教学经验和风趣的行文风格，写作了系列哲学入门读物，广受各类读者欢迎。

全书最大的特色是四百余幅手绘漫画插图，这些原创漫画活泼幽默，以微讽调侃的方式精准地描绘出相应的哲学观点。诚如书名所示，本书让哲学可以通过"观看"习得，减轻了哲学"大问题"带来的难以承受之重。作者还在序言开篇引用维特根斯坦的话，认为哲学著作或许应由笑话写成，至少应该在课堂上激起阵阵欢笑，因此作者行文注重风趣，与漫画的幽默相得益彰。

虽然如此，作者仍然严肃地对待哲学，只是不那么郑重其事。古希腊哲人认为，哲学家选择的生活方式即为"观看"（θεωρία）的生活（源自毕达哥拉斯），作者以之作为书名本身意带双关。而且，这部哲学史本身是帕尔默的教学成果，也长期被美国各大高等院校用作哲学史课程的教学用书，对西方哲学中心问题及其演进脉络梳理非常系统。每章结尾还对该章重要的哲学思想进行概述，并附有习题，提纲挈领，方便学生识记和复习。尤为重要的是，作者常常将不同哲学家的观点相互勾连、对比阐述，以开放讨论的方式，而非单纯罗列观点，呈现出流动而非静止的哲学史全貌，引导读者对哲学"大问题"进行深入思考。

本书尤其适合作为哲学通识教育的教材使用。我们希望，无论是哲学专业的学生，还是人文社科学生，甚或普通大众，都能从中有所受益并获得乐趣。

服务热线：133-6631-2326　188-1142-1266
服务信箱：reader@hinabook.com

后浪出版公司
2015年11月

图书在版编目（CIP）数据

看，这是哲学 /（美）帕尔默著；郑华译. -- 北京：北京联合出版公司，2016.2（2021.4重印）
ISBN 978-7-5502-6384-0

Ⅰ.①看… Ⅱ.①帕…②郑… Ⅲ.①西方哲学—哲学史—通俗读物 Ⅳ.①B5-49

中国版本图书馆CIP数据核字（2015）第244229号

Looking at Philosophy: The Unbearable Heaviness of Philosophy Made Lighter, 6e
ISBN: 978-0-07-803826-6
Copyright © 2013 by McGraw-Hill Education
All Rights reserved. No part of this publication may be reproduced or transmitted in any form or by any means, electronic or mechanical, including without limitation photocopying, recording, taping, or any database, information or retrieval system, without the prior written permission of the publisher.
This authorized Chinese translation edition is jointly published by McGraw-Hill Education and Beijing United Publishing Co., Ltd. This edition is authorized for sale in the People's Republic of China only, excluding Hong Kong, Macao SAR and Taiwan.
Copyright © 2015 by The McGraw-Hill Education and Beijing United Publishing Co., Ltd.

版权所有。未经出版人事先书面许可，对本出版物的任何部分不得以任何方式或途径复制或传播，包括但不限于复印、录制、录音，或通过任何数据库、信息或可检索的系统。

本授权中文简体字翻译版由麦格劳-希尔（亚洲）教育出版公司和北京联合出版公司合作出版。此版本经授权

仅限在中华人民共和国境内（不包括香港特别行政区、澳门特别行政区和台湾）销售。

版权 © 2015 由麦格劳-希尔（亚洲）教育出版公司与北京联合出版公司所有。

本书封面贴有 McGraw-Hill Education 公司防伪标签，无标签者不得销售。

看，这是哲学

著　　者：[美] 唐纳德·帕尔默
译　　者：郑　华
出 品 人：赵红仕
选题策划：后浪出版公司
出版统筹：吴兴元
特约编辑：陆　炎
责任编辑：王　巍
营销推广：ONEBOOK
装帧制造：墨白空间·王斑

北京联合出版公司出版
（北京市西城区德外大街83号楼9层　100088）
天津中印联印务有限公司印刷　新华书店经销
字数400千字　720毫米×1030毫米　1/16　24.5印张　插页8
2016年2月第1版　2021年4月第5次印刷
ISBN 978-7-5502-6384-0
定价：49.80元

后浪出版咨询（北京）有限责任公司常年法律顾问：北京大成律师事务所　周天晖 copyright@hinabook.com
未经许可，不得以任何方式复制或抄袭本书部分或全部内容
版权所有，侵权必究

本书若有质量问题，请与本公司图书销售中心联系调换。电话：010-64010019